桥梁上部结构施工

胡金桂　主　编

西南交通大学出版社

·成 都·

图书在版编目（CIP）数据

桥梁上部结构施工 / 胡金桂主编. —成都：西南
交通大学出版社，2019.6（2022.1 重印）
ISBN 978-7-5643-6918-7

Ⅰ. ①桥… Ⅱ. ①胡… Ⅲ. ①桥梁结构－上部结构－
桥梁施工－高等职业教育－教材 Ⅳ. ①U443.3

中国版本图书馆 CIP 数据核字（2019）第 122243 号

桥梁上部结构施工

胡金桂／主　编

责任编辑／姜锡伟
封面设计／何东琳设计工作室

西南交通大学出版社出版发行

（四川省成都市金牛区二环路北一段 111 号西南交通大学创新大厦 21 楼　610031）
发行部电话：028-87600564　　　　028-87600533
网址：http://www.xnjdcbs.com
印刷：四川森林印务有限责任公司

成品尺寸　185 mm×260 mm
印张　16.75　字数　441 千　　插页　2
版次　2019 年 6 月第 1 版　　印次　2022 年 1 月第 2 次

书号　ISBN 978-7-5643-6918-7
定价　49.00 元

课件咨询电话：028-81435775
图书如有印装质量问题　本社负责退换
版权所有　盗版必究　举报电话：028-87600562

前　言

　　铁路建设的快速发展，急需铁路专业技术高级人才。为适应和配合目前我院铁道桥梁与隧道专业建设，结合就业市场需求，我们编写了该教材。本教材适用于高职桥梁专业的专科生。

　　本教材一共有 10 章，主要介绍了桥梁结构及构造、铁路桥面构造及施工、桥梁支座构造及施工、混凝土简支梁桥施工（支架现浇法、预制安装施工法）、预应力混凝土连续梁桥施工（支架现浇法、移动模架法、悬臂施工法、顶推施工法）、钢桥、拱桥分类及构造、拱桥的施工、斜拉桥的分类及构造、斜拉桥的施工、悬索桥的分类及构造、悬索桥的施工等典型施工技术以及桥梁施工控制技术。考虑到学生将来入职的工作岗位职能需求，识读桥梁施工图纸是一项基本而重要的核心技能，故我们在第四章混凝土简支梁施工和第五章预应力混凝土连续梁桥施工的章节里，特别设置了相应的工程实例施工图纸（构件构造图和钢筋构造图）图册，供学生进行识图，使学生掌握识读施工图的能力，以便学生到了工作岗位能够很快进入工作正轨。另外，每一章的后面附有若干思考题，供学生思考，开拓思维。本书的最后还附上了桥梁识图 APP，利用 AR 技术帮助学生全方位认识各种桥梁的构造。本书内容重点突出职业教育的针对性、职业性与通用性，以系统培养学生的职业能力、团队合作能力和可持续发展能力。

　　本书由武汉铁路桥梁职业学院胡金桂担任主编，中铁大桥局五公司总工程师门华健担任主审。全书编写分工如下：胡金桂编写第一章和第十章，武汉铁路桥梁职业学院王伟编写第二、三章，武汉铁路桥梁职业学院梁秦红编写第四章，武汉铁路桥梁职业学院李文飞编写第五章，中铁第四勘察设计院集团有限公司陈锋编写第六章，武汉铁路桥梁职业学院付小平编写第七章，武汉铁路桥梁职业学院熊文海编写第八、九章。

　　本教材的授课可以采用 96 学时制，教师可以根据实际情况对讲授内容进行取舍或增删。在教材编写过程中，编者参考或应用了大量的有关桥梁工程的专著、教材和文献，在此谨向这些专著、教材和文献的作者们表示敬意和谢意。

　　由于编写水平有限，教材中疏漏不足之处在所难免，敬请读者批评指正，以便修订。

编　者

2019 年 4 月

目　录

第一章　认识桥梁结构

第一节　桥梁建设的发展概况

桥梁，是人类利用自然、改造自然的重要标志。从最原始的抛石入河流或小溪形成的踏步桥，到当代现代化的大跨度桥梁，几千年来，人类建造了数以万计的桥梁。

建立四通八达的现代化交通网、大力发展交通运输事业，对于发展国民经济、加强全国各族人民的团结、促进文化交流和巩固国防等方面，都具有非常重要的作用。在交通网中，桥梁建设占据着非常重要的地位。桥梁一般是交通的咽喉，是兵家必争之关隘，如果一座大桥不通，整条线路就陷于瘫痪状态。回忆抗日战争时期，沪杭和浙赣铁路业已通车，而钱塘江桥（图 1.1.1）正在紧张施工之中。1937 年 7 月 7 日，日军在卢沟桥挑起侵略的战火，眼看着华北、华东战事失利，不少军民不得不后撤。为了坚持抗战，亟须让钱塘江桥通车，以便让华北、华东的物资以及铁路机车、车辆等运往大后方。钱塘江桥的建造者果然不负众望，在 9 月 26 日凌晨将铁路线接通，赢得了全国的赞誉。由此可见，桥梁在某些情况下，其重要性不容低估。桥梁的建设水平是一个国家综合经济实力和科学技术水平的重要标志。桥梁的发展与运输业的发展密不可分，运输工具的重大变化，就会对桥梁的承载能力、结构布局和跨越能力等方面提出新的要求，于是推动了桥梁工程技术的发展、整个社会的进步。结构力学和计算力学的发展乃至近年来电子技术的发展都有力地促进了建桥技术水平的不断发展与提高，使之能更好地适应交通运输的发展要求。

古代中国桥梁建设的辉煌成就、古代罗马的桥梁建设技术，对世界产生了深远影响；18 世纪的工业革命带来的技术进步，将以英国、法国为代表的欧洲国家的桥梁建设水平提升到过去几千年前所未有的水平；19 世纪末至 20 世纪中期，美国大跨度桥梁世界领先；第二次世界大战后日本和德国在重建和经济复苏过程中也创造了辉煌的技术成就，如德国在预应力混凝土悬臂施工、斜拉桥技术的发展与应用，日本本州四国联络线系列跨海大桥的建设。其中，日本明石海峡大桥（图 1.1.2）全长达 4 km，主跨跨度推进到了 1 991 m。

图 1.1.1　钱塘江桥

图 1.1.2　明石海峡大桥

一、古代桥梁

古代没有现在的建桥技术，在遇到大江大河或海峡巨川时，想要过河，只能采用浮桥（图1.1.3）。浮桥就是一种常用的便桥，是用小船代替桥墩组成的，所以又称为舟桥。把许多小船排在河面上，用绳索联系起来，然后在船上铺上木板，便形成了桥面。中国建造浮桥的历史非常悠久。《诗经·大雅·大明》中记载："文定厥祥，亲迎于渭。造舟为梁，不显其光。"即西周时期，周文王为了娶妻而在黄河的支流渭水河上建造了浮桥，这是中国历史上第一次关于浮桥的记录，距今已有3 000余年。在那时，浮桥是稀贵之物，周礼规定，只有天子一人才能使用，用完就要立即拆除。千百年中，中国建造的浮桥不计其数，据粗略统计，仅在长江黄河上就有20余座，其中大部分都是军用浮桥（图1.1.4）。据《武昌百年大事记》第13辑，长江上规模最大的一次建造浮桥是太平天国农民军在攻克汉阳后，利用鹦鹉洲上的木头、汉阳城内的木板和搜罗到的民船，以铁索系结为桥，星夜施工，在江面上建造成汉阳鹦鹉洲至武昌白沙洲、汉阳南岸嘴至武昌大堤口两座总长3 000 m的浮桥，架桥速度空前。为了加强武汉长江两岸的联系，太平军又在龟山至蛇山间架设了一座浮桥，其桥位基本和现在的武汉长江大桥一致，足见军中一定有懂得水文的人，才会选择恰当的桥位。而今浮桥仍有军事价值，军用浮桥就是部队渡江、重武器渡河的有力工具，在和平时期，当发生地震、特大洪水等自然灾害，永久桥梁受到毁害时，浮桥也可以立即发挥其独特作用。

图 1.1.3　浮桥

图 1.1.4　军用浮桥

在19世纪20年代铁路出现以前，人们用来建桥的主要材料是木材和石料，后来也偶尔使用铸铁和锻钢。木桥在公元前4 000多年前就有使用，比如巴比伦曾在幼发拉底河上建造石墩和木梁。我国在东周之后的史书、文献上都有木桥的记载。

在秦汉以前，我国就有以石建桥的记载。到隋唐以后，用石材建造的梁桥、板梁桥和各式各样的石拱，成为桥梁的主体。在秦汉时期，我国已广泛修建石梁桥。世界上现在尚保存着的最长、工程最艰巨的石梁桥，就是我国于1053—1059年在福建泉州建造的万安桥（图1.1.5），也称洛阳桥。1240年建造的福建漳州虎渡桥（图1.1.6），也是最令人惊奇的一座梁式石桥。此桥总长约335 m，某些石梁长达23.7 m，沿宽度用3根石梁组成，每根宽1.7 m，高1.9 m，质量达200 t，该桥一直保存至今。著名的赵州桥（图1.1.7），位于河北赵县，建成于隋大业元年（公元594—605年）。该桥为单孔圆弧石拱桥，跨径37.02 m，全桥长50.82 m，拱矢高7.23 m，大拱上建有4个小拱，南北两端各两个。这座桥是我国现存的石拱桥中最古老并为当时跨径最大的石拱桥，不仅为我国桥梁工程上首先发明的拱上加拱的敞肩拱类型的桥梁，也是世界桥梁工程史上敞肩拱的首创。真正的敞肩圆弧拱，欧洲到19世纪才出现。敞肩圆弧石拱桥这一桥型的出现，给予拱桥的向前发展以巨大的生命力。从发展进程来看，拱桥在 20 世纪 50 年代左右，进入了全盛时期。我国因地制宜、就地取材，修建了大量经济美观的石拱桥。目前，已建成的世界上跨度最大的石拱桥是于 1999 年年底建成的跨度为 146 m 的山西丹河新桥（图 1.1.8）。

图 1.1.5　万安桥

图 1.1.6　虎渡桥

图 1.1.7　赵州桥

图 1.1.8　山西丹河新桥

二、近现代桥梁

18 世纪末，石料作为建筑材料，其至高无上的地位史上首次受到一种新型建筑材料——钢铁的威胁，钢铁的引进激起了悬索桥建筑上一个全新的兴趣点，在此之前的悬索桥仅仅是使用天然的纤维和藤条编织而成的。最古老的铁桥记录是悬索结构，它不在欧洲也不在美洲，而是在我国的一些山区省份，比如西南和华北地区相当普遍。山区的人们很早就知道该如何将植物纤维固定在悬崖上，做成悬索桥跨越山谷，如四川都江堰市的安澜桥和跨越大渡河的泸定桥。中国的古铁链桥成就很大，但是由于没有掌握控制振动的方法，造成铁链桥变形和振动都很大，泸定桥在过去就有桥上不得跳跃、不准 25 人以上同时过桥的要求以避免桥梁振动过大的问题。我国古代索桥产生较早，数量众多，形式多样，自 17 世纪以后没有显著的进步。中国古索桥传入日本，又通过西方的商人、探险家、传教士等传到西方，对近代桥梁的发展有着重要的影响。

19 世纪 20 年代至 19 世纪末，随着铁路的出现和发展，列车荷载增大，动力效应明显，给桥梁建造提出了更新、更高的要求。由于计算理论的限制，在很长一段时间内新的设计构思主要靠试验印证。英国人于 1820—1826 年在梅奈海峡建造的跨径达 177 m 的锻铁链杆柔式悬索桥——梅奈海峡桥（图 1.1.9）就是以当时的普遍经验为基础设计的，使用百年后才将链杆换成低合金钢链杆。这座桥是由一名自学成才的桥梁工程师设计的，他的名字是托马斯·泰尔福德，这座桥的成功建成为他赢得了"土木工程之父"的美誉。到 19 世纪 50 年代，静定桁架梁的内力分析方法逐步被工程界所掌握。为了适应铁路荷载的需要，在桥梁用材方面，人们先是用锻铁，继而用钢材替代以前的木料和石料，第一次显著使用钢材的桥梁是建成于 1874 年的伊兹桥（Eads Bridge）（图 1.1.10）。钢材的使用给了桥梁建设更多新的可能性与机会；就桥式而言，桁架桥、钢板梁桥开始被广泛应用。这一时期的另一个重要进步是对桥梁基础的改进和提高。1845 年，英国 J. 内史密斯发明了蒸汽打桩机；1851 年，英国在罗彻斯特一座桥的施工中使用气压沉箱基础，下沉深度达 18.5 m，从此结束了深水江河不能修桥的历史。

图 1.1.9　梅奈海峡桥

图 1.1.10　伊兹桥（Eads Bridge）

20 世纪初，结构力学分析方法被广泛用于桥梁结构的设计计算，结束了桥梁设计主要靠经验和试验的历史，使建造长跨桥梁有了可靠的科学依据，加之钢产量的增加和钢材品质的提高，在这一时期许多长跨钢桥应运而生。第一座跨径超过 1 000 m 的桥梁是 1931 年美国在纽约建造的跨径为 1 067 m 的乔治·华盛顿悬索桥（图 1.1.11）。该桥的建成促进了高速数值运算的发展，给结构和力学理论注入了新的生命力，使各类力学问题都可迎刃而解，在结构空间分析、稳定分析、动力分析、风和地震响应分析方面有了深入的发展。如 1940 年 11 月 7 日，华盛顿塔科玛大桥（图 1.1.12、图 1.1.13）在风的吹动下，经历几个小时的上下晃动之后垮塌，这让人们开始重视桥梁动态抗风稳定性的研究，并研发了前所未有的翼型断面箱梁，取代了抗扭刚度小的工字型梁。至此，以挠度理论为基础的设计加上翼形断面的革命，将悬索桥带入了一个新的时代。先进的科学试验手段，使人类能够建造更高的塔楼和更大跨的桥梁。近现代大跨度桥梁见表 1.1.1 ~ 表 1.1.5。

图 1.1.11　乔治·华盛顿悬索桥

图 1.1.12　塔科玛大桥

图 1.1.13　塔科玛大桥（新）

表 1.1.1　世界十大悬索桥

序号	桥名	主跨（m）	主梁结构形式	所在国家	建成年限
1	明石海峡大桥	1 991	钢桁梁	日本	1998
2	杨泗港长江大桥	1 700	钢桁梁	中国	2019
3	西堠门大桥	1 650	钢箱梁	中国	2009
4	丹麦大贝尔特桥	1 624	钢箱梁	丹麦	1998
5	润扬长江大桥	1 490	钢箱梁	中国	2005
6	亨柏尔桥	1 410	钢箱梁	英国	1981
7	江阴长江大桥	1 385	钢箱梁	中国	1999
8	香港青马大桥	1 377	钢箱梁	中国	1997
9	费雷泽诺桥	1 298.5	钢桁梁	美国	1964
10	金门大桥	1 280	钢桁梁	美国	1937

表 1.1.2　世界十大斜拉桥

序号	桥名	主跨（m）	结构形式	所在国家	建成年限
1	俄罗斯岛大桥	1104	钢箱梁	俄罗斯	2012
2	沪通铁路长江大桥	1092	钢桁梁	中国	2020
3	苏通长江大桥	1088	钢箱梁	中国	2007
4	香港昂船洲大桥	1018	钢箱梁	中国	2009
5	鄂东长江公路大桥	926	混合梁	中国	2010
6	多多罗大桥	890	混合梁	日本	1999
7	诺曼底大桥	856	混合梁	法国	1995
8	九江长江公路大桥	818	混合梁	中国	2013
9	荆岳长江大桥	816	混合梁	中国	2010
10	芜湖长江大桥	806	钢桁梁	中国	2017

表 1.1.3　世界十大预应力混凝土梁桥

排序	桥名	主跨（m）	结构形式	桥址	年份
1	重庆石板坡长江复线大桥	330	PC 连续刚构	中国	2006
2	斯托尔马（Stolma）桥	301	PC 连续刚构	挪威	1998
3	拉脱圣德（Raft sundet）桥	298	PC 连续刚构	挪威	1998
4	Sundoya 桥	298	PC 连续刚构	挪威	2003
5	Asuncion	270	PC 连续刚构	巴拉圭	1979
6	虎门大桥辅航道桥	270	PC 连续刚构	中国	1997
7	苏通大桥辅航道桥	265	PC 连续刚构	中国	2006
8	云南元江红河大桥	265	PC 连续刚构	中国	2003
9	门道（Gateway）桥	260	PC 连续刚构	澳大利亚	1985
10	瓦罗德 2 号桥（Varodd-2）	260	PC 连续梁	挪威	1994

表 1.1.4　世界十大混凝土拱桥

排序	桥名	主跨（m）	桥址	年份
1	巫山长江大桥	460	中国重庆	2004
2	沪昆高铁北盘江特大桥	445	中国贵州	2015
3	万州长江大桥	420	中国重庆	1997
4	云桂铁路南盘江特大桥	416	中国云南	2016
5	克尔克 1 号桥	390	南斯拉夫克尔克岛	1980
6	丫髻沙珠江大桥	360	中国广东	1997

续表

排序	桥名	主跨（m）	桥址	年份
7	江界河大桥	330	中国贵州	1995
8	邕江大桥	312	中国广西	1997
9	格莱兹维尔桥	300	澳大利亚悉尼	1964
10	艾米赞德桥	290	巴西巴拉圭巴拉那河	1964

表 1.1.5 世界十大钢拱桥

排序	桥名	主跨（m）	桥址	年份
1	朝天门大桥	552	中国重庆	2009
2	卢浦大桥	550	中国上海	2003
3	波司登长江大桥	530	中国四川	2013
4	新河谷大桥	518	美国	1977
5	合江长江公路大桥	507	中国四川	2021
6	Bayonne 桥	504	美国	1931
7	悉尼海港湾大桥	503	澳大利亚	1932
8	香溪长江大桥	498	中国湖北	2019
9	中缅怒江特大桥	490	中国云南	在建
10	巫山大桥	460	中国重庆	2005

从 19 世纪 20 年代制成波特兰水泥，经过 1 个世纪，出现了预应力混凝土。混凝土抗裂性能的提高使混凝土梁桥跨越能力大大提高，特别是在 20 世纪 50 年代后，人们创造了混凝土桥梁的悬臂施工方法，由此发展了梁式桥、拱式桥等新结构形式。早在 20 世纪三四十年代，法国、联邦德国等国家就开始尝试用预应力混凝土建造桥梁。1946 年，法国的欧仁·弗莱西奈采用预应力钢筋将预制的梁段串联成整体，在马恩河上建造了跨度为 55 m 的双铰刚架桥。法国用预应力混凝土重建了 5000 座在战争中被毁坏的桥梁，因为它节省了钢筋的使用及建造成本，它可以节省至少 70%的钢筋及 30%~40%的混凝土。在对预应力混凝土性能和张拉、锚固工艺深入研究的基础上，预应力混凝土简支梁、连续梁、连续刚构桥等被迅速推广应用于梁桥。如今不论是公路桥、铁路桥，还是城市桥梁，绝大多数都是预应力混凝土梁桥。1997 年建成的中国虎门大桥辅航道桥（图 1.1.14）跨度达到了 270 m 的纪录，成为当时世界上最大跨度的悬臂施工预应力混凝土梁桥。1998 年，挪建成了斯道摩（Stolma）海峡大桥。它是一座预应力混凝土连续刚构桥，主跨达 301 m，刷新了虎门大桥辅航道桥的纪录。我国 2006 年建成的重庆石板坡复线桥的主跨达到了 330 m，再一次刷新了跨径纪录，成为预应力混凝土连续刚构桥型的世界第一。世界最大跨度的混凝土拱桥当属我国 1997 年建成的重庆万县长江大桥（图 1.1.15），为 420 m，其主拱圈是采用劲性骨架法进行施工的。

图 1.1.14　虎门大桥辅航道桥　　　　　　　　图 1.1.15　重庆万县长江大桥

　　1978 年，中国实行改革开放政策以后，经济得到了飞速发展，交通基础设施的建设是经济发展的动脉，在这样的大背景下，预应力混凝土梁桥在中国得到了它的新领地。目前，中国已成为混凝土梁桥建造最多、发展最快的国家，公路和铁路部门都进行了桥梁标准化的设计，提供了系列的标准梁，用以专业化和节约成本。桥梁作为构建铁路的重要基础设施工程之一，也是铁路建设的关键技术，从有利于节约宝贵的土地资源和有利于环境保护出发，并根据技术需要，时速 200 km 以上的高速铁路（包含客运专线、城际铁路）中，桥梁的比例比普通铁路高得多。例如：2008 年全线贯通的武汉至广州客运专线，全长 968 km，桥梁 662 座共 411 km，占线路总长度的 42.1%；2008 年开工的京沪高速铁路正线长度为 1 318 km，桥梁长度为 1 140 km，占线路长度的 86.5%。其中包括了预应力混凝土简支梁、预应力混凝土连续梁、预应力混凝土刚构等多种形式。已经建成的高速铁路或客运专线桥梁的结构形式一般是：小跨度桥梁采用多孔等跨简支梁桥；大跨度桥梁的结构形式较多，但数量较少，主要有预应力混凝土连续梁、连续刚构、预应力混凝土斜拉桥和钢筋混凝土拱桥。我国已建成的武广客运专线中也有较大跨度的桥梁，例如：白庙北江特大桥主跨为（48 + 2×80 + 48）m 预应力混凝土连续梁；株洲西湘江特大桥主跨为（60 + 5×100 + 60）m 连续梁；衡阳湘江特大桥主跨为（64 + 4×116 + 64）m 连续梁；浏阳河特大桥为两跨 140 m 的钢箱系杆拱桥；汀泗河特大桥为主跨 140 m 的钢箱系杆拱桥，是世界上跨度最大的钢箱系杆拱桥。

　　20 世纪建桥历史中最突出的成就是预应力混凝土技术的广泛应用。据粗略估计，当今世界上 70% 以上的现代化桥梁都采用预应力混凝土新技术。由于高强钢丝或钢绞线的防护技术越来越成熟可靠，预应力拉索技术不但应用于桥梁结构，而且渗透到各类结构中去，创造出各种索结构与索膜结构。20 世纪 60 年代，预应力混凝土首次被应用于斜拉桥，即委内瑞拉的马拉开波桥。此外，钢筋混凝土和预应力混凝土还大量应用于其他土木工程。因而，20 世纪是钢筋混凝土与预应力混凝土桥梁占主导地位的发展时期，对此，法国、德国的工程师们做出了卓越贡献。

　　20 世纪中叶时，第二次世界大战结束，各国经济迎来了恢复发展时期，大量被破坏的交通设施需要修复。在电子计算机出现后，结构计算理论与方法的飞跃使工程师们爆发出巨大的创造力，使一些早期构思的、属于复杂的高度超静定的结构形式获得了新的生命力，异军突起的是斜拉桥体系。进入 20 世纪 90 年代，斜拉桥建设数量迅速增加，跨度的超越日新月异，结构形式、主梁截面和建造技术也日益成熟。密索体系、混凝土边主梁截面及钢混凝土组合主梁截面形式成为斜拉桥的主流。世界各地出现了新的一轮斜拉桥修建热潮。斜拉桥成了同时期建设最多、最受欢迎的桥型之一，其技术进入成熟期。1994 年建成的法国诺曼底大桥，是一座与当地景观完美协调的斜拉桥，被授予"20 世纪世界最美的桥梁"称号。1999 年 5 月 1 日通车的多多罗桥主跨 890 m，是当时世界上最长的斜拉桥，该纪录后被我国 2008 年建成的 1 088 m 的苏通大桥打破，如今，1 088 m 的纪录被 1 104 m 的俄罗斯岛大桥刷新。

　　现在世界上已建成斜拉桥 400 余座，大多采用梁式断面，这些桥梁中铁路桥梁屈指可数，跨度较大者仅有南美阿根廷的三座主跨 330 m 的桥梁，公路和铁路处在同一平面上。2000 年建成通车的中国芜湖长江大桥（图 1.1.16），是一座公铁两用低塔斜拉特大桥。它的建成通车，拉开了中国建设大跨度公铁两用斜拉桥的序幕，使中国斜拉桥建设水平跃上了一个新的台阶。该桥融入了当代桥梁建设的最新技术，采用了新结构、新材料和新工艺，是中国铁路桥梁建设史上一个新的里程碑。芜湖长江大桥正桥钢桁梁采用了国产新材料 14 锰铌，即 Q370qE，这种 14 MnNbq 钢是武汉钢铁集团和中铁大桥局共同研究开发的新型桥梁用钢，成功解决了中国桥梁建设中的高强度厚板的技术难题，促进了高性能钢材国产化的步伐。高性能钢在相当程度上代表着钢桥用材的发展方向。我国南京大胜关长江大桥（图 1.1.17）使用的是 Q420qE 钢材，2015 年 8 月，中铁大桥勘测设计院集团有限公司牵头试制出了第一批 Q500qE 级高强度桥梁结构钢，并在世界首座跨度超千米（1 092 m）的公铁两用斜拉桥——沪通长江大桥（图 1.1.18）新钢种焊接中，攻克了重达 1 800 t 的大型全焊整节段桁梁的焊接难题，实现了我国铁路桥梁新钢种从 Q370qE 到 Q420qE 再到 Q500qE 的三大跨越。

图 1.1.16　芜湖长江大桥

图 1.1.17　南京大胜关长江大桥

图 1.1.18　沪通长江大桥

中国地域辽阔，河流密布，沟谷纵横，因此在高速铁路的建设中，在跨越大江大河时，必须采用大跨度桥梁方案。目前，在国外高速铁路中，跨度超过 100 m 的桥梁不是很多，但受国情、路况的制约，我国高速铁路中跨度在 100 m 及以上的大跨度桥梁很多。我国通过借鉴国外高速铁路桥梁先进技术和成功建设经验，在逐渐完善技术的同时形成了自己的特色。南京城外，万里长江下游，为让高速铁路跨越大江，建设者建造了一座巨型钢铁拱桥——大胜关长江大桥，耗费了 30 多万吨钢材和 126 万立方米混凝土，它标志着中国从桥梁建造大国迈向建造强国。于 2001 年 5 月竣工的贵州北盘江大桥（图 1.1.19）被誉为沪昆高铁第一桥，是钢筋混凝土拱桥最大跨径、高铁桥梁最大跨度等一系列世界纪录的创造者和书写者，标志着中国高铁桥梁建设所能达到的新高度。该桥于 2003 年荣获鲁班奖，2004 年荣获詹天佑土木工程大奖。

图 1.1.19　北盘江大桥

高速铁路桥梁在高铁建设中起到了至关重要的作用，其主要功能是为高速列车提供稳定、平顺的桥上线路。桥上线路与路基上、隧道中的线路不同，由于桥梁结构在列车活载通过时产生变形和振动，并在风力、温度变化、日照、制动、混凝土徐变等因素作用下产生各种变形，桥上线路平顺性也随之发生变化，因此，每座桥梁都是对线路平顺的干扰点，尤其是大跨度桥梁。为了保证高速列车的行车安全和乘坐舒适，高速铁路桥梁除了具备一般桥梁的功能外，还要为列车高速通过提供高平顺、稳定的桥上线路。

高速铁路桥梁可分为高架桥、谷架桥和跨越河流的一般桥梁。高速铁路桥梁与普通铁路

桥梁相比,在数量、设计理念及方法、耐久性要求、养护维修等诸多方面都存在巨大差异。其特点可归纳为以下几个方面:

(1)高架桥所占比例大。其主要原因是在平原、软土以及人口和建筑密集地区,通常采用高架桥通过。

(2)大量采用简支箱梁结构形式。根据我国高速铁路建设规模、工期要求和技术特点,机关部门通过深入的技术比较,确定以 32 m 简支箱梁作为标准跨径,整孔预制架设施工。

(3)大跨度桥多。据统计,在建与拟建客运专线中,100 m 以上跨度的高速铁路桥梁至少200 座。其中,预应力混凝土连续梁桥最大跨度为 128 m,预应力混凝土刚构桥的最大跨径为180 m。

(4)桥梁刚度大,整体性好。为了保证列车高速、舒适、安全行驶,高速铁路桥梁必须具有足够大的竖向和横向刚度以及良好的整体性,以防止桥梁出现较大挠度和振幅。高速铁路还应严格控制由混凝土产生的徐变上拱和不均匀温差引起的结构变形,以保证轨道的高平顺性。

随着我国高速铁路建设的不断深入,高速铁路桥梁的设计建设经验将进一步丰富,并有望创造出更多适合高速铁路运行要求的桥梁结构形式。

三、桥梁施工发展概述

随着改革开放进程的日益深入,我国各类大规模铁路桥梁、公路桥梁、城市桥梁的建设总量更是与日俱增,并承载了重要的交通运输服务职能。然而由于受到起重机械设备的影响制约,桥梁施工设计结构形式还相对单一,装配桥梁的应用范畴还较为有限,多为现浇拱架、支架或砌筑式建设施工桥梁。伴随着现代化科学技术的丰富发展,各类用于桥梁施工建设的设备机械、施工材料呈多元化发展态势,进一步令桥梁工程施工建设技术有了更广阔的发展提升空间,并使其取得了长足进步。例如南京长江大桥成为我国桥梁建设发展进程中的一项标志工程,是桥梁技术应用质的飞跃。通过工作人员的深入设计与全面研究,南京长江大桥引入了较多现代化机械设备,形成了高效、科学的先进施工工艺,例如钻孔洗壁施工、悬拼调整、装设高强螺栓技术等,优化了工程建设质量,并大大缩短了施工建设周期,创设了显著的经济效益与社会效益。随着施工机械和技术的不断研究发展,悬臂施工逐步应用至混凝土预应力桥梁建设环节,转变了仅能应用支架现浇与装配预制的施工模式,进一步令混凝土预应力桥梁实现了跨越式发展,并建造出了连续桥梁、T型刚构以及斜拉桥等项目工程,令基于预应力技术成为桥梁项目施工建设的主要工程形式。同时,一些顶推施工、浮运方式、转体施工方式逐步引入桥梁工程建设,进一步令我国桥梁工程以及交通运输事业上升到了一个全新的高度,有效提升了城市交通承载能力,丰富了工程设计形式,优化了施工质量管控水平。

桥梁施工技术的发展过程一般分为古代、近代和现代三个阶段。我国古代桥梁的建造技术有着辉煌的成就,大量保存至今且依然完好的古老桥梁就是极好的例证。前面介绍过的隋代的赵州桥、宋代的卢沟桥以及清代的颐和园内的玉带桥、十七孔桥等堪称石桥中的经典之作,其精美程度和高超的建造技术确实令人赞叹,在世界桥梁建设史上留下了光辉的一页。漳州的虎渡桥采用重达 200 t 的巨大石梁建成,当时采用何种方法架设如此重的石梁至今仍是个谜,这些足以见证我国古代桥梁建造技术的高超。

19 世纪中期,钢材的出现使钢结构桥梁得到迅速发展,美国在 19 世纪 50 年代从法国引进近代悬索桥技术后，于 19 世纪 70 年代发明了"空中纺线法（AS 法）"编织大缆。而现代的悬索桥建造，则多采用工厂预制的平行钢丝束作为主缆，采用 PPWS 法架设，使施工变得更简洁快速。

20 世纪初，钢筋混凝土得到了广泛应用，随后 1929 年法国工程师弗莱西奈发展了预应力技术，使得各种新颖的桥式结构不断涌现。随着预应力体系的不断改进和施工技术的进步，预应力混凝土梁桥也正在不断刷新跨径纪录。施工方法也是多种多样，包括工厂预制、现场浇筑、悬臂架设等，而转体法、顶推法、逐孔施工法等都在 20 世纪 70 年代中得到了应用。例如：转体法不仅用于拱桥施工，而且在刚构桥、T 构桥、斜拉桥等结构体系中使用，施工的桥梁跨径超过了 200 m；顶推法和逐孔施工法在预应力混凝土连续梁桥中使用较多，它扩大了预应力混凝土连续梁桥的适用范围。

到了 20 世纪八九十年代，世界各国的桥梁建设事业方兴未艾，特别是大跨度深水桥梁日益增多。在世界各国建成的桥梁中，悬索桥、斜拉桥、混凝土桥的跨径一次次地刷新纪录，理论的创新和实践的积累，极大地提高了当今桥梁施工的技术水平。

世界各国技术、经济的进步，交通量的猛增和人们物质文化要求的提高，对道路和桥梁的要求也越来越高。在桥梁经济指标与施工技术和施工管理水平之间关系愈加密切的今天，各国把研究桥梁施工技术放到了相当重要的位置，不再片面追求"用料最少"。为此，施工技术的发展和进步表现在以下几个方面：

（1）对于中小跨桥梁构件更多地采用装配式结构，在工厂预制，在施工现场用架桥机械进行起吊安装。为了快速施工，这要求架桥机具备更大的起重能力，采取全宽整孔梁架设或大型预制构件架设。铁路架桥机，特别是高速铁路架桥机一般吨位比较大，450 t、900 t 都很常见，跨海架桥机甚至达到上千吨级别。

（2）悬臂施工技术在建造大跨径桥梁中应用最多，施工效率较高。特别是在预应力混凝土桥梁施工中，由于充分利用了预应力结构的受力特点，悬臂施工技术得以迅速发展。

（3）桥梁机具设备向着大功能、高效率和自动控制的方向发展，尤其是深水基础的施工机具、大型起吊设备、长大构件的运输装置、高吨位的预应力设备、大型移动模架等等。此外，在模板、支架和一些附属设备中，广泛采用钢结构和常备式钢构件，提高了施工速度和效率。

（4）在设计阶段采用高度发展的计算机辅助手段，进行有效的快速优化和仿真分析，运用智能化制造系统在工厂生产部件，利用 GPS 和遥控技术控制桥梁施工。桥梁在设计时需依据桥梁结构的体系、跨径、材料和结构的受力状况，选取最适合的施工方法，以满足结构设计的要求，因此，桥梁施工和桥梁设计是相辅相成的。

进入 21 世纪，我国《中长期铁路网规划》中明确提出：到 2020 年，一批重大标志性项目建成投产，铁路网规模达到 15 万公里，其中高速铁路 3 万公里，覆盖 80% 以上的大城市，为完成"十三五"规划任务、实现全面建成小康社会目标提供有力支撑。到 2025 年，铁路网规模达到 17.5 万公里左右，其中高速铁路 3.8 万公里左右，网络覆盖进一步扩大，路网结构更加优化，骨干作用更加显著，更好发挥铁路对经济社会发展的保障作用。展望到 2030 年，基本实现内外互联互通、区际多路畅通、省会高铁连通、地市快速通达、县域基本覆盖。这为铁路桥梁的技术发展提供了广阔的舞台和机遇。未来的铁路桥梁将在安全经济的前提下，更加关注旅客乘坐的舒适性、环保和景观，在深水基础、结构形式、材料应用和施工工艺等诸多方面的技术将取得更大的发展。

铁路桥梁的发展过程中还存在以下一些问题需要面对和解决：

其一，列车高速度运行要求：铁路为满足国民经济和社会发展需要，要求进一步提高列车运行速度和旅客乘车舒适度，方便旅客出行。如今，我国客运专线设计速度在 250 km/h 以上，最高达到 350 km/h。高速度需要桥梁结构提供较大的整体刚度。

其二，桥上无缝线路和无砟轨道技术的应用：桥上无砟轨道技术的应用要求桥梁提供更匀顺的桥面，减小基础沉降和混凝土收缩徐变，这需要从结构体系和新材料方面入手，以获得良好的解决方案。

其三，大跨度桥梁的合理结构形式和关键结构构造：我国幅员辽阔，江河宽阔，海岸线漫长，地震烈度大，台风频繁，西部多高山峡谷，跨越宽阔江河、海湾、峡谷需采用大跨度桥梁，因此需开展千米级铁路桥梁以及跨越山区峡谷、交通不便地区的大跨度桥梁的合理结构形式研究，满足列车高速运行要求的桥上轨道温度伸缩调节器和梁端伸缩装置的研究，以及用以阻尼装置为代表的减隔震技术代替传统的、以提高结构刚度为主的抗震设计方法的研究。

再者，新材料的开发与应用：继续研究新型高强度、高韧性钢材在铁路桥梁上的应用；研究工作性能好、耐久性能优越、强度高的高性能混凝土材料；研究耐久性能好的新型钢结构涂装体系。

另外，进一步发展施工技术：结合基础新结构形式的研究，以及跨海工程的需要，开展大型深水基础的新颖施工方法研究、大型钢结构桥的整节段架设设备和方法研究、全焊接铁路钢桥的施工工艺研究。

如今，现代计算机技术和通信技术的发展使社会高度信息化，从而也使家庭生活、办公室工作、工厂企业生产、交通运输、工程建设、教育培训、医疗保健、国家管理等活动都可利用可视通信网络和多媒体"信息高速公路"实现智能化和自动化。人类的智慧和计算机网络的结合，使知识创新成为最有价值的产品，成为经济的主体和各行业的核心。因此，需要注意信息时代对桥梁工程产生的深远影响，在桥梁规划和设计阶段，用计算机手段进行有效、快速的优化和仿真分析，以方便业主事先看到桥梁建成后的外形、功能，模拟地震和台风袭击下的表现等；在桥梁建造和管理阶段，实现智能化加工桥梁构件，远程遥控管理和控制桥梁的施工，自动监测桥梁健康状况并作出养护对策。

总而言之，随着科学技术的进步，计算机技术、施工机具、设备和建筑材料的发展，桥梁结构形式和桥梁施工技术得到不断改进，在特大型工程的科学组织和管理方面也取得了大量的经验，这促进了桥梁工程朝着经济实效、技术先进、安全舒适、美观实用、快速优质的方向快速发展，并服务于人类。可以预计，未来的桥梁建设将更注重新技术、新工艺、新材料、新设备等方面的广泛应用，同时对施工过程中的自动控制管理和质量管理也更加重视。

第二节　桥梁的组成与分类

一、桥梁的功能及组成

供铁路、道路、渠道、管线、行人等跨越河流、海湾、湖泊、山谷、低地或其他交通线路的架空构造物称为桥或桥梁。桥梁由上部结构、下部结构、支座系统以及附属设施组成（图 1.2.1）。《铁路桥涵设计规范》（TB 10002—2017）规定桥涵主体结构的设计使用年限应为 100 年。

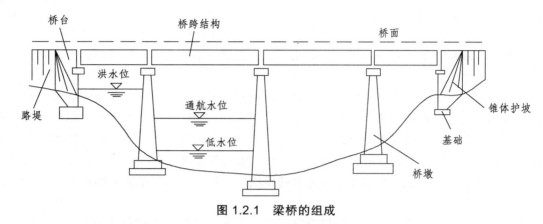

图 1.2.1　梁桥的组成

上部结构主要包括桥跨结构和桥面构造。桥跨结构指桥梁中直接承受桥上交通荷载、架空的主体结构部分，例如，梁式桥中的主梁、拱桥中的拱圈、桁架梁桥中的主桁等都是桥梁上部结构。桥面构造是指铁路桥的道砟、枕木、轨道、挡砟墙以及伸缩缝、排水防水系统等，或者是指公路桥的行车道铺装、人行道、安全带、路缘石、栏杆、照明系统等。

下部结构指桥梁支座以下的支承结构，包括桥墩、桥台和墩台之下的基础，是将上部结构及其承受的交通荷载传入地基的结构物。桥台设在桥跨结构的两端，除了支承上部结构之外，还起到桥梁和路堤衔接并防止路堤下滑和坍塌的作用，其两侧做成填土或填石锥体并在表面加以铺砌，即锥坡（图 1.2.2），用来保证桥台和路堤的良好衔接，并保证桥头路堤的稳定。桥墩位于两桥台之间，是支承相邻桥跨结构，并将其荷载传给基础的建筑物。

图 1.2.2　锥坡

桥跨结构与墩、台之间还设置支座，桥上还应设伸缩缝，通航河流还常设防止船只撞击墩台的防撞结构等。

除上述基本结构外，桥梁有时还修建一些附属结构物，如通航河流中的导航装置、检查维修设备等。有些桥梁为了免遭水害，还修建导流堤，以引导水流顺畅地从桥下宣泄，修建丁坝、护岸等防护工程，以保护桥头路堤或附近的河岸。桥头与桥头引线和导流防护工程等建筑物，由于它们与船渡相对应，所以总称之为桥渡。在枯水季节的最低水位称为低水位；洪峰季节河流中的最高水位称为高水位。桥梁设计中按规定的设计洪水频率计算所得的高水位，称为设计洪水位。

对桥梁工程中常用的名词和术语，现简要说明如下：

1. 正桥与引桥

对于规模较大的桥梁，通常把跨越主要障碍物（如大江大河）的桥跨称为正桥。由于通航等原因，正桥常需有一定的高度和跨径，一般要采用跨越能力较大的结构体系，是整个桥梁工程中的重点。把较高的正桥和较低的路堤以合理的坡度连接起来的这一部分桥梁叫作引桥。引桥建在河滩和岸上，其跨径一般较小。有时还常在正桥和引桥的分界处修建雄伟壮观的桥头建筑物（桥头堡）。

2. 跨度（跨径）

计算跨径——对梁式桥而言，它是桥梁两相邻墩台支座间的距离，是桥梁结构计算分析所必需的数据。对多跨桥梁而言，最大跨度称为主跨。一般来说，跨径越大，修建难度越大。

净跨径——对梁式桥而言，设计洪水水位线上相邻两桥墩（台）间的水平净距称为桥梁的净跨径。各孔净跨径之和，称为总跨径，它与通航标准及泄洪能力有关，反映了桥下宣泄洪水的能力。

标准跨径——公路桥梁标准跨径对梁式桥是指两桥墩中线间距离或桥墩中线至桥台背前缘的间距。铁路桥梁标准跨径是指计算跨径，梁的实际长度要比标准跨径稍大一些。

公路和铁路的中小跨度桥梁常在工厂或现场按系列标准制造，然后运到桥址处，用架桥机架设。标准梁制作成本低，质量好，易于更换维修，也有利于战备需要，其优点是显而易见的。公路桥梁标准跨径从 0.75 m 至 50 m，分为 21 级，常用的有 10 m、16 m、20 m、40 m等。铁路桥梁的标准跨径从 1 m 到 168 m，共 20 级，常用的有 16 m、20 m、24 m、32 m、48 m、64 m、96 m 等。

铁路桥长规定为：梁桥系指桥台挡砟前墙之间的长度；拱桥系指拱上侧墙与桥台侧墙间两伸缩缝外端之间的长度；刚架桥系指刚架顺跨度方向外侧间的长度。

公路桥梁全长规定为：有桥台的桥梁为两岸桥台侧墙或八字墙尾端间的距离，无桥台的桥梁为桥面系长度。多孔跨径总长对梁式桥指不考虑两岸桥台侧墙长度在内的桥梁标准跨径的总长度，拱式桥为两岸桥台内起拱线的距离。其他形式的桥梁为桥面系长度。

3. 桥下净空高度

设计通航水位（或桥下线路路面）与桥梁结构最下缘标高之间的垂直距离称为桥下净空高度，其值应根据通航、通车及排洪要求确定。

4. 桥梁高度及桥梁建筑高度

桥梁高度指的是行车道顶面至低水位之间的距离，桥高在某种程度上反映了桥梁施工的难易性。桥面（铁路桥梁的轨底）到桥梁结构下缘底的距离称为桥梁建筑高度。公路桥面或铁路轨底标高减去设计洪水水位标高，再减去通航（或排洪）所要求的梁底净空高度即为桥梁的容许建筑高度。显然桥梁建筑高度不得大于容许建筑高度。

二、桥涵的分类

1. 按工程规模分类

桥梁的多孔跨径总长和单孔跨径都是桥梁建设规模的标志，据此可以将桥涵分为特大桥、大桥、中桥、小桥和涵洞，但是公路和铁路桥对此分类是不同的，详见下述。

（1）根据《铁路桥涵设计规范》（TB 10002—2017），铁路桥梁按其长度分类为：

特大桥——桥长 500 m 以上；

大桥——桥长 100 m 以上至 500 m；

中桥——桥长 20 m 以上至 100 m；

小桥——桥长 20 m 及以下。

（2）根据《公路桥涵设计通用规范》（JTG D60—2015），公路桥涵按其长度分类如表 1.2.1。

表 1.2.1　公路桥分类

桥梁分类	多孔桥总长 L（m）	单孔跨径 L_K（m）
特大桥	$L>1\,000$	$L_K>150$
大桥	$100 \leqslant L \leqslant 1\,000$	$40 \leqslant L_K \leqslant 150$
中桥	$30 \leqslant L<100$	$20 \leqslant L_K<40$
小桥	$8 \leqslant L<30$	$5 \leqslant L_K<20$
涵洞	—	$L_K<5$

注：① 表中的单孔跨径指标准跨径。② 梁式桥、板式桥的多孔跨径总长为多孔标准跨径的总长；拱式桥为两岸桥台内起拱线间的距离；其他形式桥梁为桥面系行车道长度。③ 管涵及箱涵不论管径或跨径大小、孔数多少，均称为涵洞。

另外，表 1.2.2 中所示均为特大桥。

表 1.2.2　特大桥分类

桥　型	跨径 L_0（m）
悬索桥	>1000
斜拉桥	>500
钢拱桥	>500
混凝土拱桥	>300

2. 按主体结构的材料分类

桥梁按主体结构的材料分有钢桥、混凝土桥、石桥、木桥等。混凝土桥又分为钢筋混凝土桥、预应力混凝土桥、部分预应力混凝土桥等。工程上常把混凝土桥和砖石桥通称为圬工桥。

3. 按用途分类

桥梁按用途分有铁路桥、公路桥、城市道路桥、轻轨铁道桥、公铁两用桥、人行及自行车桥、输水桥（渡槽）等。

4. 按跨越的障碍分类

桥梁按跨越的障碍分有跨河桥、跨谷桥、跨线桥、立交桥、高架桥、旱桥（栈桥）等。

5. 按平面布置分类

桥梁按平面布置分有正桥（直桥）、斜桥、弯桥（曲线梁桥）、坡桥和匝道桥等。正桥是指桥梁所在线路与所跨河流或线路正交的情况。大跨桥梁应该做成正桥，但是对小桥特别是公路上的中小型桥梁，由于其走向多服从线路，所以一般做成斜桥，即桥梁与所跨河流或线路斜交，交角不是 90°。曲线线路上的梁桥可以做成曲线梁（如位于城市立交匝道上的桥），也可以使用多跨直梁而按折线布置成曲线的形式。

6. 按结构体系分类

桥梁按结构体系分，最基本的有梁式桥、拱式桥和悬索桥等。梁、拱、索与墩、塔、柱等构件可以组合成各种组合体系桥梁，如斜拉桥。

（1）梁式体系。

梁桥包括简支梁桥、连续梁桥和悬臂梁桥。

梁式桥在竖向荷载作用下支座只产生竖向反力，梁部结构只受弯、剪（有时也受扭），不承受轴向力。简支梁桥（图 1.2.3）在要求不高的线路上不受地基条件的限制，适用广泛且易于标准化，但其受跨中正弯矩限制，跨度不宜过大。钢筋混凝土简支梁桥一般适用于跨径在 20 m 以下的公路和铁路桥，预应力混凝土简支梁桥一般适用于跨径在 50 m 以下的公路桥梁和 16 ~ 40 m 的铁路桥梁。采用箱形截面的预应力混凝土简支梁的跨度在有特殊需要时可以提高，例如杭州湾跨海大桥的预应力混凝土箱形梁长 70 m，宽 15 m，质量达 2 196 t。我国铁路简支梁跨径也达到 64 m。

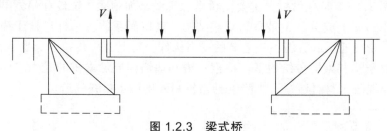

图 1.2.3　梁式桥

连续梁由于中间支座负弯矩的抵消作用，跨度相应可以增大。日本的浜名公路桥跨径达到 240 m，我国 2000 年建成的南京长江二桥北汊桥最大跨径达到 165 m。我国铁路预应力混凝土连续梁跨径最大达到 104 m，德国美因河铁路桥（无砟轨道）最大跨径达到 130 m。悬臂梁桥在弯矩分布和材料用量上保持着连续梁的优点，而梁的应力不受基础不均匀沉降的影响，但对行车较为不利，故一般多在地质条件不宜修建连续梁桥时才考虑悬臂梁方案。

连续刚构桥的桥墩比较柔，在竖向荷载作用下墩顶基本为竖向反力，所以一般将它归到梁桥的范畴。我国修建了大量的预应力混凝土连续刚构桥：2006 年投入运营的重庆石板坡长江大桥复线桥，主跨跨中采用 103 m 的钢箱梁，加上两端的钢混结合段，使主跨达到了 330 m，截至目前，成了世界最大跨径连续刚构桥。还有 1997 年建成的虎门大桥辅航道桥，跨径组成为 150 m + 270 m + 150 m，跨径纪录被挪威斯道摩（Stolma）桥刷新。在国外，1998 年建成的挪威斯道摩（Stolma）桥最大跨径达到 301 m，该桥在中跨 182 m 的范围内采用高强轻质混凝土，有效降低了桥梁的自重弯矩。刚架桥的桥跨结构与墩台连成一刚性整体，在竖直荷载作用下，墩顶有竖向反力和水平反力，无铰刚架还有支撑弯矩。但刚架以承受弯矩为主，兼受轴力和剪力。它与连续刚构的区别是：墩的刚度较大，在柱脚处会产生可观的水平反力和支撑弯矩。

（2）拱式体系。

拱桥是在我国使用很广泛的一种桥梁体系。拱桥与梁桥，不仅在外形上不同，在受力性能上两者也有本质差别。拱桥在竖向荷载作用下，支座处产生竖向、水平力和弯矩（图 1.2.4）。桥跨主要承重部分是拱肋、拱圈或拱桁架。拱主要承受压力，但也受剪受弯。拱桥不仅可以利用钢、钢筋混凝土等材料来修建，而且还可以根据拱主要承受压力这一特点，充分利用抗压性能较好而抗拉性能较差的圬工材料（石料、混凝土、砖等）来修建，这种由圬工材料修建的拱桥又称为圬工拱桥。拱是有水平推力的结构，对地基要求较高，一般常建于地基良好的地区。

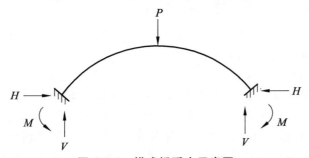

图 1.2.4 拱式桥受力示意图

（3）悬索体系。

悬索桥（图 1.2.5）又称吊桥，主要由桥塔、主缆、加劲梁、锚碇和吊索等组成。其缆索跨过塔顶锚固于河岸上或自身，是桥的承重结构，其桥面系通过吊杆悬挂于缆索上，属于桥面系的加劲梁承受交通活载，但不是主要的受力构件，其上的荷载和本身自重全部传给缆索，缆索受的力通过地锚和索塔传给地基。缆索、塔和地锚构成悬索桥的受力主体。大跨度悬索桥桥塔采用钢或混凝土材料建造，小跨度悬索桥则采用圬工材料建造。

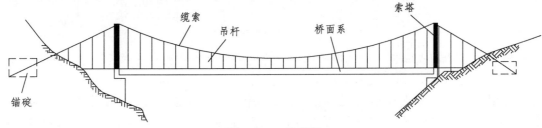

图 1.2.5 悬索桥

（4）组合体系（图1.2.6）。

由梁、拱和索可以组合成多种形式的组合体系桥梁，比如梁拱组合成的系杆拱桥、梁索组合成的斜拉桥等，另外还有钢管混凝土拱桥等。梁、拱组合体系中有系杆拱、桁架拱、多跨拱梁结构等。它们利用梁的受弯与拱的承压特点组成联合结构。斜拉桥是由承压的塔、受拉的索与承弯的梁体组合起来的一种结构体系。

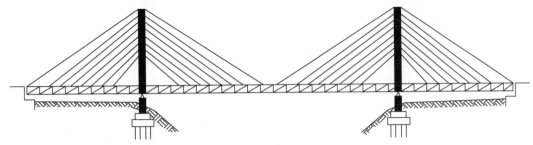

图1.2.6　组合桥体系

另外，桥梁还有其他许多的分类方法，比如：按施工方法分类可以将桥梁分为整体式桥梁和节段式桥梁；按梁的截面形式分类可将桥梁分为T梁桥、箱梁桥等；按行车道在桥跨结构的上、中、下部分类可将桥梁分为上承式桥（图1.2.7）、中承式桥（图1.2.8）和下承式桥（图1.2.9）；桥梁还有固定式、开放式（图1.2.10）和活动式（如浮桥、舟桥）之分。

图1.2.7　上承式桥

图1.2.8　中承式桥

图 1.2.9　下承式桥

图 1.2.10　开启桥

三、桥梁总体布置图

桥梁总体布置图（见图 1.2.11）包括桥梁平面图、立面图和横断面图。

1. 桥梁平面图

桥梁平面图（图 1.2.12）主要表明桥梁位置、桥梁线形。桥梁的线形及桥头引道的平面布置原则以能使车辆平稳舒适地通过为宜。小桥涵的位置与线形一般应该符合线路的走向，为满足水文、线路弯道等的要求，可以设计成斜桥和弯桥。大桥、特大桥的桥址中线应该尽量与洪水流向正交，应避免在桥头形成水袋而产生三角回流，影响线、桥安全。桥、线应该综合考虑尽量选择在河道顺直、水流稳定、地质条件良好的河段上。对通航河流上的桥梁，其墩台沿水流方向的轴线应与最高通航水位时的主流方向一致。当不能避免斜交时，交角不宜大于 5°。对于一般中、小桥，为了改善路线线形或城市桥梁受原有街道的制约，也允许修建斜交桥，斜度通常不宜大于 45°。

从上往下看为平面图

顺桥方向看为横断面图

顺流水方向看为立面图

图 1.2.11　桥梁总体布置图

2. 桥梁立面图

桥梁立面图（图 1.2.13）主要表明桥梁的类型、跨度、桥下净空高度、桥梁的分孔、桥墩与桥台的形式、桥梁总体尺寸、各种主要构件的相互位置关系、各部分的高程、桥上和桥头引道的纵坡以及基础的埋置深度等情况，为施工时确定墩台位置、安装构件和控制标高的依据。

桥梁在跨河时，必须满足排洪要求，使桥下具有足够的流水横断面积。桥涵孔径必须保证设计频率洪水、流冰、流木、泥石流、漂流物等安全通过，并应考虑壅水、冲刷对上下游的影响，确保桥涵附近路堤的稳定，便于养护与维修。设计桥梁孔径时，应注意河床变迁，不宜改变水流天然状态。同一区段内桥涵的孔径与式样应力求简化。桥跨结构的类型，除通航、立交等特殊需要外，同一座桥宜采用等跨及相同类型的桥跨结构。

桥梁总跨径确定后，还需进一步进行分孔布置，对于一座较大的桥梁，应当分成几孔，各孔的跨径应当多大，有几个河中桥墩，哪些是通航孔，哪些不是，这些问题要根据通航要求、地形和地质情况、水文情况以及技术经济和美观的条件来加以确定。

桥梁的分孔关系到桥梁的造价。跨径和孔数不同时，上部结构和墩台的总造价是不同的。跨径愈大，孔数愈少，上部结构的造价就愈大，而墩台的造价就愈小。最经济的跨径就是要使上部结构和墩台的总造价最低。因此，当桥墩较高或地质不良，基础工程较复杂而造价较高时，桥梁跨径就选得大一些；反之，当桥墩较矮或地基较好时，跨径就可选得小一些。在实际工作中，可对不同的跨径布置进行粗略的方案比较，以此来选择最经济的跨径和孔数。

对于在通航河流，当通航净宽大于按经济造价所确定的跨径时，一般将通航桥孔的跨径按通航净宽来确定，其余的桥孔跨径则选用经济跨径，但对于变迁性河流，考虑航道可能发生变化，则需多设几个通航孔。

但是桥梁分孔是个非常复杂的问题，各种各样的条件和要求往往互相发生矛盾。例如：跨径在 100 m 以下的公路桥梁，为了尽可能符合标准跨径，不得不放弃采用按经济要求确定的孔径；从备战要求出发，需要将全桥各孔的跨径做成一样，并且跨径不要太大，以便于抢修和互换；有时因工期很紧，为减少水下工程，需要减少桥墩而加大跨径。在有些体系中，为了结构受力合理和用材经济，分跨布置时要考虑合理的跨径比例，例如边跨与中跨的比例。在有些情况下，为了避免在河中搭脚手架和临时墩，可以特别加大跨径，采用悬臂施工法，在山区建桥时，往往采用大跨径桥梁跨越深谷，以免建造中间桥墩。

跨径选择还与施工能力有关，有时选用较大的跨径虽然在技术上和经济上是合理的，但由于缺乏足够的施工技术能力和机械设备，也不得不放弃而改用较小跨径。对于大、中型桥梁来说，分孔问题是设计中最基本、最复杂的问题，必须进行深入全面的分析，才能定出比较完美的方案。

除了分孔布置，另一个重要工作就是确定桥面梁的标高。一般小桥，通常做成平坡桥。对于大、中桥梁，为了利于桥面排水和降低引道路堤高度，往往设置从中间向两端倾斜的双向纵坡。桥上纵坡不大于 4%；桥头引道纵坡不宜大于 5%。对位于市镇混合交通繁忙处的桥梁，桥上纵坡和桥头引道纵坡均不得大于 3%。桥上或引道处纵坡发生变更的地方均应按规定设置竖曲线。

桥面的标高或在路线纵断面设计中已经规定，或根据设计洪水位、桥下通航需要的净空来确定。对于非通航河流，梁底一般应高出设计洪水位（包括壅水和浪高）不小于 0.5 m，高出最高流冰水位 0.75 m，支座底面高出设计洪水位不小于 0.25 m，高出最高流冰水位不小于 0.5 m。对于无铰拱桥，拱脚允许被设计洪水位淹没，但一般不超过拱圈矢高的 2/3，拱顶底面至设计洪水位的净高不小于 1.0 m。对于有漂流物和流冰阻塞以及易淤积的河床，桥下净空应分别情况适当加高。

3. 桥梁横断面图

桥梁横断面（图 1.2.14）主要表明桥面净空和桥跨结构横断面的布置。

为了保证车辆和行人的安全通过，应在桥面以上垂直于行车方向保留一定限界的空间，这个空间称为桥面净空。它包括净宽和净高，其尺寸应符合相应规范和标准中有关建筑限界（图 1.2.15）的规定。

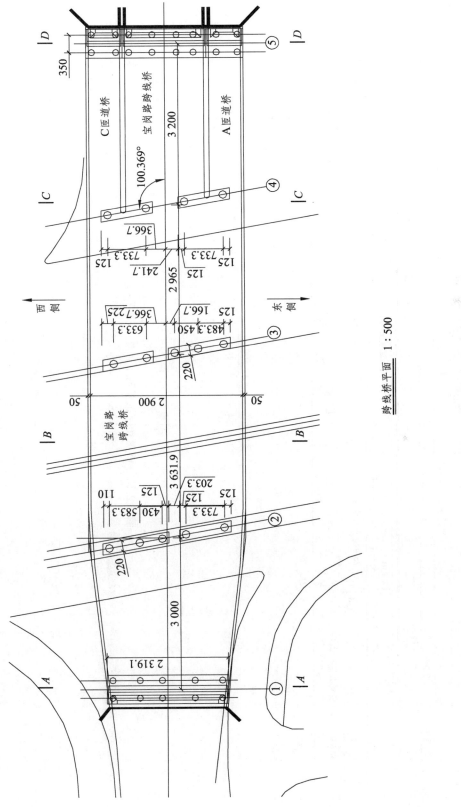

跨线桥平面　1：500

图 1.2.12　桥梁平面布置图（单位：cm）

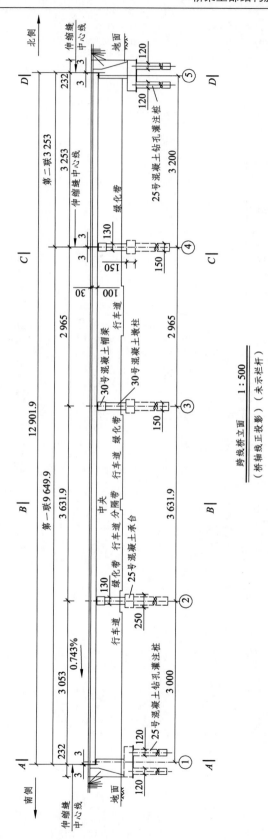

图 1.2.13　桥梁立面布置图（单位：cm）

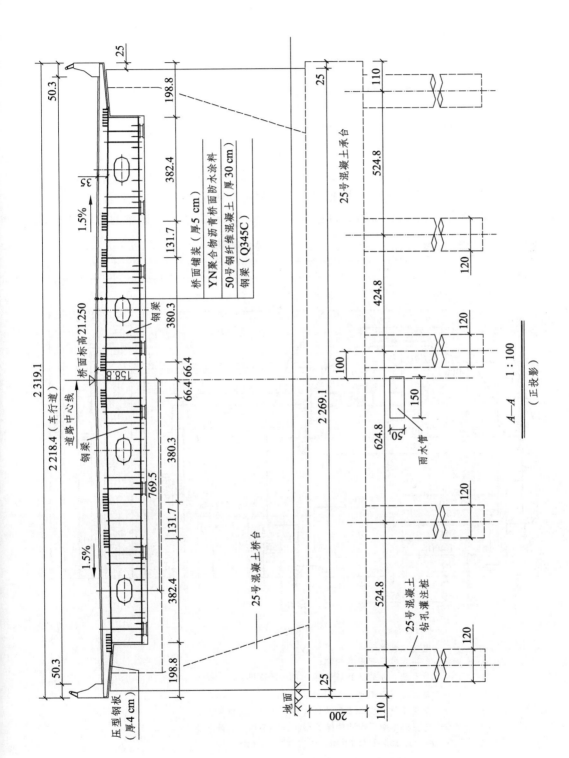

图 1.2.14　桥梁横断面图（单位：cm）

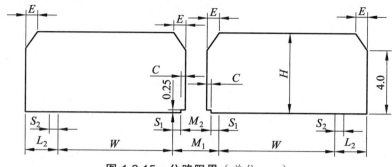

图 1.2.15 公路限界（单位：m）

公路桥梁确定桥涵净宽时，其所依据的设计速度应采用各级公路选用的设计速度。

铁路桥梁桥面净空，应符合标准轨距铁路限界国家标准规定。铁路限界（图 1.2.16）是指为保证运输安全而制定的建筑物、设备与机车车辆相互间在线路上不能逾越的轮廓尺寸线，

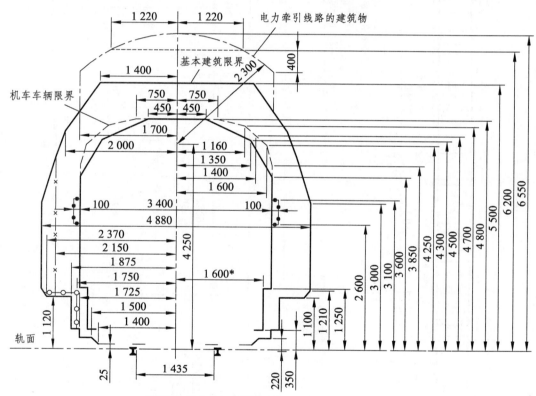

中国铁路机车车辆限界和基本建筑限界

‑ ‑ ‑ ‑ ‑ ‑ 电气化铁路干线上运用的电力机车；
—●—●— 列车信号装置限界轮廓；
—×—×— 信号机、水鹤的建筑限界（正线不适用）；
—○—○— 站台建筑限界（正线不适用）；
———— 适用于电力机车牵引的跨线桥、天桥和雨篷等；
‑‑‑‑‑‑ 电力机车牵引线路的跨线桥在困难条件下的最小高度；
*电力机车在距轨面高 350~1 250 mm 范围内为 1 675 mm。

图 1.2.16 铁路限界（单位：mm）

分为建筑接近限界和机车车辆限界两种，统称铁路的基本限界。前者是位于铁路线两边的建筑物不容许侵入的轮廓线；后者是机车车辆本身及其装载的货物不容许越出的轮廓线，两者之间应留出一定的空隙。采用这些限界时，货物列车的装载高度直线线路应不超过 5 300 mm。曲线线路上的桥梁，由于线路受曲线外轨超高的影响，桥上净空界限应加高。铁路人行道一般仅供养护和巡道人员用，宽 0.5 m。铁路限界是铁路基本技术法规，不但铁路系统各部门必须严格执行，而且凡是与铁路打交道的单位也必须遵守。

城市桥梁以及位于大、中城市近郊的公路桥梁的桥面净空尺寸，应结合城市实际交通量和今后发展的要求来确定。在弯道上的桥梁应按路线要求予以加宽。公路和城市桥梁，为了利于桥面排水，应根据不同类型的桥面铺装，设置从桥面中央倾向两侧的 1.5% ~ 3.0% 的横向坡度。

第三节　桥梁的设计

桥梁施工与设计有着十分密切的关系，特别是体系复杂的桥梁，往往不能一次按图完成结构施工，如连续梁桥的施工通常需要历经若干次结构体系的转换。因此，在考虑设计方案时，要考虑施工的可能性、经济性与合理性；在技术设计中要计算施工各阶段的强度、变形和稳定性，桥梁设计要同时满足施工阶段与营运阶段的各项要求。在施工中，通过各种途径和方式来校核与验证设计的准确性，形成设计与施工相互配合、相互约束、不断发展的关系。

桥梁结构的施工应忠实地按照设计要求完成。在施工之前，施工人员需要对设计图纸、说明书、工程预算和施工计划、主要施工阶段的强度、应力、挠度等有关文件和图纸进行详细的研究，掌握设计的内容与要求，进行必要的复算，按照设计要求处理施工方法的一些细节，编制施工计划、购置施工设备和材料。而在进行桥梁设计时，必须根据实际情况确定施工方法和步骤。

一、桥梁设计的内容和基本原则

1. 桥梁设计的主要内容

桥梁设计的主要内容包括：① 选择桥位；② 确定桥梁必需的长度和高度；③ 选择合理的桥梁结构形式并拟定桥跨及墩台基础的施工方案，即选择桥式及初拟结构尺寸；④ 对桥跨、墩台、基础进行结构设计，确定桥梁各部分的合理尺寸，保证桥梁在强度、刚度、稳定性三方面的要求。

桥涵布置应少占耕地，考虑水陆交通、排灌、水源保护区、野生动植物保护区、地下管线等对桥涵的要求和影响，并应与自然水系、地方排灌系统组成完整通畅的排水系统。跨越河流的桥梁以一河一桥为原则，不宜强行改移河道或以长大导流堤强行集中水流。天然河道不宜改移。当能明显改善桥涵工作状况或有显著经济效益时，天然河道可被改移；但应考虑河流水力条件变化的影响。桥址中线宜与洪水流向正交，斜交时宜避免在桥头形成水袋而产生三角回流。在通航河流上，桥址中线宜与航线正交。通航孔还应考虑变迁性河道的影响。桥梁结构宜设计为正交。当斜交不可避免时，桥梁纵向轴线与横向支承线夹角不宜小于 60°，桥台的台尾边线应与线路中线垂直，困难条件下桥台台尾与线路中线不垂直时应采取与路基衔接的特殊过渡措施。

2. 桥梁设计的基本原则

桥梁设计必须遵从适用、经济、安全和美观的基本原则。具体应满足以下各项要求：

（1）使用上的要求。

桥上行车道与人行道宽度应保证列车（车辆）和人群的安全畅通，并能满足发展的需要；桥型、跨度和净空应满足泄洪、安全通航或通车等要求；建成的桥梁要保证使用年限，便于检修；桥梁两端方便车辆进入和疏散，而不致产生交通堵塞现象；考虑综合利用，方便各种管线（水、电气、通信等）的搭载等。

（2）经济上的要求。

① 桥梁设计应遵循因地制宜、就地取材和方便施工的原则。

② 经济的桥型应该是造价和养护费用综合最省的桥型。设计中应充分考虑维修的方便和减少维修费用，维修时尽可能不中断交通，或中断交通的时间最短。

③ 所选择的桥位应是地质、水文条件好，并使桥梁长度较短的位置。

④ 桥位应考虑建在能缩短河道两岸运距的地方，以促进该地区的经济发展，产生最大的效益。对于过桥收费的桥梁应能吸引更多的车辆通过，达到尽快回收投资的目的。

⑤ 在设计中应尽量采用先进的施工技术和设备，以满足快速施工的要求，降低总造价，提高经济效益。

（3）结构和构造上的要求。

整个桥梁结构及各部构件，在制造、运输、安装和使用过程中均应具有足够的强度、刚度、稳定性和耐久性。

（4）美观上的要求。

一座桥梁应具有优美的外形，而且这种外形从任何角度看都应该是优美的，结构布置必须精练，并在空间上有和谐的比例。桥型应与周围环境相协调，城市桥梁和游览地区的桥梁，可较多地考虑建筑艺术上的要求。合理的结构布局和轮廓是使桥梁美观的主要因素，另外，施工质量对桥梁美观也有很大影响。

（5）技术先进。

在因地制宜的前提下，桥梁设计应尽可能采用成熟的新结构、新设备、新材料和新工艺。

在注意认真学习国内外的先进技术，充分利用最新科学技术成就的同时，应努力创新，淘汰和摒弃原来落后和不合理的设计思想。只有这样才能更好地贯彻适用、经济、安全、美观的原则，提高我国的桥梁建设水平，赶上和超过世界先进水平。

（6）环境保护和可持续发展要求。

桥梁设计应考虑环境保护和可持续发展的要求：从桥位选择、桥跨布置、基础方案、墩身外形、上部结构施工方法、施工组织设计等全面考虑环境要求；采取必要的工程控制措施，并建立环境监测保护体系，将不利影响减至最小。

（7）安全上的要求。

① 所设计的桥梁结构在强度、稳定和耐久性方面应有足够的安全储备。

② 防撞栏杆应具有足够的高度和强度，人与车流之间应做好防护栏，防止车辆撞入人行道或撞坏栏杆而落到桥下。

③ 对于交通繁忙的桥梁，应设计好照明设施并有明确的交通标志，两端引桥坡度不宜太陡，以避免发生车辆碰撞等引起车祸。

④ 对于河床易变迁的河道，应设计好导流设施，防止桥梁基础底部被过度冲刷；对于通行大吨位船舶的河道，除按规定加大桥孔跨径外，必要时应设置防撞构筑物等。

⑤ 对于修建在地震区的桥梁，应按抗震要求采取防震措施；对于大跨柔性桥梁，尚应考虑风振效应；对于车速较高的铁路桥梁，还应考虑车辆耦合振动所引起的行车安全性及乘车舒适性问题。

二、混凝土桥梁耐久性设计

国内外大量桥梁的使用经验说明，结构的耐久性对桥梁的安全使用和经济性起着决定的作用。经济合理性应当使建造费用与使用期内的检查维修费用之和达到最少，片面地追求较低的建造费用而忽视耐久性，往往会造成很大的经济损失。因此，在高速铁路的桥梁结构设计中应十分重视结构物的耐久性设计，统一考虑合理的结构布局和结构细节，强调要使结构易于检查维修以保证桥梁的安全使用。

长期以来，人们受混凝土是一种耐久性能良好的建筑材料这一认识的影响，忽视了钢筋混凝土结构性能问题，造成了钢筋混凝土结构耐久性研究的相对滞后，并为此付出了巨大的代价。现如今，在各国的高速铁路桥梁设计建造时，耐久性设计均得到了充分的重视，如明确规定耐久性设计的有关内容、考虑易损部件更换的措施、预留15%的预应力束补张拉位置、预留各种检查维修通道等。桥梁设计应力求构造简单、规格标准化，尽量消除构造上的薄弱环节。

影响混凝土结构耐久性的因素十分复杂，主要取决于以下四个方面：

① 混凝土材料的自身特性。

② 混凝土结构的设计与施工质量。

③ 混凝土结构所处的环境条件。

④ 混凝土结构的使用条件和防护措施。

混凝土材料的自身特性和结构的设计与施工质量是决定其耐久性的内因。混凝土的材料组成，如水灰比、水泥品种和数量、骨料的种类与级配都直接影响混凝土结构的耐久性。混凝土的缺陷（例如裂缝、气泡、空穴等）会造成水分和侵蚀性物质渗入混凝土内部，与混凝土发生物理化学作用，影响混凝土结构的耐久性。

混凝土结构所处的环境条件和防护措施，是影响混凝土结构耐久性的外因。外界环境因素对混凝土结构的破坏是环境因素对混凝土结构物理化学作用的结果。环境因素引起的混凝土结构损伤或破坏主要有：

1. 混凝土的碳化

混凝土的碳化是指混凝土中氢氧化钙与渗透进混凝土中的二氧化碳和其他酸性气体发生化学反应的过程。一般情况下混凝土呈碱性，在钢筋表面形成碱性薄膜，保护钢筋免遭酸性介质的侵蚀，起到了"钝化"保护作用。碳化的实质是混凝土的中性化，使混凝土的碱性降低、钝化膜被破坏，在水分和其他有害介质侵入的情况下，钢筋就会发生锈蚀。

2. 氯离子的侵蚀

氯离子对混凝土的侵蚀是氯离子从外界环境侵入已硬化的混凝土造成的。海水是氯离子的主要来源，北方寒冷地区向道路、桥面撒盐化雪除冰都有可能使氯离子渗入混凝土中。氯离子对混凝土的侵蚀属于化学侵蚀，氯离子是一种极强的去钝化剂，氯离子进入混凝土到达钢筋表面，并吸附于局部钝化膜处时，可使该处的 pH 值迅速降低，破坏钢筋表面的钝化膜，引起钢筋腐蚀。氯离子侵蚀引起的钢筋腐蚀是混凝土结构耐久性的最主要和最普遍的病害，会造成巨大的损失，应引起设计、施工及养护管理部门的重视。

3. 碱-骨料反应

碱-骨料反应一般指水泥中的碱和骨料中的活性硅发生反应，生成碱-硅酸盐凝胶，并吸水产生膨胀压力，造成混凝土开裂的过程。

碱-骨料反应引起的混凝土结构破坏程度，比其他耐久性破坏发展更快，后果更为严重。

碱-骨料反应一旦发生，很难加以控制，一般不到两年就会使结构出现明显开裂，所以有时也称碱-骨料反应是混凝土结构的"癌症"。

对付碱-骨料反应重在预防，因为混凝土结构一旦发生碱-骨料反应被破坏，目前还没有更可靠的修补措施。防止混凝土碱-骨料反应的主要措施是：选用含碱量低的水泥；不使用碱活性大的骨料；选用不含碱或含碱低的化学外加剂；通过各种措施，控制混凝土的总含碱量不大于 $3 \, \text{kg/m}^3$。

4. 冻融循环破坏

渗入混凝土中的水在低温下结冰膨胀，从内部破坏混凝土的微观结构，经多次冻融循环后，损伤积累将使混凝土剥落酥裂，大大降低混凝土的强度。

冻融破坏的特征是混凝土剥落，严重威胁混凝土的耐久性。混凝土冻融破坏发展速度快，一经发现混凝土冻融剥落，必须密切注意剥蚀的发展情况，及时采取修补和补强措施。提高混凝土抗冻耐久性的主要措施是采用掺入引气剂的混凝土。国内外的大量研究和工程实践表明，掺入引气剂的混凝土抗冻耐久性明显提高，这是因为引气剂形成的互不连通的微细气孔在混凝土受冻初期能使毛细孔中的静水压力减少，在混凝土结构受冻过程中，这些孔隙可以阻止或抑制水泥浆中微小冰体的形成。

5. 钢筋腐蚀

钢筋腐蚀是影响钢筋混凝土结构耐久性和使用寿命的重要因素。处于干燥环境时，混凝土的碳化速度缓慢，具有良好保护层的钢筋混凝土结构一般不会发生钢筋腐蚀。在潮湿的或有侵蚀介质（例如氯离子）的环境中，混凝土将加速碳化，覆盖钢筋表面的钝化膜逐渐被破坏，加之有水分和氧的侵入，将引起钢筋的腐蚀。钢筋腐蚀伴有体积膨胀，使混凝土出现沿钢筋的纵向裂缝，造成钢筋与混凝土之间的黏结力被破坏、钢筋截面积减少、结构构件的承载力降低、变形和裂缝增大等一系列不良后果，随着时间的推移，腐蚀会逐渐恶化，最终可能导致结构的完全破坏。

值得注意的是，几乎所有侵蚀混凝土和钢筋的作用都需要有水作介质。另外，几乎所有的侵蚀作用对混凝土结构的破坏都与侵蚀作用引起的混凝土膨胀，并与最终的混凝土开裂有关，而且当混凝土结构开裂后，腐蚀速度将大大加快，混凝土结构的耐久性将进一步恶化。

在影响混凝土结构耐久性的诸多因素中，钢筋腐蚀危害最大。钢筋腐蚀与混凝土碳化有关，在一般情况下，混凝土保护层碳化是钢筋腐蚀的前提，水分、氧气的存在是引起钢筋腐蚀的必要条件。因此，提高混凝土结构耐久性的根本途径是：增强混凝土密实度，防止或控制混凝土开裂，阻止水分的侵入；加大混凝土保护层的厚度，防止由于混凝土保护层碳化引起钢筋钝化膜的破坏。

三、桥梁设计的程序

一座大中型桥梁的规划设计所涉及的因素很多，是一个综合的系统工程。我国根据国家基本建设程序的要求逐步形成了包括技术、经济及组织工作在内的科学的大桥设计程序，分为前期工作及设计阶段。前期工作包括编制预可行性研究报告和可行性研究报告。设计阶段按"三阶段设计"进行，即初步设计、技术设计与施工图设计。各阶段设计文件完成后的上报和审批都由国家指定的行政部门办理。批准后的文件是建设程序进行的依据，也是下一阶段设计文件编制的依据。

1. 前期工作

前期即预可行性研究报告与工程可行性研究报告的编制阶段。两者应包含的内容及目的是一致的，只是研究的深度不同。预可行性研究报告阶段着重研究建桥的必要性及宏观经济上的合理性。在预可行性研究报告阶段研究形成的预可行性研究报告书中，应从经济、政治、国防等方面，详细阐明建桥理由和工程建设的必要性、重要性，同时初步探讨技术上的可行性。对于区域性线路上的桥梁，应以建桥地点（渡口等）的车流量调查（计及国民经济逐年增长）为立论依据。预可行性研究报告阶段的主要工作目标是解决建设项目的上报立项问题，因而，在预可行性研究报告书中，应编制几个可能的桥型方案，并对工程造价、资金来源、投资回报等问题有初步的估算和设想。设计方将预可行性研究报告书交业主后，由业主据此编制项目建议书报上级主管部门审批。在项目建议书被审批确认后，建设单位可着手工程可行性研究阶段的工作。在这一阶段，机关单位应着重研究选用和补充制定桥梁的技术标准，包括设计荷载标准、桥面宽度、通航标准、设计车速、桥面纵坡、桥面平纵曲线半径等，应与河道、航运、规划等部门共同研究，以协商确定相关的技术标准。

2. 初步设计

由计划部门下达的设计任务书是初步设计的依据。

初步设计阶段首先是通过调查、勘测（初测、初勘、定测和详勘）搜集资料，解决桥梁总体规划问题，即桥址选定、桥型、桥长和分跨情况；其次是初拟桥梁结构的主要尺寸，估算工程数量，提出主要材料用量及全桥造价的概算指标。在这一过程中，设计单位往往应对所选定的桥址做出几种不同方案进行比较，呈报上级审批后才能确定最终方案。

3. 技术设计

技术设计阶段要进行补充勘探。在进行补充勘探时，水中基础必须每墩布置必要的钻孔。岸上基础的钻孔也要有一定的密度，基础下到岩层的钻孔应加密，还要通过勘探充分判断土层的变化。

技术设计阶段的主要内容是对选定的桥式方案中的各个结构总体的、细部的技术问题作进一步研究解决。在初步设计中批准的科研项目也要在这一阶段中予以实施,得出结果。技术设计阶段要对结构各部分的设计提出详尽的设计图纸,包括结构断面、配筋、细节处理、材料清单及工程量等。

技术设计的最后工作是调整概算(修正概算)。

4. 施工图设计

施工图设计是将初步设计中所审定的方案进一步具体化的技术文件,即对桥梁各部分构件,如墩、台、梁、基础、防护工程等进行详细的设计计算,并且确保强度、稳定性、刚度、裂缝、构造等各种技术指标满足规范要求,绘制出施工详图,编制施工组织设计和施工预算等。

国内一般的桥梁采用两阶段设计,即初步设计和施工图设计,对于技术简单、方案明确的中小桥型,设计程序一般较简单,应视各部门的具体情况而定,也可以采用一阶段设计,即施工设计。

桥涵设计方案的确定应调查研究河流的历史、现状及其发展趋势,探明桥址地质情况,考虑桥涵与道路、水利、航运及工农业的相互关系,并满足环境保护、水土保持、文物保护等要求。

第四节　桥梁的荷载

确定结构计算模式、选定荷载和结构分析计算是桥梁计算工作中的三个主要部分。其中荷载的种类、形式和大小选择是否恰当,关系到桥梁结构在它的有限寿命期限内的安全,也关系到桥梁建设费用的合理投资。实际上,荷载分析是比结构分析更为重要的问题。随着科学技术的进步和桥梁工程的发展,实际可能作用在桥梁结构上的荷载越来越复杂。例如,对于大跨径桥梁结构,风载、地震荷载的重要性愈显突出;又如预应力混凝土桥梁结构,近代各国规定都将预应力、混凝土徐变与收缩的影响、温度变化的影响等列入荷载看待。由于荷载种类、形式复杂化,在桥梁设计中,考虑哪些荷载可能同时出现的组合也就复杂化了。

一、铁路桥梁荷载

根据《铁路桥涵设计规范》(TB 10002—2017)的规定,铁路桥梁荷载(表1.4.1)习惯于按照荷载的性质和发生的概率来进行分类,将桥梁荷载分为主力、附加力和特殊荷载。桥涵结构设计应根据结构的特性,按表1.4.1所列的荷载,就其可能的最不利组合情况进行计算。桥梁设计时,应仅考虑主力与一个方向(顺桥或横桥方向)的附加力相结合。

表 1.4.1　铁路桥涵荷载

荷载分类		荷载名称
主力	恒载	结构构件及附属设备自重、预加力、混凝土收缩和徐变的影响、土压力、静水压力及水浮力、基础变位的影响
	活载	列车竖向静活载、公路(城市道路)活载、列车竖向动力作用、离心力、横向摇摆力、活载土压力、人行道人行荷载、气动力

续表

荷载分类	荷载名称
附加力	制动力或牵引力、支座摩阻力、风力、流水压力、冰压力、温度变化的作用、冻胀力、波浪力
特殊荷载	列车脱轨荷载、船只或排筏的撞击力、汽车撞击力、施工临时荷载、地震力、长钢轨纵向作用力（伸缩力、挠曲力和断轨力）

1. 铁路桥梁恒载

（1）结构构件及附属设备自重。

结构构件及附属设备容重按下列规定取值，构件体积与容重乘积为其自重。一般常用材料结构容重见表 1.4.2。

表 1.4.2　一般常用材料容重表

材料名称	材料容重（kN/m³）
钢、铸钢	78.5
铸铁	72.5
钢筋混凝土或预应力混凝土（配筋率在 3% 以内）	25～26
混凝土和片石混凝土	24
填土	17～18
碎石道砟	21

注：钢筋混凝土中配筋率大于 3% 时，其容重为单位体积中混凝土（扣除所含钢筋体积）自重加钢筋自重。

（2）土压力。

作用于墩台上的土的侧压力可按库伦（楔体极限平衡）理论推导的主动土压力计算。土压力计算可不考虑动力作用。

（3）水浮力。

位于碎石土、砂土、粉土等透水地基上的墩台，检算稳定性时应考虑设计洪水频率水位的水浮力；计算基底应力或基底偏心时仅考虑常水位（包括地表水或地下水）的水浮力。检算墩台身截面或检算位于黏性土上的基础时可不考虑水浮力。检算岩石（破碎、裂隙严重者除外）上的基础且基础混凝土与岩石接触良好时，可不考虑水浮力。位于粉质黏土和其他地基上的墩台，不能确定是否透水时，应分别按透水与不透水两种情况检算基底并取其不利者。

2. 铁路桥梁活载

铁路活载是列车及由列车引起的荷载，包括列车（机车和车辆）重量、冲击力、离心力、列车活载引起的土压力等。此外还有人行活载。公铁两用桥还要考虑汽车活载。

列车活载因机车类型不同，其轴重、轴距各异，对桥梁的影响各不相同。铁路桥涵结构设计采用的列车荷载标准应符合《铁路列车荷载图式》（TB/T 3466—2016）（表 1.4.3）的规定。

《铁路列车荷载图式》是铁路基础性、战略性的标准，指导一定时期铁路线路基础设施和移动装备的发展，对推进铁路建设和运输发展具有重要意义。列车荷载是铁路机车、车辆等移动装备对线路的作用，与铁路移动装备技术发展紧密相关，是各类铁路工程结构设计的重要依据。列车荷载图式代表了铁路移动装备对线路的作用特征和作用量值，是一组由不同轴重和轴距、按一定规律排列、具有可变速度的移动作用力学模型。标准制定时充分考虑了当前铁路移动装备配备情况，并适应未来一定时期内机车、车辆等移动装备技术的发展需求。

表 1.4.3 铁路列车荷载图示

铁路是国民经济的大动脉，不同国家铁路建设、运输和移动装备技术发展需求有所不同，在列车荷载图式制定方面具有差异。《铁路列车荷载图式》标准一定意义上反映了一个国家国民经济的发展水平。《铁路列车荷载图式》标准适应经济发展、运输需求和技术进步的要求，确定了铁路移动装备的发展方向，对铁路建设成本具有直接的影响。

60 多年来，列车荷载图式与我国技术经济、铁路运输需求密切相关，并随着机车车辆的发展演变而来，满足牵引类型由蒸汽机车向内燃、电力机车发展，满足集中牵引的普速旅客列车向高速动车组列车发展，满足货物列车由载重 30 t 级向 50 t、60 t、70 t、80 t 及 100 t 级发展。2000 年以来，根据客货共线铁路和货运铁路的发展，列车牵引类型完成了由蒸汽机车至内燃和电力机车的过渡，客货共线铁路客车提速、货车载重升级，货运铁路开行了万吨级及以上的重载组合列车。为此，国家相应研究制定了更符合运输特征和发展需求的客货共线、货运铁路列车荷载图式。

列车荷载图式除直接用于线路基础设施结构强度设计外，对桥梁结构刚度、频率等都有直接或间接影响，其对于列车速度的适应性也是通过控制结构刚度、频率等动力学指标实现的；此外，列车纵向力（机车牵引力、列车制动力）、离心力等也是在荷载图式基础上通过采用相应系数计算得到的。因此，桥梁设计时应配套选用列车荷载图式及与参数体系。

高速列车在桥梁上运营的安全性和舒适性与桥梁刚度、频率等动力学指标相关。在相同速度条件下，桥梁的动力学设计指标与列车荷载图式的选取并无直接关系，即无论采用高速铁路、城际铁路列车荷载图式设计的桥梁，还是直接采用高速动车组作为设计荷载，在相同速度条件下需要满足高速列车安全、舒适运营的目标是相同的，对桥梁的动力学性能要求也是相同的。

以高速铁路标准梁桥为例，由高速铁路列车荷载图式调整为城际铁路列车荷载图式进行设计时，由于高速列车安全性、舒适性要求没有改变，梁体刚度、频率等指标不应随着列车荷载图式的变化而变化，可优化调整的主要为用于强度设计、长期变形设计的预应力束等。

（1）列车竖向活载。

采用 ZKH 或 ZH 活载时，双线桥梁结构活载按两条线路在最不利位置承受 90% 计算，三线、四线桥梁结构活载按所有线路在最不利位置承受 80% 计算，四线以上桥梁结构活载按所有线路在最不利位置承受 75% 计算。采用 ZK 或 ZC 活载时，双线桥梁结构按两条线路在最不利位置承受 100% 的 ZK 或 ZC 活载计算。多于两线的桥梁结构应按以下两种情况最不利者考虑：按两条线路在最不利位置承受 100% 的 ZK 或 ZC 活载，其余线路不承受列车活载；所有线路在最不利位置承受 75% 的 ZK 或 ZC 活载。

设计加载时列车荷载图式可以任意截取，需要加载的结构长度超过最大编组长度时，可采用列车最大编组长度。设计中采用空车检算桥梁时，可按 10 kN/m 的均布荷载加载。

对于有通行长大货物车的桥梁，其检算图式如图 1.4.1 所示。

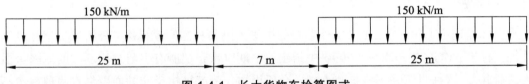

图 1.4.1 长大货物车检算图式

（2）列车竖向动力作用。

客货共线、重载铁路桥梁结构动力系数按下列公式计算，且不小于 1.0。简支或连续的钢桥跨结构和钢墩台动力系数按下式计算：

$$1 + \mu = 1 + \frac{28}{40 + L} \qquad (1.4.1)$$

式中　$1 + \mu$——动力系数；

L——桥梁跨度（m）。

钢筋混凝土、素混凝土、石砌的桥跨结构及涵洞、刚架桥，其顶上填土厚度 $h \geqslant 3$ m（从轨底算起）时不计列车竖向动力作用，当 $h < 3$ m 时，动力系数按下式计算：

$$1 + \mu = 1 + \alpha \left(\frac{6}{30 + L} \right) \qquad (1.4.2)$$

式中　　$\alpha = 0.32 \times (3-h)^2$，$h < 0.5$ m 时取 0.5 m。

（3）离心力。

桥梁在曲线上时，应考虑列车竖向静活载产生的离心力。离心力按下列公式计算：

$$F = f \cdot C \cdot W = f \cdot \frac{V^2}{127R} \cdot W \qquad (1.4.3)$$

式中　　C ——离心力率，应不大于 0.15；

　　　　V ——设计速度（km/h），当速度大于 250 km/h 时，按照 250 km/h 计算；

　　　　W ——列车荷载图式中的集中荷载或分布荷载（kN 或 kN/m）；

　　　　R ——曲线半径（m）；

　　　　f ——列车竖向活载折减系数。

（4）列车摇摆力。

列车横向摇摆力作为一个集中荷载取最不利位置，以水平方向垂直于线路中心线作用于钢轨顶面。多线桥梁可仅计算任一线上的横向摇摆力，客货共线铁路、重载铁路空车时应考虑横向摇摆力。横向摇摆力按表 1.4.4 取值。

表 1.4.4　横向摇摆力计算取值表

设计标准	重载铁路	客货共线铁路	高速铁路	城际铁路
摇摆力（kN）	$100z$	100	80	60

注：重载铁路列车横向摇摆力折减系数 z 的取值与重载铁路荷载系数一致。

二、公路桥梁上的作用

建设部以建标〔1999〕151 号文件发布的中华人民共和国国家标准《公路工程结构可靠度设计统一标准》（GB/T 50283—1999）中指出：长期以来，把所有引起结构反应的原因习惯统称为"荷载"，这种叫法并不科学和确切。众所周知，引起结构反应的原因具有两种截然不同的性质：一类是施加于结构上的外力，如车辆、人群、结构自重等，它们是直接作用在结构上的，可用"荷载"这一术语来概括；另一类不是以外力形式施加于结构上的，而是以间接的形式作用在结构上，它们产生的效应常与结构本身特性、所处环境有关，如地震、结构不均匀沉降、混凝土收缩徐变、温度变化等，这些都是间接作用在结构上的，如果也称"荷载"，就会引起人们的误解，如"地震荷载"一词，就容易被误解为地震是对结构直接施加的、与地基和结构无关的外力。因此，国际上普遍地把所有引起结构反应的原因统称为"作用"，而"荷载"仅限于表达施加于结构上的直接作用。

桥梁设计作用种类、形式和大小的取值是否恰当，关系到桥梁结构在设计基准期内是否能安全可靠，也关系到桥梁的建设费用是否经济合理。

公路桥梁上的作用按随时间变化可分为永久作用、可变作用、偶然作用和地震作用四类，见表 1.4.5。

表 1.4.5　作用的分类

编　号	作　用　分　类	作　用　名　称
1	永久作用	结构重力（包括结构附加重力）
2		预加力
3		土的重力
4		土侧压力
5		混凝土收缩及徐变作用
6		水的浮力
7		基础变位作用
8	可变作用	汽车荷载
9		汽车冲击力
10		汽车离心力
11		汽车引起的土侧压力
12		汽车制动力
13		人群荷载
14		疲劳荷载
15		风荷载
16		流水压力
17		冰压力
18		波浪力
19		温度（均匀温度和梯度温度）作用
20		支座摩阻力
21	偶然作用	船舶撞击作用
22		漂浮物的撞击作用
23		汽车撞击作用
24	地震作用	地震作用

对比公路桥梁上的作用和铁路桥梁上的荷载，尽管公路、铁路规范对各种作用或荷载的分类有所不同，但基本上大同小异，有些作用是设计铁路桥梁所特有的，如列车摇摆力、牵引力等。另外，在设计公铁两用桥时，目前的设计实践是：在铁路荷载的基础上，增加公路桥全部荷载的 75%；单对仅承受公路活载的构件，应计入全部公路活载。

1. 永久作用

永久作用（如恒载）是在结构使用期内，其量值不随时间变化，或其变化值与平均值比较可忽略不计的作用。桥梁设计时，永久作用采用标准值为代表值。

结构重力亦称恒载，包括结构物自重、桥面铺装及附属设备的重力。结构重力标准值可按实际体积乘以材料的重力密度值（容重）计算。比如钢的重力密度是 78.5 kN/m³，钢筋混凝土或预应力混凝土的重力密度是 25.0 ~ 26.0 kN/m³。

其他永久作用均可按我国《公路桥涵设计通用规范》(JTG D60—2015)(以下简称《桥规》) 中的有关规定计算。

预加应力在结构正常使用极限状态设计和使用阶段构件应力计算时，应作为永久作用来计算其主、次效应，并计入相应阶段的预应力损失。在结构承载能力极限状态设计时，预加应力不作为作用，而将预应力钢筋作为结构抗力的一部分。但在连续梁等超静定结构中，仍需考虑预加力引起的次效应。

对于超静定的混凝土结构、钢筋混凝土组合结构等均应考虑混凝土的收缩和徐变作用的影响，预应力构件还涉及其预应力损失问题。

2. 可变作用

可变作用（如活载）为在结构使用期内，其量值随时间变化，且其变化值与平均值相比不可忽略的作用。桥梁设计时，可变作用根据不同的极限状态分别采用不同的代表值。

（1）汽车荷载。

① 汽车荷载的等级和组成。

汽车荷载分为公路—Ⅰ级和公路—Ⅱ级两个等级，各级公路桥涵的汽车荷载等级见表 1.4.6。汽车荷载由车道荷载和车辆荷载组成。车道荷载由均布荷载和集中荷载组成。桥梁结构的整体计算采用车道荷载（图 1.4.2）；桥梁结构的局部加载、涵洞、桥台和挡土墙土压力等的计算采用车辆荷载。车道荷载与车辆荷载的作用不得叠加。

表 1.4.6　各级公路桥涵的汽车荷载等级表

公路等级	高速公路	一级公路	二级公路	三级公路	四级公路
汽车荷载等级	公路—Ⅰ级	公路—Ⅰ级	公路—Ⅰ级	公路—Ⅱ级	公路—Ⅱ级

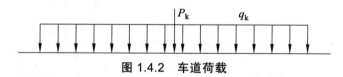

图 1.4.2　车道荷载

二级公路作为集散公路且交通量小、重型车辆少时，其桥涵的设计可采用公路—Ⅱ级汽车荷载。对于交通组成中重载交通比重较大的公路桥涵，宜采用与该公路交通组成相适应的汽车荷载模式进行结构整体和局部验算。

② 车道荷载的计算图式。

公路—Ⅰ级车道荷载的均布荷载标准值 $q_k = 10.5$ kN/m；集中荷载标准值 P_k 取值见表 1.4.7。计算剪力效应时，上述集中荷载标准值 P_k 应乘以 1.2 的系数。

表 1.4.7　集中荷载 P_k 取值

计算跨径 L_0（m）	$L_0 \leqslant 5$	$5 < L_0 < 50$	$L_0 \geqslant 50$
P_k（kN）	270	$2（L_0 + 130）$	360

注：计算跨径 L_0，设支座的为相邻两支座中心间的水平距离，不设支座的为上、下部结构相交面中心间的水平距离。

公路—Ⅱ级车道荷载的均布荷载标准值 q_k 和集中荷载标准值 P_k 按公路—Ⅰ级车道荷载的 0.75 倍采用。车道荷载的均布荷载标准值应满布于使结构产生最不利效应的同号影响线上，集中荷载标准值只作用于相应影响线中一个影响线峰值处。

③ 车辆荷载的立面、平面尺寸。

车辆荷载立面及平面布置见图 1.4.3。车辆荷载的主要技术指标见表 1.4.8。

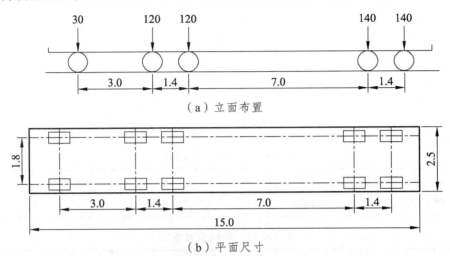

（a）立面布置

（b）平面尺寸

图 1.4.3　车辆荷载立面及平面布置（尺寸单位：m；荷载单位：kN）

表 1.4.8　车辆荷载的主要技术指标

项　目	单位	技术指标	项　目	单位	技术指标
车辆重力标准值	kN	550	轴距	m	3 + 1.4 + 7 + 1.4
前轴重力标准值	kN	30	轮距	m	1.8
中轴重力标准值	kN	2×120	前轮着地宽度及长度	m	0.3×0.2
后轴重力标准值	kN	2×140	中、后轮着地宽度及长度	m	0.6×0.2
车辆外形尺寸（长×宽）			车辆外形尺寸（长×宽）	m	15×2.5

④ 车道荷载横向分布系数应按桥涵设计车道数如图 1.4.4 布置车辆荷载进行计算。

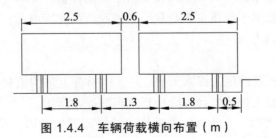

图 1.4.4　车辆荷载横向布置（m）

桥涵设计的车道数应符合表 1.4.9 的规定，多车道桥梁上的汽车荷载应考虑多车道折减，横向折减系数见表 1.4.10，纵向折减系数见表 1.4.11。布置一条车道汽车荷载时，应考虑汽车荷载的提高。多车道布载的荷载效应不得小于两条车道布载的荷载效应。

表 1.4.9　桥涵设计车道数

桥面宽度 W（m）		桥涵设计车道数
车辆单向行驶时	车辆双向行驶时	
$W<7.0$		1
$7.0 \leqslant W<10.5$	$6.0 \leqslant W<14.0$	2
$10.5 \leqslant W<14.0$		3
$14.0 \leqslant W<17.5$	$14.0 \leqslant W<21.0$	4
$17.5 \leqslant W<21.0$		5
$21.0 \leqslant W<24.5$	$21.0 \leqslant W<28.0$	6
$24.5 \leqslant W<28.0$		7
$28.0 \leqslant W<31.5$	$28.0 \leqslant W<35.0$	8

表 1.4.10　横向折减系数

横向布置设计车道数（条）	2	3	4	5	6	7	8
横向折减系数	1.00	0.78	0.67	0.60	0.55	0.52	0.50

表 1.4.11　纵向折减系数

计算跨径 L_0（m）	纵向折减系数	计算跨径 L_0（m）	纵向折减系数
$150<L_0<400$	0.97	$800 \leqslant L_0<1000$	0.94
$400 \leqslant L_0<600$	0.96	$L_0 \geqslant 1000$	0.93
$600 \leqslant L_0<800$	0.95		

（2）城市桥梁汽车荷载。

《城市桥梁设计规范》（CJJ 11—2011），荷载采用两级荷载标准，即城—A 级、城—B 级。城—A 级总轴重 700 kN，适用于快速路及主干路。城—B 级荷载总轴重 300 kN，适用于次干路及支路。

标准中规定：在城市桥梁设计中，汽车荷载可分为车辆荷载和车道荷载。

车辆荷载主要用于桥梁的横隔梁、行车道板、桥台或挡土墙后土压力的计算。

车道荷载主要用于桥梁的主梁、主拱和主桁架等的计算。

当进行桥梁结构计算时不得将车辆荷载与车道荷载的作用叠加。

（3）汽车荷载的影响力。

① 汽车荷载冲击力。

钢桥、钢筋混凝土桥及预应力混凝土桥、圬工拱桥等上部构造和钢支座、板式橡胶支座、盆式橡胶支座及钢筋混凝土柱式墩台，应计算汽车的冲击作用。

我国一般根据在现代桥梁上所做的振动试验结果而近似地以汽车荷载增大系数，即冲击系数 μ 来计算荷载的冲击影响。冲击系数 μ 是随跨径或荷载长度 l 的增大而减小的。

冲击系数 μ 可按下式计算：

当 $f<1.5$ Hz 时，$\mu = 0.05$

当 $1.5 \leqslant f \leqslant 14$ Hz 时，$\mu = 0.1767\ln f - 0.0157$

当 $f > 14$ Hz 时，$\mu = 0.45$

式中　f ——结构基频（Hz）。

②　汽车荷载离心力。

离心力为车辆荷载（不计冲击力）乘以离心力系数 C，离心力系数由下式计算：

$$C = \frac{V^2}{127R} \tag{1.4.4}$$

式中　V ——计算行车速度（km/h）；

　　　R ——曲线半径（m）。

离心力的着力点在桥面以上 1.2 m（为计算简便也可移至桥面上，不计由此引起的力矩）。汽车离心力是车辆在弯道行驶时伴随产生的惯性力，它以水平力的形式作用在结构上，在弯道桥的曲线半径等于或小于 250 m 时考虑计算。

（4）其他可变作用。

①　汽车荷载制动力。

桥上汽车制动力是车辆在刹车时为克服车辆的惯性力而在路面与车辆之间发生的滑动摩擦力。

汽车荷载制动力按同向行驶的汽车荷载（不计冲击力）计算，并应按表 1.4.11 的规定，以使桥梁墩台产生最不利纵向力的加载长度进行纵向折减。

《公路桥涵设计通用规范》中规定：一个设计车道上汽车荷载产生的制动力按车道荷载标准值在加载长度上计算的总重力的 10% 计算，但公路—Ⅰ级汽车荷载的制动力标准值不得小于 165 kN，公路—Ⅱ级汽车荷载的制动力标准值不得小于 90 kN。同向行驶双车道的汽车荷载制动力标准值应为一个设计车道制动力标准值的 2 倍，同向行驶三车道应为一个设计车道的 2.34 倍，同向行驶四车道应为一个设计车道的 2.68 倍。

制动力的方向就是行车方向，其着力点在桥面以上 1.2 m 处。在设计墩台时，可移至支座中心（铰或滚轴中心）或滑动支座、橡胶支座、摆动支座的底面上；计算刚架桥、拱桥时，可移至桥面上，但不计因此而产生的竖向力和力矩。

②　支座摩阻力。

支座摩阻力 F：由温度变化，活动支座接触面上，水平方向的摩阻力引起，

$$F = \mu V \tag{1.4.5}$$

式中　V ——作用于活动支座的竖向反力单位；

　　　μ ——支座的摩阻系数，油毛毡垫层 $\mu = 0.6$，橡胶与混凝土间的摩阻系数 $\mu = 0.3$，橡胶与钢板间的摩阻系数 $\mu = 0.2$。

③　风荷载。

风荷载标准值应按现行《公路桥梁抗风设计规范》（JTG/T D60-01）的规定计算。

ⅰ. 横向风力。

横向风力的大小为横向风压乘以迎风面积。

横向风压 W：每平方米迎风面积上所受横向风力的大小

$$W = K_1 K_2 K_3 K_4 W_0 \tag{1.4.6}$$

式中 K_1——设计风速频率换算系数，对特殊大桥及在高速公路、一级公路、二级公路上的大、中桥梁采用 1.0，其他桥梁采用 0.85；

K_2——风载体型系数，桥墩见规范，其他构件为 1.3；

K_3——风压高度变化系数；

K_4——地形、地理条件系数；

W_0——基本风压值（Pa）

ⅱ．纵向风力。

纵向风力的大小按折减的横向风压乘以迎风面积计算。

④ 其他外力。

ⅰ．人群荷载。

公路桥梁设有人行道时，应同时计入人群荷载。人群荷载标准值应根据表 1.4.12 采用。非机动车、行人密集的公路桥梁，人群荷载标准值取上述标准值的 1.15 倍。专用人行桥梁，人群荷载标准值取为 3.5 kN/m²。

表 1.4.12　人群荷载标准值

计算跨径 l_0（m）	$l_0 \leqslant 50$	$50 < l_0 < 150$	$l_0 \geqslant 150$
人群荷载（kN/m²）	3.0	$3.25 - 0.005 l_0$	2.5

ⅱ．疲劳荷载。

疲劳是材料、零件和构件在循环加载下，在某点或某些点产生局部的永久性损伤，并在一定循环次数后形成裂纹；或使裂纹进一步扩展直到完全断裂的现象。

疲劳荷载：在工程上引起疲劳破坏的应力或应变，有时呈周期性变化，有时是随机的。

3. 偶然作用

偶然作用是指在结构使用期间出现的概率很小，一旦出现，其值很大且持续时间很短的作用，包括船舶撞击作用、漂流物撞击作用和汽车撞击作用。

偶然作用会对结构安全产生巨大的影响，甚至毁坏桥梁并使交通中断，因此，建造在有可能受到船舶或漂流物撞击的地方的桥梁应进行谨慎的防撞设计。

（1）船舶撞击作用。

通航水域中的桥梁墩台，设计时应考虑船舶的撞击作用，其撞击作用设计值可按下列规定采用：

船舶的撞击作用设计值宜按专题研究确定。四至七级内河航道当缺乏实际调查研究时，船舶撞击作用的设计值可按表 1.4.13 取值，航道内的钢筋混凝土桩墩，顺桥向撞击作用可按表所列数值的 50% 取值。当缺乏实际调查资料时，海轮撞击作用的设计值可按表 1.4.14 取值。内河船舶撞击作用点，假定为计算通航水位线以上 2 m 的桥墩宽度或长度的中点。海轮船舶撞击作用点需视实际情况而定。

表 1.4.13　内河船的撞击作用设计值

内河航道等级	船舶吨级（t）	横桥向撞击作用（kN）	顺桥向撞击作用（kN）
四	500	550	450
五	300	400	350
六	100	250	200
七	50	150	125

表 1.4.14　海轮的撞击作用设计值

船舶吨级（t）	3 000	5 000	7 500	10 000	20 000	30 000	40 000	50 000
横桥向撞击作用（kN）	19 600	25 400	31 000	35 800	50 700	62 100	71 700	80 200
顺桥向撞击作用（kN）	9 800	12 700	15 500	17 900	25 350	31 050	35 850	40 100

（2）漂流物撞击作用。

有漂流物的水域中的桥梁墩台，设计时应考虑漂流物的撞击作用，其横桥向撞击力设计值可按下式计算，漂流物的撞击作用点假定在计算通航水位线上桥墩宽度的中点：

$$F = \frac{Wv}{gT} \tag{1.4.7}$$

式中　W——漂流物重力（kN），应根据河流中漂流物情况，按实际调查确定；

　　　v——水流速度（m/s）；

　　　T——撞击时间（s），应根据实际资料估计，在无实际资料时，可用 1 s；

　　　g——重力加速度，9.81 m/s²。

（3）汽车撞击作用。

桥梁结构必要时可考虑汽车的撞击作用。汽车撞击力标准值在行驶方向取 1 000 kN，与之垂直方向取 500 kN，两个方向不同时考虑，其作用于行车道上 1.2 m 处，直接分布在撞击涉及的构件上。对于设有防撞设施的结构构件，可视设施的防撞能力予以折减，但折减后不应低于上述取值的 1/6。

4. 地震作用

地震作用主要是指地震时强烈的地面运动所引起的结构惯性力，它是随机变化的动力荷载，其值的大小取决于地震强烈程度和结构的动力特性（频率与阻尼等）以及结构或杆件的质量。地震作用分竖直方向与水平方向，但经验表明，地震的水平运动是导致结构破坏的主要因素。结构抗震验算时，一般主要考虑水平地震作用。因此，在工程设计中，凡计算作用在结构上的地震作用都是指水平地震作用（简称地震作用）。

抗震设防要求以地震时地面最大水平加速度的统计值——地震动峰值加速度确定。地震动峰值加速度为 0.10g 以上地区的公路桥涵，应进行抗震设计；大于或等于 0.40g 的地区应进行专门的抗震研究和设计；小于或等于 0.05g 地区的公路桥涵，除有特殊要求外，可采用简易设防。

公路桥梁地震作用应符合现行《公路工程抗震规范》（JTG B02—2013）和《公路桥梁抗震设计规范》（JTG/T 2331-01—2020）的规定。

思考题

1. 从结构体系角度，简述我国桥梁发展过程。
2. 简述桥梁的组成、分类、总体布置图。
3. 简述桥梁荷载类型。

第二章　桥面构造施工

铁路、公路桥梁的桥面构造是直接与车辆、行人接触的部分，对桥梁的承重结构起保护作用，并满足桥梁的使用、布局和美观要求。

混凝土梁桥面包括：道床（或桥面铺装）、防排水系统、人行道、栏杆、伸缩缝、防撞栏等。铺设道砟的桥面称为道砟桥面，钢桥桥面则一般不铺道砟，而将轨枕直接铺在纵梁上，称为明桥面。

铁路桥面构造通常包括钢轨、护轨、轨枕、道砟、挡砟墙、泄水管、人行道、栏杆和钢轨伸缩调节器等，如图 2.0.1 所示。

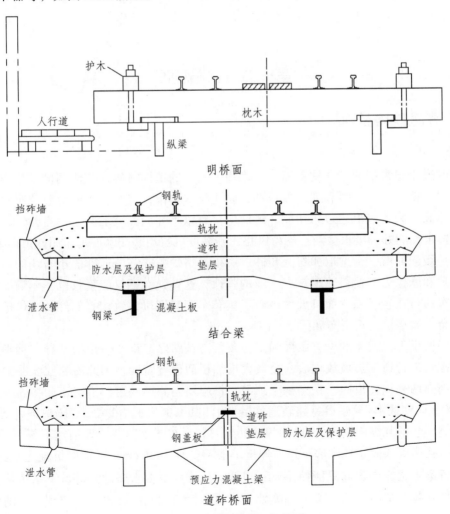

图 2.0.1　铁路桥面一般构造

公路桥面构造包括桥面铺装、排水防水系统、人行道（或安全带）、路缘石、栏杆、灯柱、安全护栏和伸缩装置等。一般公路桥梁的桥面构造如图 2.0.2 所示。

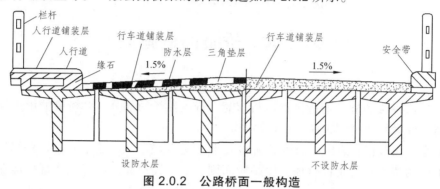

图 2.0.2　公路桥面一般构造

桥面构造直接与车辆、行人接触，对桥梁的主要结构既能传力又能起保护作用。其构造合理性、施工质量和养护质量，直接影响到桥梁的使用功能。桥面的布置应在桥梁的总体设计中考虑，根据道路的等级、桥梁的宽度、行车要求等条件确定。

第一节　铁路桥面

一、普速铁路桥面

1. 道　床

铁路的道床通常指的是轨枕下面、路基面上铺设的道砟垫层，道床两侧设挡砟墙。道床作用：减弱对桥的冲击；缓和列车的振动；防止枕木移位；将车轮集中荷载分布到梁顶面；调整轨底标高。为适应上述道床功能，道砟应具有以下性能：质地坚韧，有弹性，不易压碎和捣碎；排水性能好，吸水性差；不易风化，不易被风吹动或被水冲走。用作道砟的材料有：碎石、天然级配卵石、筛选取卵石、粗砂、中砂及熔炉矿砟等。道砟的小石块的块与块之间存在着空隙和摩擦力，使得轨道具有一定的弹性，这种弹性不仅能吸收机车车辆的冲击和振动，使列车运行比较平稳，而且大大改善了机车车辆和钢轨、轨枕等部件的工作条件，延长了使用寿命。铁路桥面轨道布如图 2.1.1 所示。

在铁路桥梁上，道床的设置条件和工作条件与铁路路基存在一定的差异。特别是按道砟材料内摩擦角进行道床边坡放坡后，会较大增加桥面设置宽度，因此需要在线路中心线两侧设置专用挡砟墙来挡住道砟。铁路桥梁顶面与挡砟墙内侧形成道砟槽，道砟槽内填充道砟形成道床，其上设置枕木、轨道等铁路轨道构造。为使其不参与主梁的受力，沿纵向每隔 3~4 m，设横向断缝（包括其纵向钢筋），缝内填塞防水材料。单线铁路桥道砟槽宽不得小于 3.9 m，枕木应高出挡砟墙顶面。枕木底下道砟厚度一般不得小于 25 cm，以适应机械化养护操作。

铁路桥梁上道床内道砟只能使用碎石道砟，道砟质量要求坚硬耐冻，不易风化，以保证道床的弹性和排水通畅。为了方便抽换枕木，道砟桥面枕底应高出道砟墙顶一定的空间，规定不小于 0.02 m。

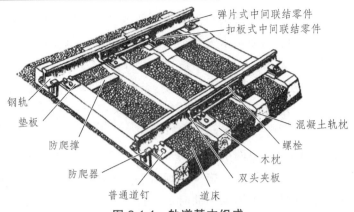

图 2.1.1　轨道基本组成

2. 防排水系统

为了使桥面水快速排除，防止桥面水渗入梁体内，影响结构耐久性及美观，通常在道砟层下设横向排水坡、防水层及泄水管。

铁路桥面较窄，以横坡排水为主，一般在道砟槽板顶部铺设厚度变化的水泥砂浆垫层或桥面板做成倾斜面，形成排水横坡，坡度为 1.5%，其上再铺设防水层。道砟槽板上的雨水流向挡砟墙，沿挡砟墙汇流到横向泄水孔排出（图 2.1.2）。目前，铁路桥梁泄水管一般使用 PVC 或 UPVC 管。管径多采用直径 120～200 mm，泄水管纵向布置间距多按 4 m 设置。为提高排水效率及方便维护，铁路桥梁泄水管多按竖向垂直设置。在跨线桥梁、高架桥梁中多采用封闭式排水系统，将汇水通过纵向排水管道引向桥梁墩台处，再沿顺墩（台）身处设置的竖向排水管流向地面。

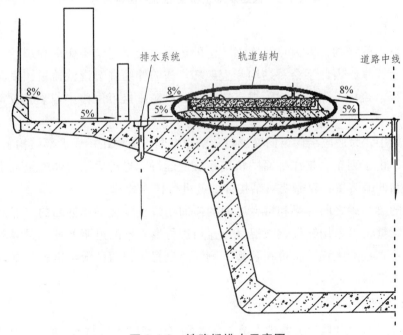

图 2.1.2　铁路桥排水示意图

铁路混凝土桥梁桥面防水层是桥梁桥面的重要组成部分，防水层的防水效果直接关系到结构的耐久性。既有桥梁由于桥面防水失效造成桥面板渗水、钢筋锈蚀的事例屡有发生，会影响行车安全和结构的使用寿命。在铁路桥梁中，列车车轮直接与钢轨接触，故仅在梁顶设防水铺装层。防水层应不透水、坚固、弹韧性强、与圬工黏结牢固。防水层有热沥青防水层和冷作防水层，工程中多采用后者。防水层之上铺设保护层，为 3 cm 水泥砂浆，并用细铅丝网加强。

铁路桥梁过去常用的防水层由两层石棉沥青中夹沥浸制麻布，其上再铺一层沥青混凝土保护层构成。这样的防水层造价较高，施工麻烦费事，因此，只在北方严寒地区（为防渗水冰冻而引起桥面破坏，或为防渗水锈蚀钢筋时）的桥上才予以设置，现多采用由氯化聚乙烯防水卷材和聚氨酯防水涂料共同构成的防水层。保护层可采用 C40 抗碱玻璃纤维混凝土或其他纤维混凝土，其厚度不小于 40 mm。沿桥面纵向每隔 4 m 需设置 10 mm 的保护层断缝，断缝后，需用聚氨酯防水涂料填实。铁路混凝土桥面防水层结构形式见图 2.1.3。

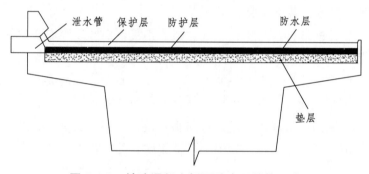

图 2.1.3　铁路混凝土桥面防水层结构形式

3. 梁缝处理

对于长度较大的结构，因为热胀冷缩产生的热应力会引起结构变形和裂纹。增加伸缩缝可使热应力不会积累，因此不会对结构产生破坏。横向伸缩缝上设铁盖板，纵向构造缝上设钢筋混凝土盖板。盖板下隔一定间距焊有短钢筋，以防止盖板位移。若梁缝较宽，可以焊两排钢筋。

在铁路桥梁中，为适应结构纵向变形释放需求，同样需要在桥梁上部结构上设置伸缩缝。对于道砟桥面，由于列车只是在桥面的轨道系统上运行，当桥梁纵向伸缩量较小时，不需要设置专门的桥梁伸缩装置，仅需要对结构伸缩缝进行挡砟处理。

简支梁桥的梁与梁之间、梁和桥台之间的横向梁缝是实现梁体伸缩的自然间隙。对于这种桥面横向的梁缝，可采用铺设钢或混凝土盖板进行道砟槽的过渡处理。梁缝盖板设置在结构顶面，为防止盖板产生移动，可在盖板下侧缝间设置一到两排限位钢筋。梁缝下可根据需要设置橡胶止水带构造。

4. 人行道与栏杆

铁路桥梁设置人行道是为了养护人员工作及翻修道床时堆放材料（道砟、枕木、钢轨等）。铁路钢桥明桥面应在轨道中心铺设步行板，并在桥面双侧设置带栏杆的人行道。道砟桥面应设置双侧带栏杆的人行道。人行道支架、栏杆、扶手多采用型钢制造，以方便安装。现行铁路桥梁设计规范建议：对于有砟桥面人行道，宜优先在整体桥面上设置人行道与栏杆。

二、高速铁路桥面

高速铁路工程建设对桥梁主体及附属结构均提出了更高的要求。高速铁路高架桥梁桥面由轨道基础结构（道床）和桥面附属结构共同组成。道床是高速铁路桥面的重要组成部分，在功能上划归为高速铁路的轨道系统。此处主要介绍高速铁路的整体道床和无砟轨道系统在高速铁路桥梁中的应用。桥面附属结构主要包括人行道遮板及栏杆、电缆槽、防水系统、排水系统、伸缩系统及综合接地系统等部分。

高速铁路客运专线常规跨度桥梁多采用双线整体桥面，桥面宽度达 13.4 m，分为有砟梁和无砟梁。有砟轨道和无砟轨道是国内外高速铁路轨道结构的两种基本形式。

1. 有砟轨道道床

常速线路上有砟桥上的道床厚度远远小于土路基上的道床厚度，因为这时道床的主要功能是扩散轨枕荷载。确定道床厚度的控制因素是道床下部支承面的允许压应力，而混凝土桥面的允许压应力远远高于土路基面。

关于有砟桥面道砟厚度，各国高铁有不同要求。德国高铁最小道床厚度要求为 40 cm，法国 TGV 线路最小厚度为 45 cm，日本高速铁路新干线有砟桥在道砟和桥面之间垫有 2.5 cm 厚的橡胶垫层，道床厚为 30.4 cm。由于道床的厚度决定了轨道系统刚度和降低噪声的效果，影响高频荷载对轨道底部结构的作用，但增加道床厚度将加大桥梁静荷载、增加桥梁建造费用，因此，我国高速铁路客运专线规定的最小道床厚度不小于 35 cm，同时道砟下要求铺设砟下垫层或采用弹性轨枕来降低噪声。

有砟轨道最大的优点是弹性较好，在一定的维修质量条件下具有较好的轮轨接触效应，减振、降噪效果较好，维修较方便，造价相对较低。但有砟轨道道砟容易磨损，增加了养护维修工作量，缩短了正常使用周期；道床的稳定性较差，在列车动载作用下，轨道的平顺性容易受到破坏；高速行车时车轮横向压力较大而道床的横向阻力较小，对无缝线路的稳定性要求极为不利。因此，桥上有砟轨道的设计施工必须严格加强稳定措施。

2. 无砟轨道道床

整体道床是由混凝土整体灌注而成的道床，道床内可预埋木枕、混凝土枕或混凝土短枕，也可在混凝土整体道床上直接安装扣件、弹性垫层和钢轨，又称为整体轨道、无砟轨道。整体道床具有维护工作量少、结构简单、整体性强及表面整洁等诸多优点，在国内外铁路上均已大量使用。我国早期铺设的整体道床多采用素混凝土，为了增强整体道床的抗裂性能，近年来已更多地采用钢筋混凝土。由于整体道床是连续现浇的混凝土，一旦基底发生沉陷，修补极为困难，因此要求设计和施工的质量较高，同时也应将整体道床尽可能铺设于桥梁桥面或隧道内或石质路基等坚硬的基础之上。

无砟轨道的最大优点是整体性强，纵向、横向稳定性较好。虽然其造价比有砟轨道高，但因能大幅度减少后期维修工作量和维修成本，其全寿命的成本反而较低，综合经济效益较好。无砟轨道的道床厚度比有砟轨道道床厚度小，有利于降低跨线控制点结构设计高程、减小桥梁上的二期恒载集度（较有砟轨道的道床恒载减少约 40%）。无砟轨道的主要缺点是刚度较大，轨道弹性较差，且振动和噪声较大。

在高速铁路上大量铺设无砟轨道结构已经成为发展趋势，如日本明确要求 350 km/h 的高速铁路应采用无砟轨道。国内高速铁路客运专线设计规范中也提出在基础稳定的地基、桥梁及隧道等地段应推广使用先进的无砟轨道技术，在高速铁路桥梁中应用无砟轨道技术，设置整体道床结构替代有砟轨道成为大势所趋。

无砟轨道在高速铁路应用中主要有板式结构（日本高铁广泛应用）、轨枕埋入式结构（德国高铁广泛使用）和弹性支撑块式结构（其他西欧国家广泛应用）。我国目前采用的板式无砟轨道有三类，分别是 CRTS I 型板式无砟轨道、CRTS II 型板式无砟轨道和 CRTS III 型板式无砟轨道。

CRTS I 型板式无砟轨道结构源自日本，采用单元分段式结构（图 2.1.4），轨道板为单元设置，表面平整无承轨，轨道板与底座之间铺设较软的沥青砂浆，横向与纵向受力由凸台承担，板与板之间除了钢轨外无联系。

图 2.1.4　CRTS I 型板式无砟轨道结构

CRTS II 型板式无砟轨道源自德国博格板式轨道（图 2.1.5），采用纵连钢筋把各板纵连起来。和 I 型轨道板相比，其含有挡肩的承轨台。II 型板采用工厂预制，其通过数控打磨工艺可获得较高精度的轨道几何，轨道板具有唯一性，且轨道板间通过纵向钢筋连接，较好地解决了板端变形问题，行车舒适度高。

图 2.1.5　CRTS Ⅱ 型板式无砟轨道结构

CRTS Ⅲ 型无砟轨道板（图 2.1.6）是我国自行研制的具有完全知识产权的带有挡肩的新型板式无砟轨道结构。承载我国高铁"追风速度"的 CRTS Ⅲ 型无砟轨道板是与"复兴号"列车组并称为中国高铁取得重大技术突破的核心产品。和以往引进的日本 CRTS Ⅰ 型板式无砟轨道双块式轨枕和德国 CRTS Ⅱ 型板式无砟轨道博格板相比，CRTS Ⅲ 型无砟轨道板具有结构简单、性能稳定、用料节省、施工便捷、功效相对提高、造价相对低廉等优点，可适用于时速 300km 以上的城际铁路及严寒地区高铁。它已被列为中国高铁走出国门的拳头产品，近年来，在郑徐、京沈、昌赣、商合杭、合安等高铁中得到了广泛应用。

轨道板
门型筋
自密实混凝土层
土工布离层
钢筋混凝土底座

图 2.1.6　CRTS Ⅲ 型板式无砟轨道结构

在常速铁路中，当采用道砟桥面时，桥面设置的挡砟墙是为了约束道砟形成道床。同时，道砟桥面轨道系统中还需要设置护轨以防桥上的列车脱轨倾覆。在高速铁路的有砟桥面中，挡砟墙除了实现挡砟功能外，也是确保行车安全的重要措施。高速铁路桥梁上不设置护轮轨，而是采用加高的挡砟墙或设置防撞墙（无砟桥面）的形式作为预防列车脱轨后的安全措施。挡砟墙（或防撞墙）高度应根据路线最小曲线半径时墙顶不低于外轨顶面计算确定，直线段和曲线段采用等高度设置。

第二节　公路桥面铺装及排水防水系统

一、公路桥面铺装

公路桥面铺装（也称行车道铺装，或称桥面保护层）是车轮直接作用的部分。

桥面铺装的功能在于：防止车辆轮胎直接磨耗属于承重结构的行车道板（即主梁上翼缘）；保护主梁免受雨水侵蚀；减弱对桥的冲击；将车辆荷载分布到梁顶。桥面铺装材料，要求有一定的强度，不易开裂，并耐磨。完整、平顺的桥面铺装层可以减少车辆荷载引起的对主体结构的动力冲击作用。铺装层对主体结构受力影响主要体现在对局部轮压荷载的扩散效应。与主体结构结合较好的铺装层实际上可以部分参与结构共同受力。

1. 桥面铺装类型

行车道铺装有多种形式，如水泥混凝土（包括钢纤维混凝土）、沥青混凝土、沥青表面处治和泥结碎石等，公路桥面铺装的结构形式宜与桥梁所在的公路路面相协调。图 2.2.1 为常见混凝土桥面铺装形式的结构示意图。

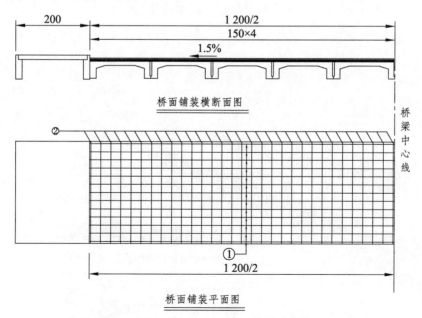

图 2.2.1　混凝土桥面铺装层施工示例（单位：cm）

水泥混凝土和沥青混凝土桥面铺装能满足各项要求，使用较为广泛。水泥混凝土铺装的造价低，耐磨性能好，适合重载交通，但养生期长，日后修补比较麻烦。沥青混凝土铺装重量较轻，维修养护方便，通车速度快，但易老化和变形，多用于高等级道路桥梁、特大桥和大桥中。沥青表面处治和泥结碎石桥面铺装耐久性较差，仅在较低等级的公路桥梁上使用。对于一般的 RC、PC 简支梁桥，桥面铺装的做法是先铺一层水泥混凝土，再铺一层沥青混凝土桥面；而对于连续梁桥则多铺沥青混凝土，铺装层厚度为 7~13 cm。高速公路和一级公路特大桥、大桥的桥面铺装宜采用沥青混凝土，厚度不宜小于 70 mm；对二级及二级以下的公路桥梁，若采用沥青混凝土桥面铺装，其厚度不宜小于 50 mm。

对水泥混凝土桥面铺装，其厚度（不含整平层和垫层）不宜小于 80 mm，混凝土强度等级不宜小于 C40。为使铺装层具有足够的强度和良好的整体性（亦能起到联系各主梁共同受力的作用），应配置直径不小于 $\phi 8$ mm、间距不大于 100 mm 的钢筋网。

沥青混凝土铺装用于钢桥面板时，铺装结构应综合桥梁结构受力状态、桥面系构造、当地气象与环境条件、经试验确定的铺装材料性能等因素确定。

通常，桥面铺装不作为承重结构考虑，若在施工中能确保铺装层与行车道板紧密结合成整体，则一定厚度的水泥混凝土铺装层还可以计入在行车道板的厚度内并与行车道板共同受力。

2. 桥面铺装的受力特点

混凝土铺装层的部分厚度（除去磨耗层后的厚度）可以参与梁体整体受力。

铺装层在外荷载作用下会与其下的主体结构共同变形，从而参与共同受力，但计算中通常不考虑铺装层对整体受力的贡献。在要考虑铺装层共同受力的情况中，也只能考虑铺装层总厚度的一部分参与共同受力（不能计入磨耗层）。

从整体上分析，如果铺装层和梁体无连接，则受竖向荷载发生弯曲时各自变形，结合面存在相对滑移；当结合面通过凿毛处理，受竖向荷载发生弯曲时二者可以协调变形、共同受力，结合面仅存在微小相对滑移，铺装层相当于对梁体起到了增加梁高的作用。在车轮和铺装层接触的局部，铺装层在车轮作用下会产生局部承压并提供摩擦力。轮压作为分布荷载，若将接触面看作矩形，荷载在铺装层（混凝土或沥青面层）内的扩散假定成 45°角，则经过铺装层的扩散，局部轮压作用于主体结构的集度减小。桥面铺装对轮压荷载的扩散效应见图 2.2.2。为了计算方便起见，通常近似地把车轮与桥面的接触面看作 $a_2 \times b_2$ 的矩形。此处 a_2 是车轮（或履带）沿行车方向的着地长度，b_2 为车轮（或履带）的宽度。各级荷载的 a_2 和 b_2 值可从公路桥梁规范中查得。桥梁规范规定，最后作用于钢筋混凝土承重板上的矩形压力面为：

$$\text{沿纵向} \quad a_1 = a_2 + 2H$$
$$\text{沿横向} \quad b_1 = b_2 + 2H$$

3. 桥面铺装施工基本要求

① 梁板安装完成后，铰缝及桥面铺装混凝土施工前，须对已安装的梁板进行一次全面的检查。检查内容包括梁板支承线位置、梁板顶面纵向高程及相邻梁板顶面高差、梁板与支座及支座与垫石是否密贴、全桥梁板的安装宽度、横坡度等技术指标。必须确保以上所有检测

项目全部合格后方可进行下一步施工。

②　铰缝及桥面铺装混凝土施工前，必须严格按照设计图纸的要求弯曲、设置钢筋；必须严格按设计及相关规范、标准要求进行铺装高程点的测设，在确保铺装厚度的前提下，控制好桥面的纵、横坡，经现场监理检验合格后，方可进行混凝土的浇筑施工。

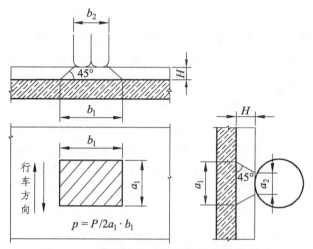

图 2.2.2　桥面铺装对轮压荷载的扩散效应

H—铺装层厚度；P—加重车后轴的轴重力

③　铺装混凝土的浇筑施工必须采用自行式振动梁进行振捣。

④　铺装混凝土的浇筑速度必须根据施工时的气温、风速及所配备的机具、人员数量等进行控制，确保振捣完成后能及时进行混凝土的收面工作以及覆盖养生，避免因收面延误或养生不及时而导致混凝土面裂缝。

⑤　在保证铺装混凝土强度和工作性的前提下，宜尽量减小混凝土的坍落度和水泥用量，避免铺装层浮浆过厚而引起收缩裂缝。

⑥　桥面铺装混凝土宜根据设计要求一次浇筑施工成型，在不得已必须设置纵、横施工缝时，施工缝的设置及接缝工作必须按规范中的相关要求进行处理。

⑦　桥面铺装混凝土厚度在施工时宜控制为比设计大 5～10 mm，以确保桥面铺装厚度在凿毛后符合设计及评定标准要求。

二、桥面纵、横坡

桥面上设置纵坡，一方面有利于排水，另一方面则是桥梁立面布置所必需。

在平原地区的通航河流上建桥时，为满足桥下通航要求，需要抬高通航孔的桥面高程；在两岸，则需要将桥面尽快降至地面，以减少桥头引道土方量，缩短桥长，从而节省工程费用。这样，就形成了纵坡。桥面的纵坡，一般都做成双向纵坡，并在桥中心（或主跨内）设置竖曲线。铁路桥梁的纵坡一般较小。若纵坡大于 10‰，就应采取构造措施。若是明桥面，则需增加防爬器，防止钢轨爬行。对梁桥，固定支座应设在位于坡道下侧的端头，使桥墩（台）顶帽凭借受压来抵抗纵向力。

设置公路桥面横坡的目的，在于迅速排除雨水，防止或减少雨水对铺装层的渗透，从而保护行车道板，延长桥梁使用寿命。

公路桥面的横坡，一般为 1.5% ~ 3%，通常有三种设置形式。

① 对于板桥（矩形板或空心板），为节省铺装材料并减轻桥面恒载重力，可以将横坡直接设在墩台顶部，或通过调整支承垫石高度来形成横坡，而使桥梁上部结构形成双向倾斜，此时，铺装层在整个桥宽上做成等厚的，分别如图 2.2.3（a）、（b）所示。

② 在装配式肋板式梁桥中，为使主梁构造简单、架设和拼装方便，通常将横坡直接设在行车道板上。其做法是先铺设一层厚度变化的混凝土三角形垫层，形成双向倾斜，再铺设等厚的混凝土铺装层，如图 2.2.3（c）所示。

③ 对宽度较大的桥梁，用三角垫层设置横坡将使混凝土用量或桥面恒载重力增加太多。为此，可将行车道板做成倾斜面而形成横坡，见图 2.2.3（d）。

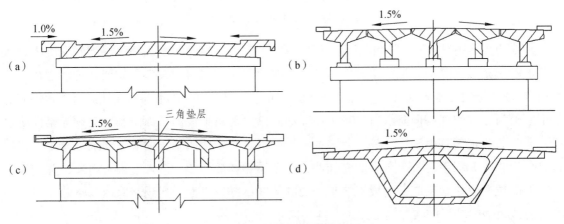

图 2.2.3 公路桥面横坡设置

三、防水层施工

在 20 世纪 80 年代以前，我国对桥面防水一般没有硬性要求。随着高速公路、立交桥和高架桥的发展，防水问题也日渐突出。现行《公路桥涵设计通用规范》规定：桥面铺装应设防水层。

桥面防水层，设置在桥梁行车道板的顶面，三角垫层之上，它将渗透过桥面铺装层或铁路道床的雨水汇集到排水设备（泄水管）排出。防水层要求不透水，有较高的强度、弹性和韧性，耐高温、低温、腐蚀和老化，与沥青混凝土和水泥混凝土的亲和性好，施工安全、简便、快速。

早期：三油两毡（沥青油 + 油毛毡 + 沥青油 + 油毛毡 + 沥青油）。

中期：二布三涂（再生橡胶沥青防水涂料 + 中碱平纹玻璃纤维布）。

目前：复合防水层（聚氨酯防水涂料 + 氯化聚乙烯防水卷材 + 保护层）。

公路桥面过去常用贴式防水层，其由两层防水卷材（如油毛毡）和三层黏结材（沥青胶砂）相间组合而成，一般厚 1 ~ 2 cm。防水层在桥面伸缩缝处应连续铺设，不可切断；沿纵向应铺过桥台背，沿横向则应伸过缘石底面从人行道与路缘石砌缝里向上叠起 10 cm。公路桥面铺装构造见图 2.2.4。

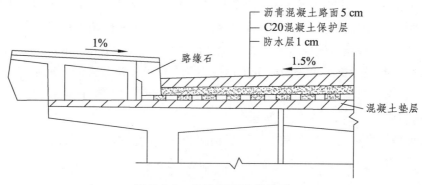

图 2.2.4 公路桥面铺装构造

其他的防水措施有，在三角垫层上设防水涂层，或在铺装层上加铺一层沥青混凝土，或用防水混凝土做铺装层。近年来开发的新型防水涂层（或卷材）较多，如聚合物沥青桥面防水涂料、PC 橡胶防水卷材等。目前，公路桥梁中还使用新型的防水剂和改性沥青防水涂料，采用涂敷的方式实现桥面防水。这种采用喷涂式防水材料形成的桥面防水层又称为柔性防水层。通常的防水剂是由水泥、硅砂及多种特殊的活性化学物质组成的液态制剂，其工作机理是以水为载体，利用混凝土自身的多孔性，借助渗透扩散作用，渗入混凝土内部，并与混凝土内部微粒产生化学反应，形成不溶于水的胶体或结晶，进而能达到堵塞内部空隙、封闭毛细管通道、增强基层密实度、形成永久性的防水层的作用。

防水层施工基本要求：

（1）防水层材料的质量和技术性能应符合设计和有关技术规范的要求。

（2）防水层材料洒布前，必须对桥面进行清洗，以去除灰尘、油污和其他污物。

（3）防水层洒布施工时，应严格控制其加热温度和洒布温度，且严禁在桥面潮湿状态下进行洒布。

（4）当防水层洒布完成后，项目部应及时按照评定标准的有关要求进行各实测项目的检测和评定工作。

四、桥面排水系统

为防止雨水积滞于桥面并渗入梁体而影响桥的耐久性，除在桥面铺装内设置防水层外，还应使桥上的雨水被迅速引导排出桥外，为此需设计一个完整的排水系统。在桥面上除设置纵横坡排水外，常常需要设置一定数量的泄水管。铁路桥较窄，以横坡排水为主，道砟槽板上的雨水流向挡砟墙，沿挡砟墙汇流到横向泄水孔排出（图 2.2.5）。

当公路桥桥面纵坡大于 2%，而桥长小于 50 m 时，一般能保证通过桥头引道排水，桥上就可不设泄水管。此时，可在引道两侧设置流水槽，以免雨水冲刷引道路基。

（a）金属泄水管

（b）钢筋混凝土泄水管

图 2.2.5　泄水管及排水系统

当桥面纵坡大于 2%，桥长大于 50 m 时，就需要设置泄水管，一般每隔 12～15 m 长度设置 1 个；当桥面纵坡小于 2%时，泄水管就需要设置得更密一些，一般每隔 6～8 m 设置 1 个。

泄水管可沿行车道两侧左右对称排列，也可交错排列，离路缘石的距离为 0.10～0.30 m。泄水管也可布置在人行道板下面；桥面水通过设在路缘石或人行道构件侧面的进水孔流向泄水孔，在泄水孔的周边设置相应的聚水槽，起到聚水、导流和拦截作用。为防止大块垃圾堵塞泄水道，在进水的入口处设置金属栅门。

混凝土梁式桥采用的泄水管道有下列几种形式：

1. 金属泄水管

泄水管的内径一般为 0.10～0.15 m，管子下端应伸出行车道板底面以下 0.15～0.20 m，以防渗湿主梁梁肋表面。

安装泄水管时，防水层的边缘要紧夹在管子顶缘与泄水漏斗之间，以便防水层的渗水能通过漏斗上的过水孔流入管内。

铸铁泄水管使用效果好，但结构较为复杂，根据具体情况，可以作简化改进，例如采用钢管和钢板的焊接构造等，见图 2.2.5（a）。

2. 钢筋混凝土泄水管

钢筋混凝土的泄水管适用于采用防水混凝土的铺装构造上。泄水管见图 2.2.5（b），钢筋混凝土泄水管构造见图 2.2.6。

在制作时，可以将金属栅板直接作为钢筋混凝土管的端模板，并在栅板上焊上短钢筋锚固于混凝土中。这种预制的泄水管构造比较简单，可以节省钢材。

3. 横向排水孔道

对于一些跨径不大、不设人行道的小桥，有时为了简化构造和节省材料，可以直接在行车道两侧的安全带或路缘石上预留横向孔道，用铁管或塑料管等将水排出桥外。管口要伸出构件外 0.02～0.03 m 以便滴水。这种做法虽简便，但因孔道坡度平缓，易于淤塞。

4.封闭式排水系统

对于城市桥梁、立交桥及高速公路上的桥梁，应该避免泄水管挂在桥下，这样既影响桥的外观，又有碍公共卫生。应设置完整封闭的排水系统，将排水管道沿墩台接至地面排水系统。

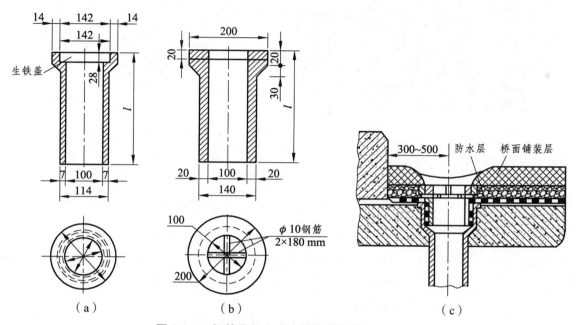

图2.2.6　钢筋混凝土泄水管构造（单位：mm）

第三节　桥梁伸缩缝施工

一、桥面伸缩装置概述

桥跨结构在气温变化、活载作用、混凝土收缩和徐变等影响下将会发生伸缩变形。为满足结构按照设计的计算图式变形，同时桥面又能保证车辆平顺通过，就要在相邻两梁端之间，或梁端与桥台之间，或梁的铰接位置处（这些位置的梁体断缝称为伸缩缝）的桥面（公路桥是路面，铁路桥是钢轨）设置伸缩装置。

以往习惯于笼统地称伸缩缝和伸缩装置为伸缩缝，容易引起误解。较为严格的定义是：伸缩缝指为适应材料胀缩变形对结构的影响，而在桥跨结构的两端设置的间隙；伸缩装置指为使车辆平稳通过桥面并满足桥面变形的需要，在伸缩缝处设置的各种装置的总称。

伸缩装置的构造应满足下列要求：

① 在平行、垂直于桥梁轴线的两个方向，均能自由伸缩。

② 装置本身及其与结构的连接牢固可靠。

③ 车辆驶过时应平顺、无突跳与噪声。

④ 可防止雨水和垃圾泥土渗入阻塞。

⑤ 安装、检查、养护、清污均简易方便。

需要强调的是，在设置伸缩装置处，栏杆与桥面铺装都需要断开。伸缩装置是桥梁的薄弱位置，因为微小的不平整就会使它承受较大的冲击作用，因此常常遭到损坏（主要表现为接缝处错台而导致桥面破坏和跳车，影响行车平稳性和舒适性）而需要养护、更换。例如，根据 1990 年对我国 13 座大城市的 556 座公路和城市桥梁的调查结果，伸缩装置已破坏的桥梁为 271 座，占被调查桥梁总数的 48.7%。造成伸缩装置普遍破损的原因，除了交通流量增大、重型车辆增多（冲击作用明显增大）外，设计、施工和养护方面的失误也不容忽视。因此，伸缩装置的设计和构造处理绝不能简单行事。

曲线桥或斜桥除了纵向、竖向变形外，还存在横向、纵向及竖向相对错位，故选用的伸缩装置要有相应的变位适应能力。伸缩装置类型的选用，主要取决于桥梁的伸缩量 ΔL。它包括：

以设置伸缩装置时为基准的气温上升引起的梁体伸长量 ΔL_t^+；

气温下降引起的缩短量 ΔL_t^-；

混凝土收缩引起的梁体缩短量 ΔL_s^-；

混凝土徐变引起的梁体缩短量 ΔL_c^-；

梁的制造与安装误差的余量 ΔL_e。

总伸缩量为：$\Delta L = \Delta L_t^+ + \Delta L_t^- + \Delta L_s^- + \Delta L_c^- + \Delta L_e$

对于大跨度桥梁，还应计入因荷载作用及梁体温差等引起的梁端转角伸缩变形量。

注意上式是取各项的绝对值之和，不是代数和。

公路桥梁伸缩装置的设计和施工应按照现行《公路桥梁伸缩装置通用技术条件》（JT/T 327—2016）规范执行。

二、公路桥面伸缩装置

公路桥面的伸缩装置种类繁多，且在不断改进。依据伸缩装置的传力方式及其构造特点，可以把它们分为五类，即对接式、钢制支承式、橡胶组合剪切式、模数支承式、无缝式伸缩装置（含桥面连续构造）。

1. 对接式伸缩装置

对接式伸缩装置，根据其构造形式和受力特点的不同，可分为填塞对接型和嵌固对接型两种。

填塞对接型伸缩装置是以沥青、木板、麻絮、橡胶等材料填塞缝隙，伸缩体在任何情况下都处于受压状态。该类伸缩装置一般用于伸缩量在 40 mm 以下的常规桥梁上，但容易破损失效，目前已不多用了。

嵌固对接型伸缩装置利用不同形状的钢构件将不同形状（如 W 形、M 形、箱形、鸟形等）

的橡胶条（带）嵌牢固定，并以橡胶条（带）的拉压变形来吸收梁体的变形，其伸缩体可以处于受压状态，也可以处于受拉状态。该类伸缩装置被广泛应用于伸缩量在 80 mm 及以下的桥梁中。图 2.3.1 所示为国产 GQF-C 型伸缩装置，它采用热轧整体成型的"C"字钢为主要构件，嵌固防水密封橡胶带为伸缩体，配以锚固系统所组成。

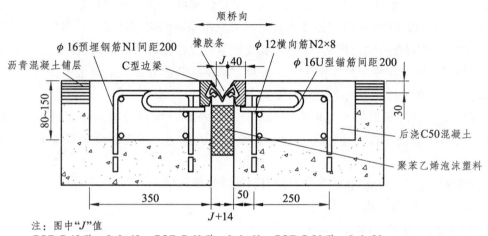

注：图中"J"值
GQF-C-40 型：$J=0\sim40$；GQF-C-60 型：$J=0\sim60$；GQF-C-80 型：$J=0\sim80$

图 2.3.1　GQF-C 型伸缩装置构造

2. 钢制支承式伸缩装置

钢制式的伸缩装置是用钢材装配制成的、能直接承受车轮荷载的一种构造。以前这种伸缩装置多用于钢桥，现也用于混凝土桥梁。

钢制支承式伸缩装置的形状、尺寸和种类较多。国内常见的有钢板叠合式伸缩装置和钢梳形板伸缩装置。图 2.3.2 为钢梳形板伸缩装置的构造示例，它是将钢板做成梳齿状，跨越伸缩缝间隙后，搭在另一端的预埋钢板上，伸缩量在 40 mm 以上。这种装置结构本身刚度较大，抗冲击力强，因此在中、大跨桥梁中广泛采用。其缺点是防水性稍差，影响使用效果，也较费钢材。

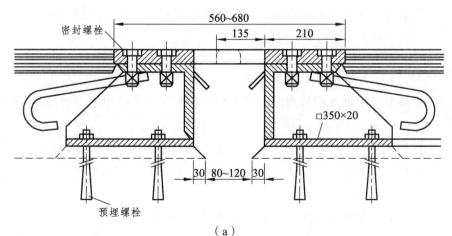

（a）

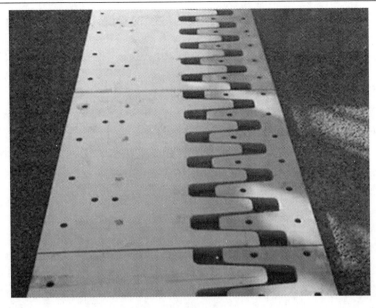

（b）

图 2.3.2　钢梳形板伸缩装置构造（单位：mm）

3. 板式橡胶型伸缩装置

板式橡胶伸缩装置是利用橡胶剪切模量低的原理设计制造而成的。橡胶板上设置上下凹槽或"W"形褶皱槽，并由凹槽间的剪切与拉压变形来适应桥面伸缩。普通的板式橡胶伸缩装置，需要在橡胶板内预埋加强钢板以提高橡胶的承载能力，能适用于伸缩量小于 60 mm 的桥梁工程。如果在橡胶板下方设置一层梳齿式钢托板，就可以形成组合式橡胶伸缩装置。这种伸缩装置中，伸缩体由橡胶板和钢托板共同构成，而钢托板可以更好地承担竖向车轮荷载，因此其伸缩适应范围可以提高到不大于 120 mm 的桥梁工程。

4. 模数支撑型伸缩装置

模数支撑型伸缩装置是采用多片异型钢梁与多条橡胶密封带组成的组合式伸缩装置，其伸缩量较大，伸缩适应范围介于 160～2000 mm。模数式伸缩装置由吸震性能较好又容易做到密封的橡胶材料和轻度高刚性好的异型钢材组合而成，且配置有加强的锚固系统，特别适用于大变位和承受大交通量的高速公路和一级公路上的桥梁。

三、施工要求

1. 伸缩缝装置施工基本要求

（1）伸缩缝安装采用开槽法。该法即先进行桥面铺装施工，后开槽安装伸缩缝，以沥青混凝土铺装层来控制伸缩范围内混凝土及伸缩缝本身的平整度和标高。

（2）伸缩缝宜在气温为年平均气温时安装。当安装温度与年平均温度相差较大以致影响伸缩缝正常使用时，应在制造厂家工程师的指导下，卸掉夹具，用千斤顶调整伸缩间隙，使之符合要求，再安上夹具固定好，以备安装。

（3）安装后的伸缩缝缝面必须平整，纵横的坡度符合设计要求，并与两侧沥青混凝土路面平顺衔接。

（4）严禁将伸缩缝边梁直接与混凝土中预埋钢筋施焊连接。

（5）安装前必须妥善存放伸缩缝装置，不得有变形和污染。

（6）施工中严禁将空压机、发电机等动力设备直接置于路面上，所有机械必须采取有效措施防止漏油污染路面。

（7）安装结束后，必须保证伸缩缝周围沥青混凝土清洁、无污染、无损坏。

（8）安装伸缩缝不能影响道路畅通，需要提前做好提示，不能出现安全事故。设置的过桥宽度要具有一定的过车宽度。

2. 施工工艺和方法

（1）安装前现场准备工作。

① 熟悉图纸和安装操作规程，检查、验收伸缩缝异型边梁的平整度、顺直度和缝体间隙。

② 机械设备、小型机具配备齐全。尤其是提供施工车辆过往的过桥必须质量坚固、数量充足，以保证施工顺利进行。

③ 配齐备足防止污染路面的帆布、塑料布、胶带等材料。

④ 配齐备足养护用的塑料薄膜、草苫子、运水工具等。

（2）开槽。

① 桥面沥青混凝土铺装层完成（覆盖伸缩缝连续铺筑）并验收合格后，根据施工图的要求确定开槽宽度，准确放样，打上线后用切割机锯缝、顺直，锯缝线以外的沥青混凝土路面，必须仔细用塑料布覆盖并用胶带纸封好，以防锯缝时产生的石粉污染路面。

锯缝应整齐、顺直，并注意把沥青混凝土切透，以免开槽时缝外混凝土松动。

② 用风镐开槽。开槽深度不得小于 12 cm，应将槽内的沥青混凝土、松动的水泥混凝土凿除干净，应凿毛至坚硬层，并用强力吹风机或高压水枪清除浮尘和杂物。

开槽后应禁止车辆通行，严禁施工人员踩踏槽两侧边缘，以免槽两侧沥青混凝土受损。

③ 梁端间隙内的杂物，尤其是混凝土块必须清理干净，然后用泡沫塑料填塞密实。如有梁板顶至背墙情形，须将梁端部分凿除。

④ 理顺、调整槽内预埋筋，对漏埋或折断的预埋筋应进行修复，统一采用植筋胶或环氧树脂进行钢筋补植，补植深度不小于 15 cm，补植后的钢筋须请业主代表、监理人员共同验看。

⑤ 开槽后产生的所有弃料必须及时清理干净，确保施工现场整洁。

（3）缝体安装。

① 伸缩缝安装时的实际气温与出厂时的温度有较大出入时，须调整组装定位空隙值。伸缩缝定位宽度误差为 ± 2 mm，要求误差为同一符号，不允许一条缝不同位置上同时出现正负误差。

② 安装时伸缩缝的中心线与梁端中心线相重合。如果伸缩缝较长，需将伸缩装缝分段运输，到现场后再对接，对接时，应将两段伸缩缝上平面置于同一水平面上，使两段伸缩缝接口处紧密靠拢，并校直调正。用高质量的焊条，逐条焊接，焊接时宜先焊接顶面，再焊侧

面，最后焊底面，要分层焊接，确保质量，并及时清除焊渣。焊接结束后用手提砂轮机磨平顶面。

③ 伸缩缝的标高控制与固定。

采用龙门吊架和 10 mm×10 mm 角钢作定位角钢，使伸缩缝上顶面比两侧沥青混凝土面层的标高低 2~3 mm，控制伸缩缝的标高，然后对伸缩缝的纵向直线度也进行调整。伸缩缝的标高与直线度调整到符合设计要求后，可进行临时固定，固定时应沿桥宽的一端向另一端依次将伸缩缝边梁上的锚固装置与预留槽内的预埋钢筋每隔 2~3 个锚固筋焊一个焊点，两侧对称施焊，以保证抄平后的伸缩缝不再发生变位，严禁从一端平移施焊，造成伸缩缝翘曲。绑扎钢筋用钢筋头垫好。

④ 伸缩缝的焊接。

伸缩缝装置在固定后应对其伸缩缝的标高再复测一遍，确认在临时固定过程中未出现任何变形、偏差后，把异型钢梁上的锚固钢筋与预埋钢筋在两侧同时焊牢，最好一次全部焊牢。如有困难，可先将一侧焊牢，待达到预定的安装气温时，再将另一侧全部焊牢。注意焊点与型钢距离不小于 5 cm，以免型钢变形。在焊接的同时，应随时用 3 m 直尺、塞尺检测异型钢的平整度，平整度应控制在 0~2 mm 范围，否则很容易出现跳车现象。在固定焊接时，对经常出现的预留槽内预埋筋与异型钢梁锚固筋不相符的现象，要采用 U 形、L 形、S 形钢筋进行加固连接，以确保缝体与梁体的牢固连接。连接处焊缝长度应不小于 10 cm，应按照规范要求，采用浅接触，保证焊接长度，严禁出现点焊、跳焊、漏焊等现象。伸缩缝焊接牢固后，应尽快将预先设定的临时固定卡具、定位角钢用气割枪割去，使其自由伸缩，此时应严格保护现场，防止车辆误压。

⑤ 模板安装。模板多采用泡沫板、纤维板、薄铁皮等，模板应做得牢固、严密，使其能在混凝土振捣时不出现移动，并能防止砂浆流入伸缩缝内，以免影响伸缩。为防止混凝土从上部缝口进入型钢内侧沟槽内，型钢的上面必须要用胶布封好。

⑥ 应在两侧设置钢筋网，设置 ϕ5 带肋钢筋网（10 mm×10 mm）防裂，带肋钢筋网顶部应低于路面标高 3 cm。

⑦ 桥梁伸缩缝混凝土的施工会截断桥梁两侧盲沟内水的排出，造成桥面铺装出现水损坏，宜通过塑料软管将桥梁盲沟内的水排出桥面外，在浇筑混凝土时将排水软管埋设到位。

（4）混凝土浇筑。

① 浇筑前应在缝两侧铺上塑料布，保证混凝土不污染路面。

② 混凝土振捣时应两侧同时进行。为保证混凝土密实，特别是型钢下混凝土的密实，应用振捣棒振至不再有气泡为止。

③ 混凝土振捣密实后，用抹板搓出水泥浆，分 4~5 次按常规抹压平整为止。这道工序应特别注意平整度，以混凝土面比沥青路面的顶面略低 1~2 mm 为宜，过高或过低都会造成跳车现象。

（5）养生。

① 水泥混凝土浇筑完成后，覆盖麻袋或草苫子，严格洒水养生，养生期不少于 7 d。养

生期间严禁车辆通行。

② 经过养生，水泥混凝土强度达到设计强度的 50% 以上后，可安装橡胶密封条。安装前必须把缝内充当模板的泡沫板、纤维板、漏浆的混凝土硬块全部掏干净后，嵌入橡胶条。

高速公路或一级公路的多孔简支梁（板）桥，宜采用桥面连续构造处理，以提高行车舒适度。桥面连续的多孔简支梁与连续梁体系（结构连续）不同，各孔跨间的梁体仍是独立的简支状态，梁体并不连续而是存在梁间断缝，但相邻梁体处梁缝上的桥面铺装层连续敷设。梁缝上方的铺装层通过构造措施，能释放梁体间的相对转角，形成类似铰缝的构造。采用桥面连续构造后，多孔简支梁在竖向受力时，各孔跨的受力模式仍维持简支梁受力模式；在纵向水平力作用下，各孔梁呈连续受力体系。

四、铁路桥梁伸缩装置

以前的铁路桥梁没有伸缩装置，仅在梁端设置挡砟盖板。秦沈客运专线桥梁曾选用公路伸缩装置用于铁路桥梁，但：型钢由于耐候性差，锈蚀较快；V 形防水橡胶条易积砟、清理困难、易损坏，使伸缩装置失去防水性能。公路伸缩装置结构用于铁路桥梁中时，预留安装槽口将影响运梁车通行，同时防水橡胶条嵌装和更换困难。因此，铁路桥梁中伸缩缝的形式和构造应该根据铁路的特点进行设置。

TSSF 铁路耐候型钢伸缩装置结构简单、功能明确，具有较长的使用寿命和可靠的防水性能，适用位移量在 0 ~ 60 mm 的铁路桥梁工程。该伸缩装置结合铁路桥梁的特点进行设计研制，突破了传统型钢伸缩装置结构，解决了传统型钢伸缩装置存在的耐候性差、易积砟、防水橡胶条易破损且难于更换而导致漏水的弊端。

铁路桥梁伸缩装置不承受车轮的直接作用，不考虑承载要求。TSSF 伸缩装置（图 2.3.3）构造高度较小，可安装在桥面保护层内，不需在梁体上设安装槽口，施工简单方便。在耐久性要求方面，型钢材质选用耐候钢，在钢中加入合金元素，在耐候钢表面形成保护层，提高了钢材的耐候性能。型钢采用整体热轧机加工成形，机械性能好，型钢断面尺寸精确，特别是型腔的尺寸精度高，对防水橡胶条的夹持性能优良，防水性能可靠。型钢开口朝上，便于防水橡胶条的安装和更换。防水橡胶条采用独特的箱形结构，在伸缩过程中防水橡胶条顶面始终与型钢顶面平齐，既满足伸缩性能要求，又能起到自动排渣的作用。

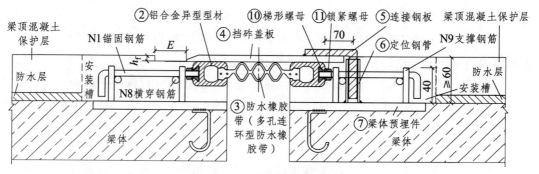

图 2.3.3 TSSF 伸缩装置

第四节　人行道、安全带、栏杆、护栏及照明系统

人行道指的是道路中用路缘石或护栏及其他类似设施加以分隔的专供行人通行的部分。位于城镇和近郊的桥梁均应设置人行道，在人行道与行车道之间应设路缘石。人行道由人行道板、人行道梁、支撑梁及路缘石组成。人行道板可由桥面悬挑出去，也可以采用装配式构造，用锚固件固定人行道板，保证其安全可靠，还可以采用部分现浇部分装配构造。人行道顶面一般均铺设 2 cm 厚的水泥砂浆或沥青砂作为面层，并做成倾向桥面 1% 到 1.5% 的排水横坡。栏杆作为一种安全防护设备，应考虑简单实用、朴素大方、安全美观等。按材料分，栏杆有金属、混凝土和金属混凝土等类型。灯柱材料也有金属以及混凝土类型，而且灯柱还有艺术造型和安全的要求，钢筋混凝土灯柱的柱脚可以用支架形式并将钢筋锚固于桥面中，铸铁灯柱的柱脚可固定在预埋的锚固栓上。人行道、栏杆、护栏以及灯柱都在保证安全的基础上，要求美观，并按符合桥梁的地理位置以及城市发展的要求去设置。

一、人行道的尺寸要求

人行道一般设置在桥面的两侧。人行道的宽度由交通流量决定，单侧人行道的最小宽度一般为 0.75 m 或 1.0 m，另外，人行道应高出路面 30 cm，以免车辆冲上人行道。

人流量少时可以只设置安全带，通常宽为 0.25 ~ 0.5 m，多用于早期公路桥梁。当人流量大时，人行道宽度大于 1.0 m，此时通常按 0.5 m 的倍数递增。为确保行人通行安全，人行道通常高于行车道 0.25 ~ 0.35 m。人行道与车行道衔接处通常设置与人行道等高的路缘石构造。

人行道施工方法通常有现浇、预制装配两种。就地现浇施工是将人行道构造与桥梁承重结构整体联结在一起，通过在主体结构上现浇抬高的悬臂板，再敷设人行道铺装层形成桥梁人行道，与桥面连成整体，见图 2.4.1。预制装配式人行道是将人行道做成预制块件，现场组合安装，见图 2.4.2。

人行道角钢支架及栏杆、避车台及角钢支架、检查梯的位置、结构、尺寸和人行道栏杆内侧与相邻线路中心的距离，均应符合设计要求。栏杆顶面应安装平直顺畅，栏杆立柱高度应考虑梁跨中部拱度影响，保证栏杆高度符合设计要求。人行道及栏杆在梁的活动端，应按设计要求断开，不得妨碍桥梁伸缩。

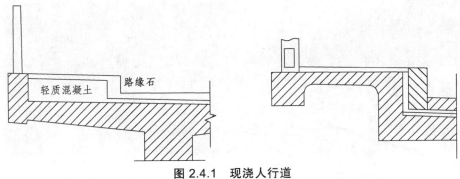

图 2.4.1　现浇人行道

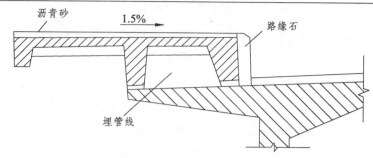

图 2.4.2 预制人行道

二、栏杆与安全带、灯柱的基本要求

凡设人行道的桥梁必然要设置栏杆，凡在桥面设伸缩缝处，栏杆都要断开，栏杆高度一般为 1.1~1.5 m，按规范计算水平力。对于通汽车的桥梁，设置防撞栏或高速公路栏杆，防撞栏高为 60~80 cm。对于不设人行道的公路桥梁，为保障交通安全，在行车道边缘设置高出行车道的带状构造物，即安全带。和栏杆一样，安全带的设置主要用于预防车辆直接驶出桥面，造成二次事故，另外，安全带可以避免车辆对栏杆的直接撞击。除此之外还应该注意栏杆的美观，如图 2.4.3 所示的卢沟桥的栏杆，除了保证安全的功能外，还给人以宏伟大气的视觉感受。常见栏杆形式见图 2.4.4。

图 2.4.3 卢沟桥栏杆

（a）刚性栏杆   （b）半刚性栏杆

（c）柔性栏杆

图 2.4.4　常见的栏杆形式

栏杆主要具有以下作用：封闭沿线两侧、吸收碰撞能量。栏杆的种类主要有梁柱式护栏、钢筋混凝土墙式护栏、组合式护栏，见图 2.4.5 和图 2.4.6。栏杆可采用钢筋混凝土、钢或铝合金制作。护栏选用时应根据护栏的防撞性能、受碰撞后护栏变形程度、环境和景观要求、护栏的全寿命周期成本等综合考虑，确保安全、美观、经济、养护方便，减轻二期恒载。

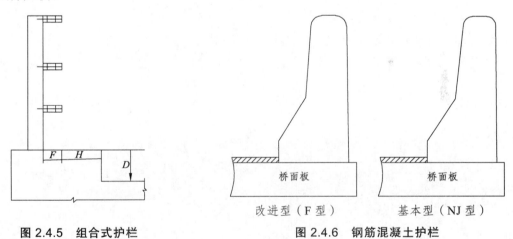

图 2.4.5　组合式护栏　　　　　　　**图 2.4.6　钢筋混凝土护栏**

混凝土墙式护栏一般采用桥上现浇施工，通过预埋钢筋与结构连接。梁柱式护栏通过直接埋入结构混凝土或通过预埋地脚螺栓的方式与结构连接。为避免与桥梁结构共同承受竖向荷载，墙式混凝土护栏需要按一定间距设置结构断缝。在跨越伸缩缝时，各类护栏均应设置能适应或释放伸缩变形的构造。

人行道混凝土步板的结构、尺寸、混凝土强度等级必须符合设计要求。预制时应标明上下面，铺设时不得倒置（翻面）安装。步板应安装平稳，顶面应平整无明显错台，板间缝隙应均匀顺直。

在城市及城郊行人和车辆较多的桥梁上需要设置照明设备，一般采用灯柱在桥梁上实现照明。灯柱在桥面上设置时需要设置安全可靠的锚固连接系统。灯一般高出车道 8～12 m。灯柱一般均为预制安装，应注意美观效果。桥梁照明应防止眩光，必要时应采用严格控光灯具，而不宜采用栏杆照明方式。桥上照明标准不应低于两端道路照明标准，大型桥梁和较长的地道照明应专门设计。桥梁灯光效果见图 2.4.7。

图 2.4.7　桥梁灯光效果

思考题

1. 简述铁路桥面构造、公路桥面构造。
2. 桥面铺装应注意哪些事项？
3. 产生桥头跳车的主要原因是什么？
4. 简述桥梁伸缩装置的种类。
5. 伸缩缝安装过程中应怎样进行质量检查？
6. 简述防水层施工时的注意事项。

第三章　桥梁支座施工

随着国家城市框架的加大，大跨度、大吨位的桥梁施工工艺也在各个项目中应运而生，这也标志着桥梁工程建设进入了巅峰时期。支座是桥梁结构的重要组成之一，对桥梁上部结构与下部结构起着承上启下的作用，且有效地将上部所承载的力传至下部结构；又由于其自身的性质原因，支座还可以满足桥梁上部结构有关强大荷载、温差变化或来自混凝土自身的徐变与收缩等因素引起的变形需求，从而有效地减轻了桥梁的局部损伤，起到了很大的保护作用。

第一节　桥梁支座的类型

一、支座的简介及作用

桥梁支座是连接桥梁上部结构与下部结构的重要部件，位于桥梁与垫石之间，能将桥梁上部结构的反力和变形（位移和转角）可靠地传递给桥梁的下部结构，是桥梁的重要传力装置，见图3.1.1。

图 3.1.1　桥梁支座位置图

1. 桥梁支座功能要求

首先，支座必须具有足够的承载能力，以保证安全可靠地传递支座反力（竖向力与水平力）；其次，支座对桥梁变形（位移和转角）的约束应尽可能地小，以适应梁体自由伸缩和转动的需要；最后，支座还应便于安装、养护和维修，并在必要时进行更换。

2. 支座的组成

一般来说，支座大致可以笼统地看成由上中下三部分组成。下面以盆式支座为例来说明桥梁支座具体的组成部件。上部由预埋钢板（简支梁）、上支座板等组成；中间部位由中间钢板、聚四氟乙烯板（耐磨板）、密封圈和黄铜紧箍圈、承压橡胶板组成；下部由下支座板、套筒、锚栓以及锚固螺栓组成。见图3.1.2。

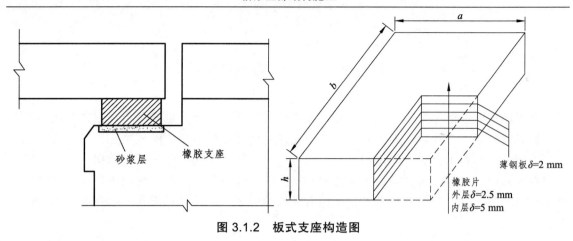

图 3.1.2　板式支座构造图

二、支座的类型

1. 按其变位的可能性分类

支座按其变位的可能性分为固定支座、活动支座。

固定支座传递竖向力和水平力，允许上部结构在支座处能自由转动但不能水平移动；活动支座则只传递竖向力，允许上部结构在支座处既能自由转动又能水平移动。活动支座又可分为多向活动支座（纵向、横向均可自由移动）和单向活动支座（仅一个方向可自由移动）。

2. 按材料分类

支座按材料分有、钢支座、钢筋混凝土支座、聚四氟乙烯支座、橡胶支座、铅芯橡胶支座。

3. 按结构形式分类

支座按结构形式分有弧形支座、摇轴支座、辊轴支座、橡胶支座、球形支座、拉压支座等。

桥梁支座类型很多，应根据桥梁结构的跨径、支点反力的大小、梁体的变形程度、对建筑高度的要求、适应单向和多向位移及其位移量的需要，以及防震、减震的需要等因素来选取支座类型。城市桥梁中常用的支座主要为板式橡胶支座和盆式支座等。中小跨度公路桥一般采用板式橡胶支座（图 3.1.3），大跨度连续梁桥一般采用盆式橡胶支座（图 3.1.4）。

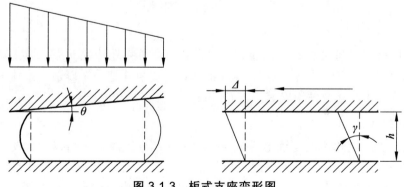

图 3.1.3　板式支座变形图

图 3.1.4　盆式支座构造图

三、支座的布置原则

支座布置的原则一般为：固定支座和活动支座的布置，应以有利于墩台传递纵向水平力（主要指制动力）为原则。简支梁桥一般一端采用固定支座，一端采用活动支座。对于多孔的简支梁桥，为使纵向水平力在各墩上均匀分配，相邻两孔简支梁的固定支座，除了特殊设计者之外，均不允许集中布置在同一桥墩上。对于多跨的连续梁，为使梁的纵向变形分散在梁的两端，宜将固定支座布置在中间支点的桥墩上，其余支点的墩台则布置活动支座。活动支座的设置应以左右偏移量相等为原则。

1. 简支梁桥支座布置

简支梁一端固定、一端活动，对于特别宽的梁桥，因为要考虑支座横桥向移动的可能性，支座布置如图 3.1.5 所示。即在固定墩上设置一个固定支座，相邻的支座设置为横向可动、纵向固定的单向活动支座，而在活动墩上设置一个纵向活动支座（与固定支座相对应），其余均设置多向活动支座。

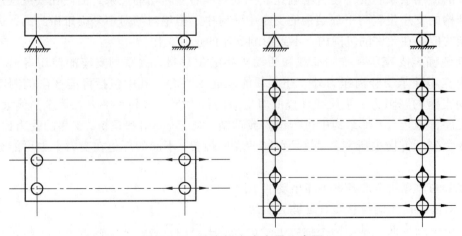

图 3.1.5　特宽桥支座布置示意图

2. 连续梁桥支座布置

对于连续梁桥及桥面连续的简支梁桥，为使全梁的纵向变形分散在梁的两端，宜将固定支座设置在靠近桥跨中心，见图 3.1.6。

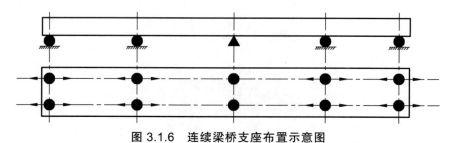

图 3.1.6 连续梁桥支座布置示意图

3. 有坡桥支座布置

对于有坡桥跨结构，宜将固定支座布置在标高低的墩台上，见图 3.1.7。

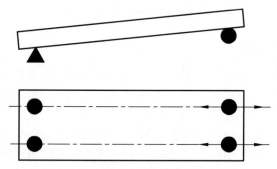

图 3.1.7 有坡桥跨支座布置示意图

4. 曲线梁桥支座布置

曲线梁桥的支座布置会直接影响到梁的内力分布，同时，支座的布置应使其能充分适应曲梁的纵、横向自由转动和移动的可能性。曲线梁桥通常宜采用球面支座，且为多向活动支座。

桥梁的使用效果与支座能否准确地发挥其功能有着密切的关系，因此在安放支座时，应使上部结构的支座位置与下部结构的支座中线对中，但绝对的对中是很难做到的，因此要注意使可能的偏心在允许的范围内，不致影响支座的正常工作。

正确地确定支座所承受的荷载和活动支座的位移量，关系到支座的使用寿命。一般而言，固定支座除承受竖向压力外，还必须能承受水平力，其中包括可能产生的制动力、风力、活动支座的摩阻力、主梁弹性挠曲对支座的拉力等。这些水平力总是应当偏大地取用，且要求支座伸至上、下部结构中进行锚固或销结。对于弯、斜和宽桥，支座的受力比较复杂，需要从 3 个坐标方向去研究，即使是在同一支座位置，不同的部位在受力上也可能会有很大的差别。

位移量的计算要考虑各种可能出现的工况。

（1）对温差产生的位移要有足够的估计。

（2）桥梁的挠曲、基础的不均匀沉降都会产生纵向位移。对于高桥墩，墩顶位移可通过活动支座上的挡块加以限制。活动支座能使基底反力变化，并且阻止不均匀沉降。

（3）由于一些不可估计的因素，通常计算的位移量宜乘以 1.3 左右的安全系数。梁桥支座的支承面应保持水平。

第二节 桥梁支座的施工

一、一般规定

（1）当实际支座安装温度与设计要求不同时，应通过计算设置支座顺桥方向的预偏量。

（2）支座安装平面位置和顶面高程必须正确，不得偏斜、脱空、不均匀受力。

（3）支座滑动面上的聚四氟乙烯滑板和不锈钢板位置应正确，不得有划痕、碰伤。

（4）活动支座安装前应采用丙酮或酒精解体清洗其各相对滑移面，擦净后在聚四氟乙烯板顶面凹槽内满注硅脂。重新组装时应保持精度。

（5）墩台帽、盖梁上的支座垫石和挡块宜二次浇筑，确保其高程和位置的准确。垫石混凝土的强度必须符合设计要求。

二、桥梁常用支座施工

1. 板式橡胶支座

（1）相关规定：

① 支座在运输中，应避免阳光直接曝晒、雨淋、雪浸，并应保持清洁，不应与影响橡胶质量的物质相接触。

② 如果送达工地的支座没有立即安装，应妥善存贮。支座存贮的场所要求场地平整，支座配套钢板、配套螺栓的下方用方木或木块垫放，应遮阳、干燥、通风，支座应堆放整齐、保持清洁；严禁与酸、碱、油类及有机溶剂等相接触，并应距热源 1 m 以上且不能与地面直接接触。支座的存贮应不影响工地施工，且方便支座的运输。

③ 为了保证橡胶支座的施工质量，以及安装、调整、观察及更换支座的方便，不管是采用现浇梁还是预制梁法施工，不管是安装何种类型的板式橡胶支座，在墩台顶设置支承垫石都是必要的。

（2）在施工支承垫石时需注意以下几点：

① 板式橡胶支座安装处宜设置支承垫石，垫石长度、宽度应比支座相应的尺寸增加 100 mm 左右，其高度应为 100 mm 以上，且应考虑便于支座的更换。

② 支座垫石内应布置钢筋网，钢筋直径为 8 mm 时，间距宜为 50 mm × 50 mm，桥梁墩台内应有竖向钢筋延伸至支座垫石内，支座垫石的混凝土强度等级不应低于 C30。

（3）普通板式橡胶支座的安装：

现浇梁橡胶支座的安装，施工顺序如下：

① 先将墩台垫石顶面去除浮沙，其表面应清洁、平整无油污。若墩台垫石的标高差距过大，可用水泥砂浆调整。

② 在支承垫石上按设计图标出支座位置中心线，同时在橡胶支座上也标上十字交叉中心

线。将橡胶支座安放在支座垫石上，使支座的中心线同墩台上设计位置中心相重合，支座就位准确。

③ 在浇筑混凝土梁体前，在橡胶支座上需加设一块比支座平面稍大的支承钢板，见图3.2.1，钢板上焊锚固钢筋与梁体相连接。将此支承钢板视作现浇梁模板的一部分进行浇筑。为防止漏浆，可在支承钢板之间四周空隙处，用纱丝、油灰或软木板填设。以后在拆除模板时，再将填充物除去。按以上方法施工可使支座上下面同梁底钢板、垫石顶面全部密贴。

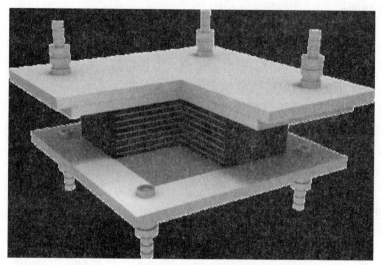

图 3.2.1　橡胶支座与梁的连接方式示意图

预制梁橡胶支座的安装：安装好预制梁橡胶支座的关键，在于尽可能地保证梁底与垫石顶面的平行、平整，使其同橡胶支座上下面全部密贴，避免偏压、脱空、不均匀支承的发生。其施工顺序如下：

① 先将墩台垫石顶面去除浮沙，其表面应清洁、平整无油污。若墩台垫石的标高差距过大，可用水泥砂浆调整。

② 预制梁同支座接触的底平面应保证水平与平整。若有蜂窝或倾斜度应预先用水泥砂浆捣实、整平。

③ 橡胶支座的正确就位。T形梁的纵轴线应同支座中心线相重合；板梁与箱梁的纵轴线应与支座中心线相平行。为落梁准确，在架第一跨板梁或箱梁时，可在梁底划好两个支座的十字位置中心线，在梁端立面上标出两个支座位置中心线的铅直线；落梁时同墩台上的位置中心线相吻合。以后数跨可依第一跨梁为基准落梁。

④ 落梁时应平稳，防止支座偏心受压或产生初始剪切变形。

⑤ 在安放T梁支座时，若支座比梁肋宽，则在支座与梁底之间加设比支座略大的钢筋混凝土垫块或厚钢板作过渡，以免橡胶支座局部超载、应力集中。

⑥ 橡胶支座安装落梁后，一般情况下，其顶面应保持水平。预应力简支梁，其支座顶面可略微后倾；非预应力简支梁其支座顶面可略微前倾，但倾斜角不得超过5'。

橡胶支座安装时的调整。橡胶支座安装后，若发现下述情况，则需要作调整：

① 个别支座脱空，出现不均匀受力。

② 支座发生较大的初始剪切变形。

③ 支座偏压严重、局部受压、侧面鼓出异常，而局部脱空应及时加以调整。

橡胶支座调整的方法一般可用千斤顶顶起梁端，在支座上下表面铺涂一层水泥砂浆（或环氧树脂砂浆）。再次落梁，在重力作用下支座上下表面平行且同梁底、墩台顶面全部密贴；同时使一片梁两端的支座处于同一平面内，梁的纵向倾斜度应加以控制，以支座不产生明显初始剪切变形为佳。

普通板式橡胶支座的安装注意事项：

① 矩形支座短边应与顺桥方向平行安置，以利梁端转动。若需要长边平行于顺桥向，必须通过转角验算。

② 圆形支座各向同性，安装时无须考虑方向性，只需将支座圆心同设计位置中心点重合即可。为防止离心力作用使梁体横向移动，可设置横向挡块。

③ 使用普通板式橡胶支座一般设有固定端与活动端之分；使用等高度支座时，上部构造的水平位移由同一片梁两端支座的剪切变形共同完成，各承担一半，也可用厚度较小的橡胶支座作固定支座。

2. 盆式橡胶支座

（1）相关规定：

① 支座需用软绳捆扎，装卸时需用叉车或起重设备吊装，支座各部件已按要求连接好，可立即用于安装。

② 如果送达工地的支座没有立即安装，应妥善存贮。支座存贮的场所要求场地干整，支座套筒的下方用方木或木块垫放，应防潮防晒防尘，并保持清洁；严禁与酸、碱、油类及有机溶剂等影响支座质量的物质接触，并距离热源 1 m 以上。支座存贮应不影响工地施工，且方便支座的运输和吊装。支座本体部件不可分解拆开。

③ 整个装卸、运输和存储的过程应当保证支座各部件及油漆面不受损坏。

④ 盆式橡胶支座安装前，应先核对包装与产品标牌（承载力、规格、型号和位移量）是否相符，并检查临时连接及标尺指针是否完好。

（2）盆式橡胶支座的安装：

支座梁底安装：

① 支座安装时，先根据图纸的要求确定各个支座的安装位置。

② 将支座安装在梁底后将连接螺栓或螺母拧紧，注意一定要使用防松动弹簧垫圈。

③ 注意支座上板与梁底预埋钢板间不得有间隙。

墩台垫石：

① 墩台垫石表面必须铺设 20～30 mm 的无收缩干硬性砂浆，夯实后表面高差应小于 2 mm，并注意预留孔四周的砂浆不得高出水平面。若横桥向需安装 2 个支座时，还要注意横桥向 2 个垫石表面的高度也必须一致。

② 使用预制箱梁时，墩台处理还应该注意同一片箱梁下 4 个墩台垫石的水平高差，如果高差较大则必须进行调整。

预留孔的处理：

① 支座一般采用预埋套筒和锚固螺栓的连接方式，在墩台顶面支承垫石部位需预留锚栓孔。

② 预留孔必须按图纸要求施工，预留孔深度和直径必须大于支座套筒或底柱的预埋长度和直径，一般直径和深度均以大于 60 mm 为宜，并将杂物清理干净。

落梁操作的注意事项：

落梁时一定要平稳，梁体两端支座应同时接触墩台，避免出现单个支座接触墩台而出现偏压，造成支座因偏心受力产生非正常位移的现象。

灌浆注意事项：

① T 梁支座就位后，对螺栓孔进行浇筑，必须一次性浇筑，防止两次浇筑时上下层混凝土分层。浇筑完成后检查是否有漏浆情况，并对支座四周的干硬性砂浆接缝进行封闭处理，如果发现支座下板与砂浆有间隙，必须压浆补实。

② 箱梁支座就位后进行浇筑时必须注意灌浆料用量，浇筑时灌浆料要从支座底部中心向四周流动，以防止支座下部浇筑不实或脱空。

③ 支座安装时所采用的灌浆材料为无收缩环氧树脂砂浆，其性能要求见表 3.2.1。

表 3.2.1　灌浆用无收缩环氧树脂砂浆性能要求

项　目	技 术 指 标		项　目	技 术 指 标
抗压强度（MPa）	8 h	≥20	流动性	≥220 mm
	12 h	≥25	温度范围	+ 5 ~ + 35 ℃
	24 h	≥40	初凝时间	≥30 min
	281d	≥50	终凝时间	≤3 h
	56 d 和 90 d	强度不降低	收缩率	<2%
泌水性	不 泌 水		膨胀率	≥0.1%

思考题

1. 支座的功能是什么？如何实现？
2. 支座的种类有哪些？
3. 支座布置的原则是什么？
4. 支座安装要注意些什么？

第四章　混凝土简支梁桥施工

　　梁桥是指结构在垂直荷载作用下，支座只产生垂直反力而无推力的梁式体系桥的总称。梁桥按照静力特性可分为简支梁桥、悬臂梁桥、连续梁桥、T形刚构桥及连续刚构桥，按照材料可分为混凝土梁桥、钢梁桥、木梁桥、石梁桥等。

　　混凝土梁，根据所用材料有素混凝土梁、钢筋混凝土梁和预应力混凝土梁之分。混凝土是一种抗压强度高而抗拉强度极低的材料，受拉时容易开裂，素混凝土梁的承载能力是由混凝土的抗拉强度控制的，而受压区混凝土的抗压强度远未被充分利用，因此素混凝土梁的承载力很低，并且梁一出现裂缝就会立刻破坏，属于脆性破坏，不能采用。钢筋是抗拉性能很好的材料。利用钢筋抗拉性能好的优点，在混凝土梁受拉区布置钢筋，代替混凝土承受拉应力，这样的梁称为钢筋混凝土梁。而混凝土、钢筋虽然是两种完全不同的材料，但两者能够结合成整体共同承受作用。在外围的混凝土应有一定的厚度（混凝土保护层厚度），以防止钢筋锈蚀，使钢筋和混凝土能更好地共同工作。混凝土保护层厚度需满足表 4.0.1 规定的混凝土最小保护层厚度的要求。

表 4.0.1　混凝土最小保护层厚度

序号	构件类别		环境条件		
			I	II	III、IV
1	基础、桩基承台	基坑底面有垫层或侧面有模板（受力主筋）	40 mm	50 mm	60 mm
		基坑底面无垫层或侧面无模板（受力主筋）	60 mm	75 mm	85 mm
2	墩台身、挡土结构、涵洞、梁、板、拱圈、拱上建筑（受力主筋）		30 mm	40 mm	45 mm
3	人行道构件、栏杆（受力主筋）		20 mm	25 mm	30 mm
4	箍筋		20 mm	25 mm	30 mm
5	路缘石、中央分隔带、护栏等行车道构件		30 mm	40 mm	45 mm
6	收缩、温度、分布、防裂等表层钢筋		15 mm	20 mm	25 mm

　　简支梁桥受力简单，梁中只有正弯矩，体系温变、混凝土收缩徐变、张拉预应力等均不会在梁中产生附加内力，设计计算方便，最易设计成各种标准跨径的装配式结构。

　　将简支梁梁体加长，并越过支点就成为悬臂梁桥。仅梁的一端悬出的称为单悬臂梁，两端均悬出的称为双悬臂梁。在力学性能上，悬臂梁优于简支梁，可适用于更大跨径桥梁方案中。但实际上，悬臂梁在桥梁工程中较少使用，因为其构造复杂，梁顶也易产生裂缝，再者其行车亦不及连续梁平顺。

　　将简支梁梁体在支点上连接即形成连续梁。连续梁可以做成两跨或三跨一联的，也可以做成多跨一联的。因为连续梁桥的受力特性是主梁连续产生支点负弯矩，对跨中正弯矩有卸载作用，预应力的布置正好可以迎合正负弯矩交替的特点。因此，实际应用多采用预应力混凝土连续梁的结构，少用钢筋混凝土结构。

　　T 形刚构桥是一种墩梁固结、具有悬臂受力特点的梁式桥。预应力 T 形刚构桥的受力特点是长悬臂体系，全跨以承受负弯矩为主。预应力混凝土 T 形刚构桥分为跨中带剪力铰和跨中设挂梁两种基本类型。铰和挂梁的存在，使得桥梁行车不够平顺，并且铰连接处易损坏，这在当今高速道路上已然不适应，故而使用较少。

　　连续刚构桥结合了连续梁桥和 T 形刚构桥的受力特点，将主梁做成连续梁体，与薄壁桥墩固结而成。为减小水平位移在墩中产生较大的弯矩，连续刚构桥常采用水平抗推刚度较小的双薄壁墩。

　　钢筋混凝土与预应力混凝土梁式体系桥在桥梁工程中占有较高的地位，在我国，绝大多数中、小跨径桥梁仍大量采用预应力混凝土梁式结构，大跨度梁式桥则多采用预应力混凝土连续梁、连续刚构。

第一节　认识简支梁桥

　　在我国，简支体系在中小跨径桥上是首选桥型，也是梁式体系桥中应用最早、使用最广泛的一种桥型。简支体系的桥梁包括简支板桥和简支梁桥。简支梁，《铁路桥梁钢结构设计规范》（TB 10091—2017）第 2.1.1 条定义为：一端为纵向活动支座，一端为纵向固定支座的两端支承的梁。简支梁（板）是静定结构，是以受弯为主的构件（受力如图 4.1.1），其构造简单，施工方便、工期短、造价低，且维修容易，结构内力不受地基变形的影响，对基础要求较低，能适用于地基较差的桥址上建桥，适应性强。

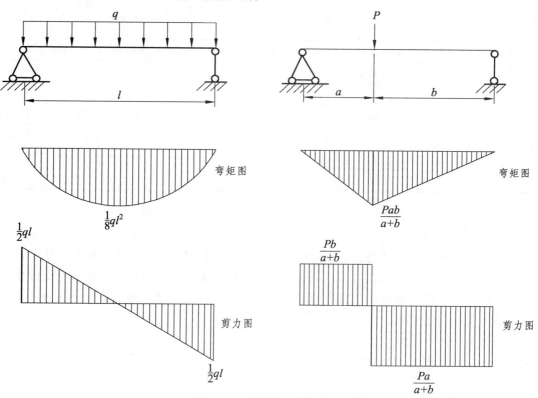

图 4.1.1　简支梁受力图示

梁的截面形式主要由受力要求决定，同时考虑使用和施工方面的要求，并力求节省材料。梁按截面形式分有板梁、肋梁和箱梁等。

对于小跨度（ $L<6\,\mathrm{m}$ ）梁，由于跨度小，梁高也小，为了使截面形式简单、制造方便，采用板式截面。

一、简支板桥

1. 板梁构造

板桥分为整体式板桥和装配式板桥，其中装配式板桥按横截面形式分有实心板、空心板两种。实心板的截面形式一般采用矩形和梯形；为了减轻板梁的结构自重，可做成留有孔洞的空心板。空心板截面根据中间挖洞方法不同，其截面形式不同，常用的截面形式如图 4.1.2。板梁具有形状简单、施工方便、建筑高度小、结构整体刚度大等优点，但从受力方面考虑其用料不经济、自重大，因此板梁的跨径一般不大。

板桥一般设计成等厚度的，整体式板桥板厚与跨径之比一般为 1/12～1/16。

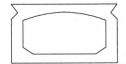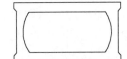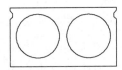

图 4.1.2　空心板截面

铁路桥梁由于活载较大，多采用矩形截面的钢筋混凝土板作为承重结构。

图 4.1.3 为铁路板式简支梁桥的横截面图，为了节省材料，板的下部适当减窄，但板底的支承面仍然较宽，不致发生侧向倾覆，因而两片梁之间未设置任何横向联结（《铁路桥涵设计规范》第 5.2.1 条规定：梁式桥跨结构在计算荷载最不利组合作用下，横向倾覆稳定系数不应小于 1.3）。为了满足使用要求，每片梁外侧设挡砟墙，与道砟槽板一起形成道砟槽。道砟槽全宽为 390 cm，道砟墙高 30 cm，轨枕长 250 cm，板高 60 cm。

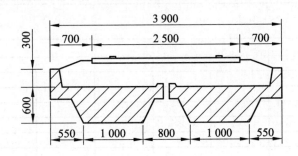

图 4.1.3　跨径 5 m 简支板梁横截面图（单位：mm）

《铁路桥涵混凝土结构设计规范》（ TB 10092—2017 ）第 6.3.8 规定：板的一般构造可按表 4.1.1 采用。

表 4.1.1　板的一般构造要求

项目	板的种类	
	道砟槽板	人行道板
板的最小厚度（mm）	120	80
板内受力钢筋最小直径（mm）	10	8
板内受力钢筋最大间距（mm）	200	200
板内受力钢筋伸入支点数量	不少于3根及跨度中间钢筋截面积1/4	—
板内分配钢筋最小直径（mm）	8	6
板内分配钢筋最大间距（mm）	300	—

注：① 预制人行道板的最小厚度可用 70 mm。
　　② 在所有受力钢筋转折处均应设置分配钢筋。

板的宽度根据使用要求确定，计算时可取单位宽度（$b = 100$ cm）进行计算。板的厚度可根据受力大小经计算确定，但为了保证质量，其最小厚度应有所限制，见表 4.1.1。

2. 梁内钢筋布置

钢筋混凝土简支板梁内钢筋由受力钢筋和分布钢筋组成：受力钢筋布置在板的受拉区，其数量根据受力大小通过计算确定，受力钢筋直径、间距等要求见表 4.1.1；分布钢筋一般垂直于主钢筋方向布置，并布置在主钢筋的内侧，在交叉处用铁丝绑扎或点焊，如图 4.1.4，其数量根据规范规定的构造要求决定。分布钢筋的作用：能很好地将集中荷载分布到板主钢筋上；抵抗因收缩及温度变化在垂直于板跨方向上产生的应力；浇筑混凝土时固定主钢筋的位置。

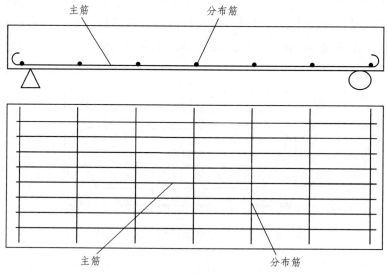

图 4.1.4　板的钢筋构造

3. 装配式板桥的横向联结

为了使装配式板桥块件能够共同承受车辆荷载，必须在块件之间设置强度足够的横向联结构造，主要有企口混凝土铰联结和钢板联结两种。

① 企口混凝土铰联结。

企口式混凝土铰联结形式有圆形、菱形、漏斗形三种。铰的上口宽度应保证插入式振捣器能够顺利插入。预制板内应预埋钢筋伸入铰，当块件安装就位后，伸出钢筋相互绑扎，铰缝内用 C30~C40 的细集料混凝土填实。采用企口混凝土铰需要现场浇筑混凝土，并需要经过一定的养护时间，待混凝土达到设计强度后才能通车。

② 钢板联结。

相比企口混凝土铰而言，钢板联结的使用可以加快工程进度，但其联结的效果不如前者，实际过程中较少采用，故而不详述。

二、简支肋梁桥

对于较大跨度（$L>8$ m）的梁，由于跨度增大，梁高相应增高，如果再用板式截面，则受拉区不参与主梁工作的混凝土截面显著增加。为了减少材料和减轻梁重，便于架设和运输，一般采用肋式截面。

1. 肋梁构造

肋梁按横截面形式有Ⅱ形、I 形、T 形三种基本类型（图 4.1.5）。在桥横截面上，一般采用多片主梁布置形式，因而当采用Ⅱ形、I 形、T 形主梁截面组成桥的横截面时，其基本形式与多片 T 形截面类同。T 形截面是应用最多的肋梁式截面，它的特点是外形简单、制造方便，横向采用横隔梁联结，整体性比较好。T 形梁的翼缘板构成桥梁的行车道，是主梁的受压翼缘，受拉翼缘部分多做成马蹄形，以满足布置钢筋的需要[图 4.1.5（d）]。

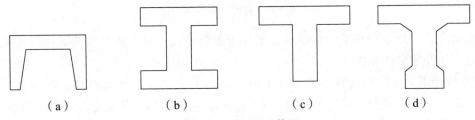

（a）　　　　　　（b）　　　　　　（c）　　　　　　（d）

图 4.1.5　肋梁式截面

《铁路桥涵混凝土结构设计规范》（TB 10092—2017）第 6.3.12 条规定：分片式 T 梁应设置横隔板，桥面板连成整体。T 梁设置在梁端部的横隔板称为端横隔板，设置在中部的横隔板称为中横隔板。横隔板在装配式 T 形梁桥中起着保证主梁之间相互连接成整体的作用，它不但有利于制造、运输和安装阶段构件的稳定性，而且能显著加强全桥的整体性。有中横隔梁的梁桥，荷载横向分布比较均匀，且可以减少翼板接缝处的纵向开裂现象。对于钢筋混凝土简支梁，一般在梁端、跨中和四分点处各设置一道横隔梁即可满足要求，见图 4.1.6。

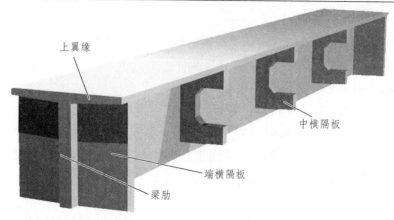

图 4.1.6 肋梁式截面构造

2. 梁内钢筋布置

梁内钢筋有主钢筋（也称为纵向受力钢筋）、斜筋（也称为弯起钢筋）、箍筋、架立钢筋和纵向水平钢筋等，用矩形梁举例说明梁内钢筋布置，如图 4.1.7。

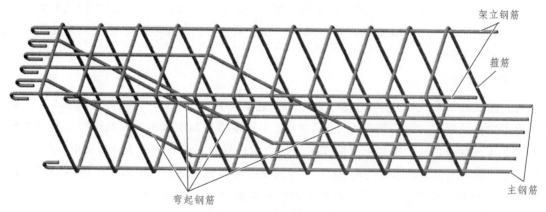

图 4.1.7 梁内钢筋示意图

①主钢筋，一般布置在梁的受拉区，平行于梁的轴线。其主要作用是承受荷载弯矩引起的拉应力，其数量由计算决定。

《铁路桥涵混凝土结构设计规范》（TB 10092—2017）第 6.3.15 条规定：梁内通过支点的主钢筋不应少于跨中截面主钢筋数量的 1/4，且不应少于 2 根，伸入支点的长度不应小于 10 倍的钢筋直径，并加设标准弯钩。

《铁路桥涵混凝土结构设计规范》（TB 10092—2017）第 6.3.1 条规定：受拉区域钢筋的净距和弯钩应符合下列规定：

ⅰ. 受拉区域的钢筋可以单根或 2~3 根成束布置，钢筋的净距不应小于钢筋的直径（对带肋钢筋为计算直径），并不应小于 30 mm。

ⅱ. 当钢筋（包括成束钢筋）层数等于或多于 3 层时，其净距横向不应小于 1.5 倍的钢筋直径并不得小于 45 mm，竖向仍不得小于钢筋直径并不得小于 30 mm。

② 斜筋，为了满足斜截面抗剪强度而设置，一般由受拉主钢筋弯起而成，因此称为弯起

钢筋。当弯起钢筋不能满足斜截面抗剪强度要求，或者弯起钢筋不能满足构造要求时，需增加斜钢筋。《铁路桥涵混凝土结构设计规范》（TB 10092—2017）第 6.3.14 条规定：梁内弯起钢筋可沿梁高的中线布置，并使任何一个与梁轴垂直的截面最少与一根斜筋相交。斜筋与梁轴所成的斜角宜采用 45°，且不应小于 30°，也不应大于 60°。

③ 箍筋（图 4.1.8），垂直于梁轴线布置，其作用是：承受由剪力引起的主拉应力；固定主钢筋位置以形成钢筋骨架；联结受拉主钢筋和受压区混凝土使其共同工作。《铁路桥涵混凝土结构设计规范》第 6.3.13 条规定：梁内应设置直径不小于 8 mm 的箍筋。当支撑受拉钢筋时，箍筋间距不应大于梁高的 3/4，且不大于 300 mm；当支撑受压钢筋时，箍筋间距不应大于受力钢筋直径的 15 倍，且不大于 300 mm。支座中心两侧，1/2 梁高的长度范围内，箍筋间距不应大于 100 mm。每一箍筋一行上所箍的受拉钢筋不应多于 5 根，受压钢筋不应多于 3 根。承受扭矩作用的梁，箍筋应制成封闭式。

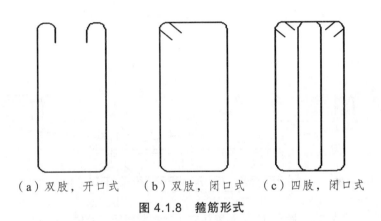

（a）双肢，开口式　　（b）双肢，闭口式　　（c）四肢，闭口式

图 4.1.8　箍筋形式

④ 架立钢筋。无受压钢筋的梁在其上部需配置架立钢筋，其作用是固定箍筋的正确位置，并与梁底纵向受拉钢筋形成钢筋骨架。

⑤ 纵向水平钢筋，沿梁肋高度的两侧，在箍筋外侧水平方向设置，以抵抗温度应力及混凝土收缩应力，同时与箍筋共同构成骨架以利于应力的传递。《铁路桥涵混凝土结构设计规范》（TB 10092—2017）第 6.3.16 条规定：梁高大于 1 m 时，在梁腹高度范围内应设置纵向水平钢筋，其间距为 100～150 mm，直径不应小于 8 mm。

为了不使钢筋锈蚀而影响构件的耐久性，并保证钢筋和混凝土很好地黏结在一起，必须设置混凝土保护层。《铁路桥涵混凝土结构设计规范》（TB 10092—2017）第 6.3.2 条规定：钢筋混凝土结构最外层钢筋的净保护层厚度不应小于 35 mm，并不宜大于 50 mm；对于顶板有防水层及保护层的最外层钢筋净保护层厚度不应小于 30 mm。

3. 主梁的横向连接

装配式 T 梁通常均借助横隔梁和桥面板的接头使所有主梁连成整体。接头要有足够的强度，以保证结构的整体性，并使其在运营过程中不致因荷载反复作用和冲击作用而发生松动。常用的接头形式有以下几种：

① 焊接钢板接头。

钢板接头分别设在横隔梁靠近下缘的两侧和 T 梁翼缘板处，端横隔梁的焊接钢板接头构造与中横隔梁相同，但由于在其外侧不好实施焊接，故焊接接头只设于内侧。相邻横隔梁之间的缝隙用水泥砂浆填满。

② 扣环接头。

这种接头现浇混凝土数量较多，接头施工后也不能立即承受荷载，施工较复杂，但强度可靠，整体性及耐久性好。

③ 桥面板的企口铰连接。

为了改善翼缘板的受力状态，可以用企口铰接的形式将悬臂板连接起来。

除了横隔梁和桥面板的接头外，还应该在桥梁的横桥向布置横向预应力钢筋，使梁联结更牢靠。如图 4.1.9 为铁路单线简支 T 梁桥的横截面图，截面由两片 T 梁组成，T 梁高度为 130 cm，翼缘板宽度为 210 cm，梁肋宽度为 21 cm，为了便于布置钢筋，梁肋设计为马蹄形，横隔梁宽 94.5 cm，两横隔板之间间隙为 10 cm。

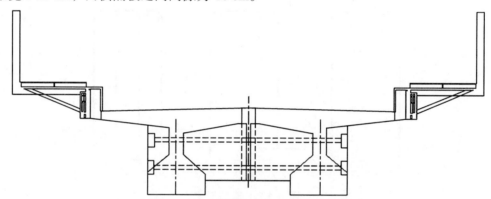

图 4.1.9　跨径 12 m 铁路简支 T 梁横截面图（单位：mm）

三、简支箱梁桥

箱梁截面是一种闭口薄壁截面，其抗扭刚度大，有较大的抗弯惯性矩，整体性好，能提供承受正、负弯矩的混凝土受压区，因此箱形截面适用于较大跨度的桥梁，此处不做详述，在预应力混凝土连续梁桥相关内容部分中再详细介绍。箱梁截面由顶板、底板、腹板和梗腋（承托）组成（图 4.1.10），其截面形式常见的有单箱单室、单箱双室、单箱多室、双箱单室、多箱单室和多箱多室等，如图 4.1.11 和图 4.1.12。

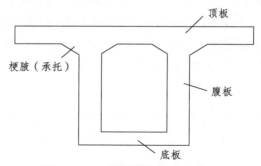

图 4.1.10　箱梁截面构造示意图

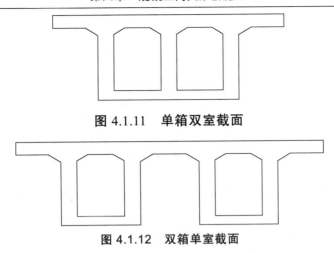

图 4.1.11 单箱双室截面

图 4.1.12 双箱单室截面

第二节 认识预应力混凝土简支梁桥

一、预应力混凝土结构

1. 预应力及预应力混凝土结构概念

预应力混凝土是在构件的受拉区张拉钢筋，利用高强度钢筋张拉后的弹性回缩，对构件受拉区的混凝土预先施加压力，产生预压应力。当构件在荷载作用下产生拉应力时，首先抵消预应力，然后随着荷载不断增加，受拉区混凝土受拉开裂，从而延迟了构件裂缝的出现和限制了裂缝的开展，提高了构件的承载能力。这种利用钢筋对受拉区混凝土施加预压应力的钢筋混凝土即为预应力混凝土。预应力混凝土能充分发挥高强度材料的作用。

2. 预应力混凝土结构的优缺点

预应力混凝土结构和钢筋混凝土结构相比，其优缺点为：

① 提高了结构的抗裂性，甚至可在使用荷载作用下结构不出现裂缝，从而增加了结构的刚度和耐久性。

② 节约材料和减轻了结构自重。由于预应力混凝土结构合理地使用了高强度钢筋和高强度混凝土，在同样的荷载下，结构截面尺寸大大减小，减轻了结构自重，为建造大跨度桥梁提供了有利条件。

③ 可以减小梁的竖向剪力和主拉应力。预应力混凝土梁的曲线预应力钢筋可以使梁中支座附近的竖向剪力减小，又由于混凝土截面上预压应力的存在，荷载作用下的主拉应力相应减小，从而有利于减小梁的腹板厚度，减轻结构自重。

④ 结构质量安全可靠。施加预应力时，钢筋和混凝土都经受了一次强度检验，因此在使用荷载作用下结构的安全性及其他使用性能更加可靠。

⑤ 提高了结构的疲劳性能。预应力钢筋在使用阶段因加荷或卸荷所引起的应力相对变化较小，因而引起疲劳破坏的可能性也小。

⑥ 预应力混凝土结构的缺点是施工工艺复杂，质量和技术要求较高，并需要专门的设备等。

3. 预应力混凝土结构的材料——钢材

预应力混凝土梁内主要钢筋有预应力钢筋、箍筋、锚下局部加强钢筋、翼板横向钢筋、架立钢筋等。

预应力钢筋为梁内受力钢筋；箍筋除了承受剪力外，还固定钢筋位置，满足构造要求。

预应力混凝土结构所用的预应力钢筋有钢丝、钢绞线、预应力螺纹钢筋三大类。

① 钢丝。

钢丝按加工状态分为冷拉钢丝和消除应力钢丝两类，用代号表示：冷拉钢丝为 WCD，消除应力钢丝为 WLR。

钢丝按外形分为光圆、螺旋肋、刻痕三类，用代号表示：光圆钢丝为 P，螺旋肋钢丝为 H，刻痕钢丝为 I。

钢丝生产厂家交货时按《预应力混凝土用钢丝》（GB/T 5223—2014）标准规定应标记的内容有预应力钢丝、公称直径、抗拉强度等级、加工状态代号、外形代号、标准编号等。其标记示例：

例 1：直径为 4.00 mm、抗拉强度为 1 670 MPa 的冷拉光圆钢丝，其标记为：预应力钢丝 4.00-1670-WCD-P-GB/T 5223-2014。

例 2：直径为 7.00 mm、抗拉强度为 1 570 MPa 的低松弛螺旋肋钢丝，其标记为：预应力钢丝 7.00-1570-WLR-H-GB/T 5223-2014。

② 钢绞线。

钢绞线有标准型钢绞线、刻痕钢绞线和模拔型钢绞线。所谓标准型钢绞线是由冷拉光圆钢丝捻制成的钢绞线；刻痕钢绞线是由刻痕钢丝捻制成的钢绞线；模拔型钢绞线是捻制后再经冷拔成的钢绞线。常用的是标准型钢绞线。

钢绞线按结构分为以下 8 类，结构代号为：

a. 用 2 根钢丝捻制的钢绞线　　　　　　　　　　　　　　1×2

b. 用 3 根钢丝捻制的钢绞线　　　　　　　　　　　　　　1×3

c. 用 3 根刻痕钢丝捻制的钢绞线　　　　　　　　　　　　$1 \times 3I$

d. 用 7 根钢丝捻制的钢绞线　　　　　　　　　　　　　　1×7

e. 用 6 根刻痕钢丝和 1 根光圆中心钢丝捻制的钢绞线　　$1 \times 7I$

f. 用 7 根钢丝捻制又经模拔的钢绞线　　　　　　　　　　$(1 \times 7) C$

g. 用 19 根钢丝捻制的 1+9+9 西鲁式钢绞线　　　　　　$1 \times 19S$

h. 用 19 根钢丝捻制的 1+6+6/6 瓦林吞式钢绞线　　　　$1 \times 19W$

钢绞线生产厂家交货时按《预应力混凝土用钢绞线》（GB/T 5224—2014）标准规定应标记的内容有：预应力钢绞线、结构代号、公称直径、强度等级、标准编号等。其标记示例：

例 1：公称直径为 15.20 mm、抗拉强度为 1860 MPa 的 7 根钢丝捻制的标准型钢绞线标记为：预应力钢绞线 1×7-15.20-1860-GB/T 5224—2014。

例 2：公称直径为 8.70 mm、抗拉强度为 1 720 MPa 的 3 根刻痕钢丝捻制的钢绞线标记为：预应力钢绞线 $1 \times 3I$-8.70-1720-GB/T 5224—2014。

③ 预应力螺纹钢筋。

预应力螺纹钢筋是在整根钢筋上轧有外螺纹的大直径、高强度、高尺寸精度的直条钢筋。

该钢筋在任意截面处都可拧上带有内螺纹的连接器进行连接或拧上带螺纹的螺帽进行锚固。

预应力螺纹钢筋具有连接、锚固简便、黏着力强、张拉锚固安全可靠、施工方便等优点，而且节约钢筋，减少了构件面积和重量。

4. 预应力混凝土结构的材料——混凝土

预应力混凝土结构所用材料混凝土必须采用等级高的混凝土。《铁路桥涵混凝土结构设计规范》（TB 10092—2017）第 3.1.2 条规定：预应力混凝土结构的混凝土强度等级不应低于 C40。

5. 纵向预应力筋布置

预应力主筋布置可分为直线形布置和曲线形布置两大类，跨中主筋均靠近梁下缘布置。直线形布筋多用于先张法施工的小跨径梁桥中，曲线配筋多用于后张法施工的梁桥中。

① 直线形布置，如图 4.2.1。

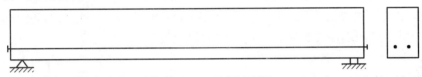

图 4.2.1　直线形布置

② 曲线形布置（图 4.2.2）。

预应力筋弯起的曲线形状主要有圆弧线、抛物线或悬链线三种。工程中通常采用梁中部保持一段水平直线后向两端圆弧弯起的做法。目前，预应力混凝土简支梁上采用最广的布筋方式是图 4.2.2（b）所示预应力筋全部弯至梁端锚固和图 4.2.2（c）所示部分预应力筋弯出梁顶两种。

预应力筋一般采用全部弯至梁端锚固的布置形式，这样布置可使张拉操作简便，预应力筋的弯起角度不大（一般都小于 20°的限制），对减小摩阻损失有利。

对于钢束根数较多或当梁高受到限制，以致梁端不能锚固全部钢束时，可以将一部分预应力筋弯出梁顶，这种方式使得预应力筋的弯起角度变大（为 25°~30°），摩阻损失也增大。

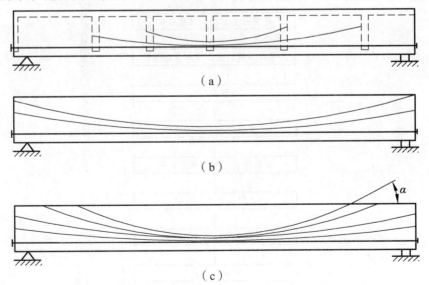

（a）

（b）

（c）

图 4.2.2　曲线形布置

二、预应力混凝土构件施工工艺

预应力混凝土梁常见施工方法有先张法和后张法。先张法是在张拉台座上先张拉预应力筋，达到要求的控制预应力后用夹具将预应力钢筋临时固定，然后立模浇筑混凝土的施工方法。先张法依靠预应力筋和混凝土之间的黏结传力。后张法是先制作构件，在梁体构件内部预先留出孔道，待构件混凝土达到设计规定的强度（一般不低于混凝土设计强度的75%）后，穿入预应力钢筋进行张拉，并利用锚具把预应力筋锚固，最后进行孔道灌浆的施工方法。后张法依靠锚具传力。

1. 先张法预应力混凝土梁的制作

先张法预应力混凝土梁制作的主要设备是台座，它要承受预应力钢筋张拉时的全部张拉力，必须具有足够的强度、刚度和稳定性。如图4.2.3所示，是一种台座示意图。台座由一个框架（两根固定横梁和两根受压柱构成）和两根活动横梁组成。固定横梁和活动横梁间设置千斤顶，预应力钢筋两端用夹具锚在活动横梁的锚固板上。

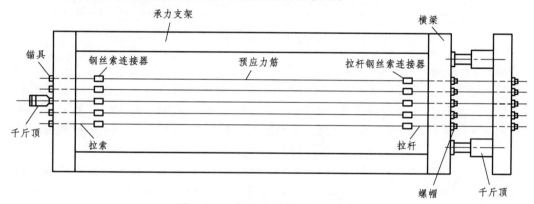

图 4.2.3　先张法张拉台座示意图

先张法预应力混凝土梁施工主要工序如图4.2.4：

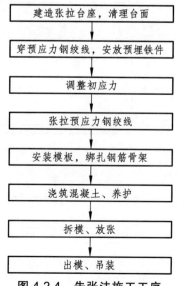

图 4.2.4　先张法施工工序

① 预应力筋张拉、锚固。

先张法预应力混凝土梁内预应力筋的布置，从梁受力考虑，一般采用直线布置。

预应力筋的张拉工作，必须严格按照设计要求和张拉操作规程进行。预应力筋的张拉可以一端张拉，也可以两端张拉。一般的张拉原则是：左右对称张拉，由两边向中间张拉。张拉可分为单根张拉和多根整批张拉两种。单根张拉一般操作简单，但张拉速度慢。多根张拉时，应预先调整其单根预应力筋的初应力，使相互之间的应力一致，再整体张拉。多根张拉时，必须使两个千斤顶先与预应力筋对称布置，两个千斤顶油路串通，同步顶进。不同的钢筋类型，张拉的程序不同，见表 4.2.1。

表 4.2.1　先张法预应力筋张拉程序

预应力筋种类		张拉程序
钢丝、钢绞线	夹片式等具有自锚性能的锚具	普通松弛预应力筋：$0 \rightarrow$ 初应力 $\rightarrow 1.03 \sigma_{con}$（锚固） 低松弛预应力筋：$0 \rightarrow$ 初应力 $\rightarrow \sigma_{con}$（持荷 5 min 锚固）
	其他锚具	$0 \rightarrow$ 初应力 $\rightarrow 1.05 \sigma_{con}$（持荷 5 min）$\rightarrow 0 \rightarrow \sigma_{con}$（锚固）
螺纹钢筋		$0 \rightarrow$ 初应力 $\rightarrow 1.05 \sigma_{con}$（持荷 5 min）$\rightarrow 0.9 \sigma_{con} \rightarrow \sigma_{con}$（锚固）

注：初应力一般取 σ_{con} 的 10%，σ_{con} 表示张拉控制应力。

② 混凝土浇筑、养护。

预应力混凝土梁浇筑时，根据混凝土结构尺寸数量选择浇筑顺序。全面分层适于平面尺寸不大的结构，分段分层适于结构厚度不大而面积或长度较大的结构，斜面分层多用于长度较大的结构。

同一台座的梁应一次连续浇筑。当采用输送泵输送混凝土时，必须保证混凝土连续不断地输出；当采用振捣棒振捣时，应避免触及预应力筋，并不得触及充气胶囊。

先张法预应力混凝土梁养护方式有自然养护和蒸汽养护，为了加快台座周转速度，一般采用蒸汽养护。

③ 预应力筋放张。

预应力筋的放张是先张法预应力混凝土梁制作中重要的一个工序。预应力筋的放张，必须使混凝土达到设计规定的强度（一般为混凝土强度等级的 75%）才能进行。预应力筋放张应分阶段、对称、相互交错地放张。单根钢筋采用拧松螺母的方法放张时，宜先两侧后中间，并不得一次将一根预应力筋松完，以免最后放张的预应力筋自行崩断；多根整批预应力筋的放张，采用千斤顶放张时，放张应分数次完成。

预应力筋放张后，对钢丝和钢绞线，应采用机械切割的方式进行切断；对螺纹钢筋，可采用乙炔-氧气切割，但应采取必要措施防止高温对其产生不利影响。

预应力筋放张切割后的外露端头，应用砂浆封闭或涂刷防腐蚀材料，防止生锈。

预应力筋放张主要方法有：

ⅰ. 张拉放张法。

张拉放张法是在混凝土达到规定强度后，安装千斤顶重新张拉钢筋，施加的应力不应超过原有的张拉控制应力，之后将固定在横隔梁定位板前的双螺帽慢慢旋动，同一组放张的预应力螺母旋动的距离应相等，再将千斤顶回油，让钢筋慢慢放松，使构件均匀对称受力。

ⅱ. 千斤顶放张法。

在放张预应力筋之前，在台座固定端的承力架与横梁之间，分别设置一个千斤顶，待混凝土达到规定放张要求后，千斤顶同步回程，使拉紧的预应力慢慢回缩，将预应力筋放张，如图 4.2.5。

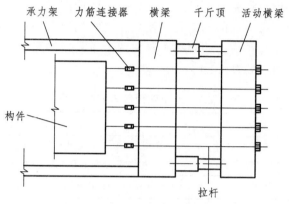

图 4.2.5　千斤顶放张示意图

ⅲ. 砂箱放张法。

砂箱装置放置在台座和横梁之间. 放置在非张拉端，张拉前砂箱的活塞要全部拉出，箱内装满干砂，张拉时箱内砂子被压实，承担横梁的反力。放松钢筋时，打开出砂口，砂缓慢流出，活塞缩回，钢筋逐渐放松。利用砂箱放张，能控制放张速度，施工方便，能较好地保证预制梁的质量。砂箱如图 4.2.6。

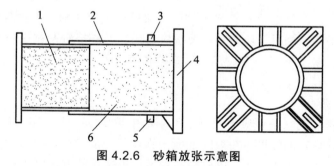

图 4.2.6　砂箱放张示意图

1—活塞；2—钢套箱；3—进砂口；4—钢套箱底板；5—出砂口；6—砂子

④ 检查验收、编号。

预制梁在制梁台座上放张后，即可移至存梁台座上，并为架梁做好准备。

制作单位应按照设计和规范对梁长、宽、高及外观对预制梁进行检查验收，报监理工程师批准，并填写质量验收单，必要时对板梁进行强度检验抽查，保证梁体混凝土达到设计要求。

预应力混凝土梁检查除满足一般规定外，还需满足下列要求：混凝土表面应平整、密实，预应力部位不得有蜂窝、露筋现象。如有蜂窝、麻面，其面积不得超过结构同侧面积的 0.5%；如有裂缝，其宽度不得超过规范的有关规定。当蜂窝、麻面、掉角等缺陷超过规定要求时，应及时对其进行处理。当情况较严重时，应分析情况，研究处理。检查验收合格后按照设计位置对梁进行编号，并注明浇筑日期、放张日期、桥名、每跨及梁的顺序号、施工单位等。

2. 后张法预应力混凝土梁的制作

后张法适用于配制曲线形预应力筋的大型和重型构件的制作，因此目前在铁路、公路桥梁上得到了广泛应用。后张法施工预应力混凝土梁的施工工序如图 4.2.7。

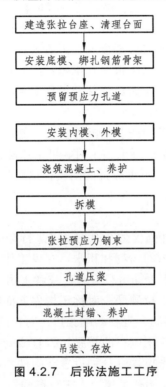

建造张拉台座、清理台面

安装底模、绑扎钢筋骨架

预留预应力孔道

安装内模、外模

浇筑混凝土、养护

拆模

张拉预应力钢束

孔道压浆

混凝土封锚、养护

吊装、存放

图 4.2.7　后张法施工工序

后张法预应力混凝土梁施工主要工序：

① 预留孔道。

后张法施工在浇筑混凝土之前，须在预应力筋的设计位置预先安放制孔器，以便在梁体制成后在梁体内形成孔道。

常用制孔器有抽拔式制孔器和埋入式制孔器两种。

抽拔式制孔器即将制孔器预先安放在预应力束的设计位置上，待混凝土强度达到抽拔要求后将其拔出，构件内即形成孔道。常用的一种抽拔式制孔器（俗称抽拔管）为橡胶管制孔器，要求管壁牢固，耐磨性能好，能承受 5 kN 以上的工作拉力，并且弹性恢复性能好，有良好的挠曲适应性。

胶管内如利用充气或充水来增加刚度时，管内压力不得低于 500 kPa。充气（水）后胶管的外径应符合孔道直径的要求。为增加胶管的刚度和控制位置的准确，需在橡胶管内置一圆钢筋（称芯棒）。

埋入式制孔器通常采用金属或塑料波纹管，这种预埋管道的构件，在混凝土达到设计强度后，即可直接张拉管道内的预应力筋。

② 混凝土浇筑、养护。

混凝土的浇筑方法应采用连续浇筑法。对腹板底部为扩大断面的 T 形梁，应先浇筑扩大部分，再浇筑其上部腹板，一般采用水平分层和斜向分层浇筑。

对于梁高较高的 T 梁或 I 形截面梁，如果下翼缘、腹板与上翼缘同时浇筑混凝土，浇筑腹板和上翼缘混凝土最好间隔一定时间。

箱形截面梁通常先浇筑底板混凝土，接着浇筑腹板、顶板混凝土。当箱形截面尺寸较小，底板与腹板同时浇筑时，应注意底板混凝土的浇筑，确保底板混凝土密实。

混凝土浇筑时常采用的振捣方式有平板式、附着式和插入式等。平板式振捣器用于大面积混凝土，如桥面、宽箱梁顶板、翼缘板、基础等；附着式振捣器可设在底模下和侧模上，是预制梁的主要振捣工具；插入式振捣器安装和操作简单、灵活，一般情况下均可使用这种振捣器。

混凝土养护方法主要有洒水养护法、喷淋养护法、塑料薄膜养护法和蒸汽养护法。为了加速模板周转和施工进度或在冬季混凝土施工时，可采用蒸汽法养护混凝土。

混凝土强度达到 2.5 MPa 时，可拆除梁的侧模；达到张拉强度并完成预应力张拉后，即可起吊梁体，进行下一根梁的预制。

③ 穿钢丝束、张拉。

当梁体混凝土的强度达到设计强度的 75%时，可进行穿束张拉。穿束前为确保孔道畅通，可用空压机吹风等方法清理孔道内的污物和积水。穿束工作采用人工直接穿束，也可以借助一根钢丝作为引线，用卷扬机牵引束筋进行穿束，或者采用专门的穿束机穿束。

张拉前须确定好张拉顺序，张拉顺序应对称于构件截面的竖直轴线。对曲线预应力筋或长度大于等于 25 m 的直线预应力筋，宜在两端张拉；对长度小于 25 m 的直线预应力筋，可在一端张拉。曲线配筋的精轧螺纹钢应在两端张拉，直线配筋的可在一端张拉。当同截面中有多束一端张拉的预应力筋时，张拉端宜分别设置在构件两端。预应力筋采用两端张拉时，可先在一端张拉锚固后，再在另一端补足预应力进行锚固。

④ 孔道压浆、封锚。

孔道压浆的目的是防止预应力筋锈蚀，使预应力筋与构件黏结成为整体，从而减轻锚具的受力，提高梁的承载能力、抗裂性能和耐久性。孔道压浆用专门的压浆泵进行，压浆后的浆体要求密实、饱满，并应在张拉后尽早完成，现场压浆采用真空压浆的方式。

压浆顺序应先下孔道后上孔道，以免上孔道漏浆把下孔道堵塞。直线孔道压浆时，应从构件的一端压到另一端；曲线孔道压浆时，应从孔道最低处开始向两端进行。

压浆工艺有一次压注法和二次压注法两种。一次压注法适用于不太长的直线形孔道。二次压注法适用于较长的孔道或曲线形孔道，可提高孔道压浆的密实性。

孔道压浆后应立即将梁端水泥浆冲洗干净，将端面混凝土凿毛，设置钢筋网，浇筑封锚混凝土，并进行防腐处理。封锚混凝土应采用与构件同强度的混凝土，并严格控制封锚后的梁体长度。锚固端的混凝土保护层厚度应不小于 50 mm 或符合设计规定。

三、锚具与夹具

预应力混凝土构件，当采用先张法施工时，需采用临时的夹具将张拉好的钢筋锚固在台座上；当采用后张法施工时，必须将张拉后的钢筋用锚具锚固在梁体的混凝土上。锚具、夹具是保证预应力混凝土安全施工和结构可靠工作的关键设备。

目前，预应力混凝土结构中所用的锚具、夹具种类很多，但从原理上分只有三种，即摩阻锚固、承压锚固和黏着锚固。

1. 摩阻锚固

摩阻锚固的原理是利用锥形或梯形楔块的侧向力产生摩阻力来防止钢丝滑动。这个侧向力最初是由于千斤顶推动楔块而产生的，然后当钢丝受力时，又产生了不可避免的滑动，这个滑动会带紧楔块，于是增加了侧向力，直至两者平衡为止，钢丝即被卡住，摩阻锚固有钢制锥形锚（图 4.2.8）、夹片锚（图 4.2.9）等。

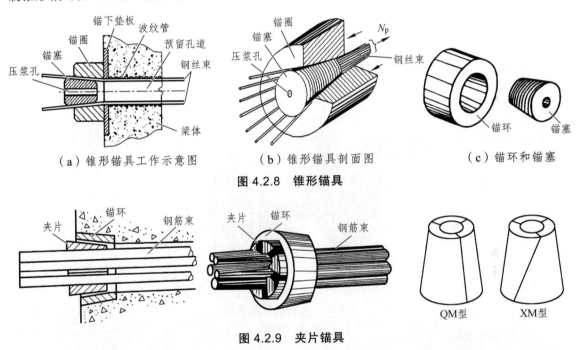

（a）锥形锚具工作示意图　　（b）锥形锚具剖面图　　（c）锚环和锚塞

图 4.2.8　锥形锚具

图 4.2.9　夹片锚具

（1）钢制锥形锚，主要用于钢丝束的锚固。其由锚圈和锚塞组成，依靠锥形锚塞的侧压力所产生的摩阻力来锚固钢丝。

（2）夹片锚。

夹片锚主要锚固钢绞线筋束。夹片锚由带锥孔的锚板和夹片组成。张拉时，每个锥孔穿进一根钢绞线，张拉后各自将孔中的钢绞线抱夹锚固，每个锥孔各自成为一个独立的锚固单元。每个夹片锚具由多个锚固单元组成，能锚固 1～55 根钢绞线所组成的筋束。

2. 承压锚固

承压锚固的原理是将钢筋的端头做成螺纹（或镦成粗头），钢筋张拉后拧紧螺帽（或锚圈），通过螺帽（或锚圈）与垫板的承压作用将钢筋锚固，如镦头锚（图 4.2.10）、钢筋螺纹锚具（图 4.2.11）。

（1）镦头锚。

墩头锚由带孔眼的锚杯和固定锚杯的锚圈（螺帽）组成，钢丝穿过锚杯上的孔眼，用镦头机将端头镦粗呈圆头形，与锚杯锚定。

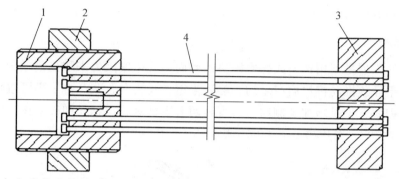

（a）张拉端锚具（A型）　　　　　　　　　（b）固定端锚具（B型）

图 4.2.10　镦头锚工作示意图

1—锚环；2—螺母；3—锚板；4—钢丝束

图 4.2.11　钢筋螺纹锚具

（2）钢筋螺纹锚具。

高强度粗钢筋作预应力筋时，可采用螺纹锚具固定。其可采用直接拧上螺帽和连接套筒的高强度精轧螺纹钢，这种钢筋沿长度方向具有规则但不连续的凸形螺纹，可在任意位置进行锚固和接长。

3. 黏结锚固

黏结锚固是将钢丝端头浇在高强度混凝土中，靠混凝土的黏结力锚固钢筋的锚固方式。

四、预加应力及预应力损失

预应力混凝土构件，预加应力的大小根据承受外加荷载大小决定，但是由于施工因素、材料性能和环境条件等的影响，钢筋中的预拉应力将会逐渐减小，这种应力的减小称为预应力损失。钢筋所需的预应力值即是张拉控制应力，是扣除相应阶段的应力损失后，钢筋中实际存在的预应力值。

1. 张拉控制应力 σ_{con}

张拉控制应力 σ_{con} 是指张拉钢筋时,张拉设备所指示的总张拉力除以预应力钢筋截面面积所求得的钢筋预应力值。若张拉控制应力值过小,则预应力钢筋在各种损失后,对混凝土产生的预压应力过小,不能有效地提高预应力混凝土构件的抗裂性能和刚度;若张拉控制应力值过大,张拉时有可能使钢筋应力达到甚至超过实际屈服点,产生塑性变形而可能断裂。因此《铁路桥涵混凝土结构设计规范》第7.4.1条规定:在预加应力过程中,预应力钢筋的控制应力应符合下列规定。

① 钢丝、钢绞线的锚下控制应力值应符合下式的规定:

$$\sigma_{con} = \sigma_{pl} + \sigma_{L} \leqslant 0.75 f_{pk}$$

② 预应力混凝土用螺纹钢筋的锚下控制应力值应符合下式的规定:

$$\sigma_{con} = \sigma_{pl} + \sigma_{L} \leqslant 0.9 f_{pk}$$

式中　σ_{con}——预应力钢筋在锚下的控制应力(MPa);

σ_{pl}——预应力钢筋中的有效预应力(MPa);

σ_{L}——预应力钢筋中的全部预应力损失值(MPa)。

2. 预应力损失

在预应力混凝土构件中引起预应力损失的原因很多,产生的时间也先后不一,先张法和后张法两种不同工艺产生的预应力损失也不完全相同。《铁路桥涵混凝土结构设计规范》第7.3.3条规定:当计算预应力钢筋的应力时,应考虑表4.2.2所列的预应力损失,并应考虑预应力钢筋与锚圈口的摩阻力及喇叭口摩阻。

表 4.2.2　预应力损失

序号	原因	预应力损失
1	钢筋与管道之间的摩阻	σ_{L1}
2	锚头变形、钢筋回缩和分块拼装构件的接缝压缩	σ_{L2}
3	台座与钢筋之间的温度差	σ_{L3}
4	混凝土的弹性压缩	σ_{L4}
5	钢筋的应力松弛	σ_{L5}
6	混凝土的收缩徐变	σ_{L6}

上述六项预应力损失是常见的,应力损失的编号大致根据预应力损失出现的先后为序,一般根据应力损失出现的先后与全部完成所需的时间,分先张法、后张法,按预加应力阶段和使用阶段来划分。对于一般预应力结构,可按表4.2.3所列方法进行预应力损失组合。

表 4.2.3　预应力损失组合表

阶段	预加应力方法	
	先张法	后张法
第 I 阶段（预加应力阶段）	$\sigma_L^I = \sigma_{L3} + \sigma_{L4} + 0.5\sigma_{L5}$	$\sigma_L^I = \sigma_{L1} + \sigma_{L2} + \sigma_{L4}$
第 II 阶段（使用阶段）	$\sigma_L^{II} = 0.5\sigma_{L5} + \sigma_{L6}$	$\sigma_L^{II} = \sigma_{L5} + \sigma_{L6}$

注：σ_L^I 指从预应力筋张拉完毕、传力锚固为止所出现的应力损失之和；σ_L^{II} 指传力锚固结束以后出现的应力损失之和。

五、预应力混凝土简支梁桥

预应力混凝土简支梁桥与普通钢筋混凝土简支梁桥在结构布置上并无大的不同。与同等跨径的钢筋混凝土梁相比，预应力混凝土梁的主要不同之处是：截面尺寸减小；高跨比减小；为了满足预应力钢筋的布置和承压要求，梁肋下部通常加宽做成马蹄形；在靠近支点处腹板也要加厚至与马蹄同宽。我国铁路梁桥多采用后张法预应力混凝土简支梁桥，常用跨径为 24 m 和 32 m，对铁路预应力混凝土 T 形梁桥，我国已制订了标准跨径分别为 16 m、20 m、24 m、32 m、40 m 和 48 m 的标准设计图。

道砟桥面后张法 T 形截面梁通常将整孔梁分为两片，在工厂预制完成后，利用铁路平车运至施工现场，用架桥机架设就位，再将两片梁间横隔板联结起来成为整体。分片梁可以减轻梁的安装重量，且只有分片运送才能较好地满足铁路桥隧等建筑界限。采用上翼缘较宽的 T 形截面，方便形成道砟槽铺设线路；上翼缘较宽也增加了受压区混凝土面积，可以充分发挥混凝土抗压性能好的特点；同时，受压区重心较高，也可很好地发挥钢筋效率。从施工角度看，T 形截面表面积小，可减小模板费用；且模板拆装方便，底板截面比箱形截面小，灌注混凝土方便。图 4.2.12 所示为跨度是 12 m 的有砟轨道后张法预应力混凝土简支 T 梁概图。该梁设计活载为中—活载，梁的计算跨径为 12 m，全长 12.5 m，梁高 1.3 m，轨底至梁底建筑高度为 1.95 m，梁顶宽 2.3 m，下缘宽 0.88 m。

单线直线上梁桥面布置图

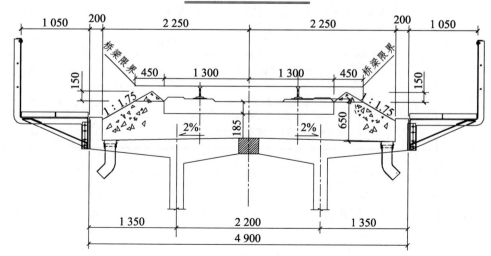

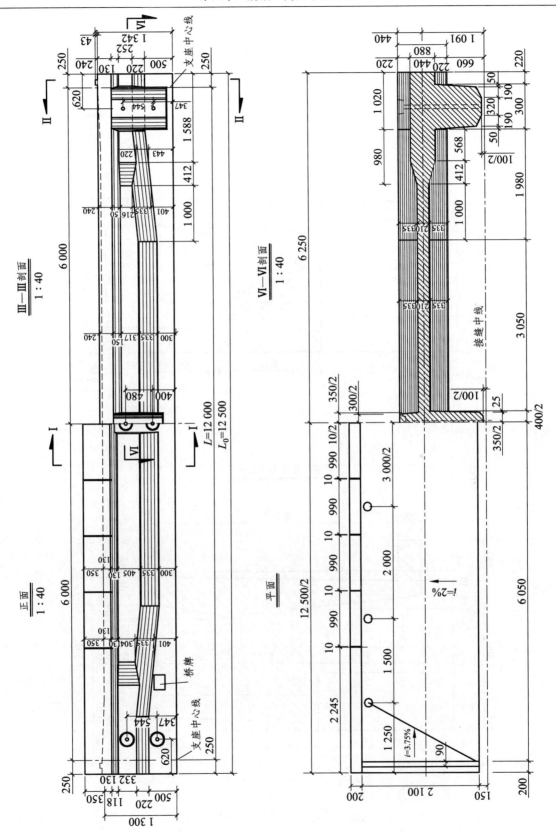

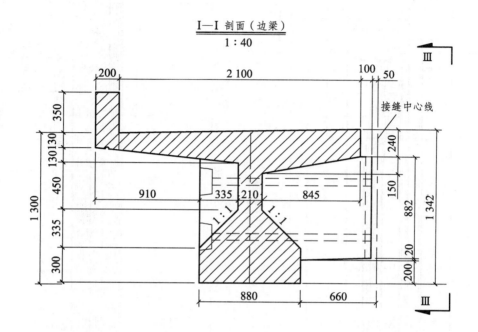

$$\frac{\text{I—I 剖面（边梁）}}{1:40}$$

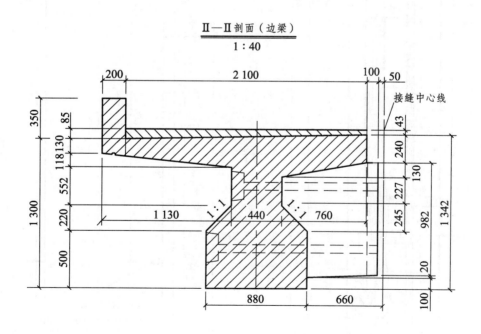

$$\frac{\text{II—II 剖面（边梁）}}{1:40}$$

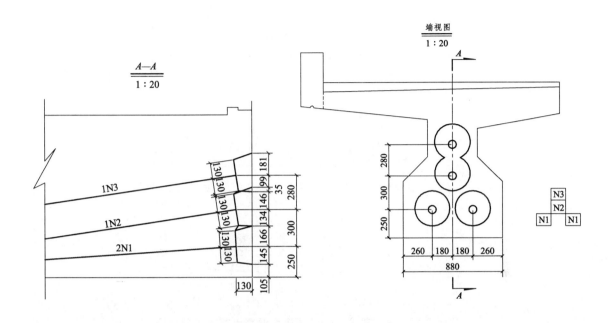

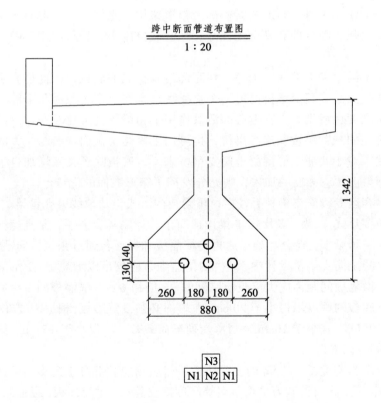

跨中断面管道布置图

1：20

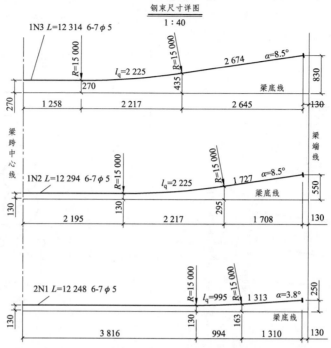

图 4.2.12　有砟轨道后张法预应力混凝土简支 T 梁概图

横截面呈一个或几个封闭箱形的梁桥称为箱形梁桥。整体（孔）混凝土箱梁以其抗扭刚度好、抗冲击能力强、稳定性和安全性良好、静活载挠度小、经久耐用、噪声低等特点得到了广泛应用。

箱形梁桥除了梁肋和上部翼缘板外，在底部尚有扩展的底板，因此提高了承受正、负弯矩足够的混凝土受拉区。箱形梁桥的另一个重要特点是在一定的截面积下能获得较大的抗弯弯矩，而且抗扭刚度也特别大，在偏心的活载作用下箱梁的受力比较均匀。因此，箱梁截面能适用于较大跨径的悬臂梁桥和连续梁桥，也可用来修建全截面均参与受力的预应力混凝土简支梁桥。显然，对于普通钢筋混凝土简支梁桥来说，底板除了突然增加自重外并无其他益处，故不宜采用。而预应力筋的加入，则充分发挥了箱形截面的优势。

我国现阶段客运专线简支梁种类较多，桥梁结构形式包括单线整孔箱梁、双线整孔箱梁、双线组合箱梁和多片式 T 梁。多片式 T 梁构造简单，运输架设方便，是高速铁路混凝土简支梁中广泛采用的一种梁型，在分片架设后再将横隔板和桥面板通过张拉横向预应力连成整体。我国高速铁路混凝土简支梁桥设计中，结构的构造细节应满足以下规定：T 形梁的主梁支点处应设置端横梁，横隔板间距不应大于腹板厚度的 25 倍和 6 m，横隔板的下缘应与梁底平齐。箱形梁的顶板及底板的厚度不得小于 20 cm，在端部必须设置隔板，根据需要在中部设置隔板；混凝土梁的腹板厚度不宜小于 10 cm，当承受列车荷载时，不得小于 15 cm。梁的支点附近应设置防止裂缝的附加钢筋。

图 4.2.13 所示为跨度是 31.5 m 的无砟轨道后张法预应力混凝土简支箱梁概图。该梁设计活载为 ZK 标准活载，截面类型为单箱单室等高度简支箱梁，梁端顶板、腹板局部向内侧加厚，底板分别向内、外侧加厚。梁的计算跨径为 31.5 m，梁长 32.6 m，跨中截面梁体中心线处梁高 2.85 m，支点截面梁体中心线处梁高 3.05 m，横桥向支座中心距为 4.7 m，桥梁宽 12.2 m。

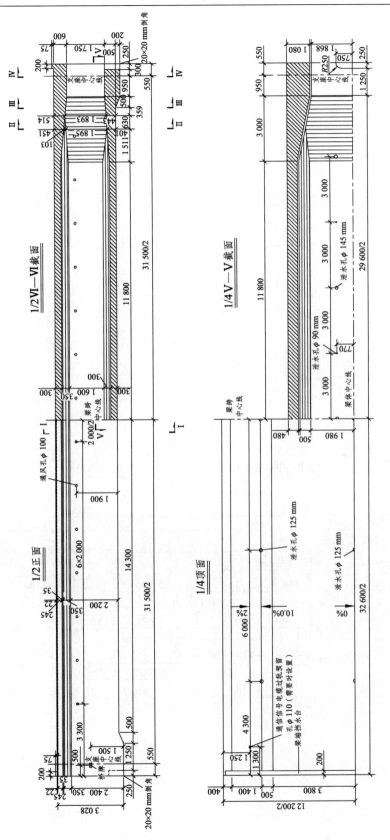

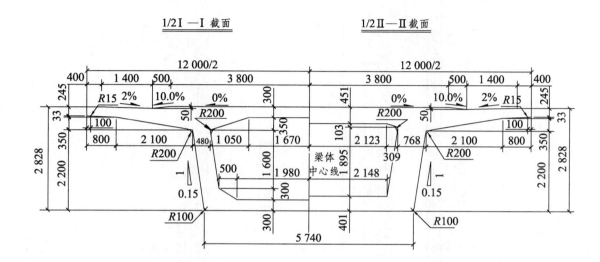

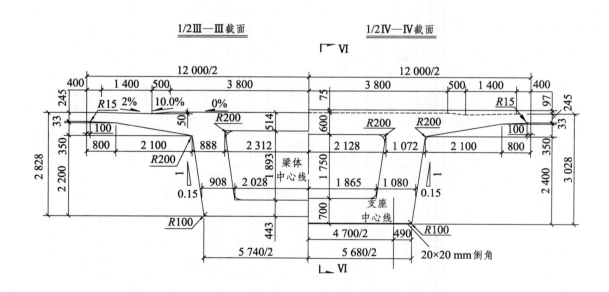

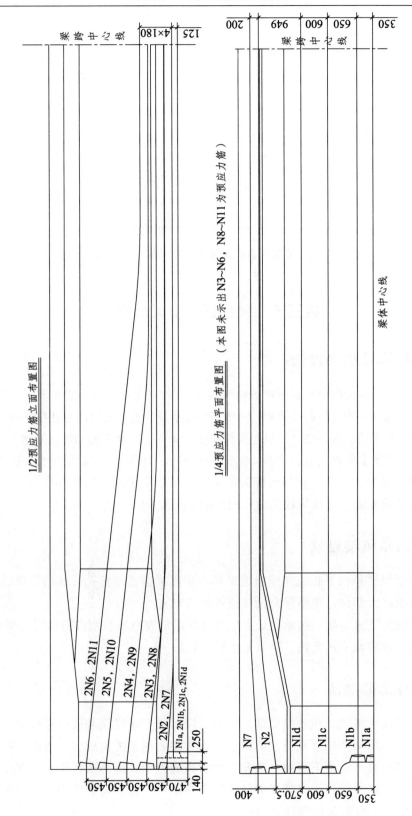

1/2预应力筋立面布置图

1/4预应力筋平面布置图 （本图未示出N3~N6，N8~N11为预应力筋）

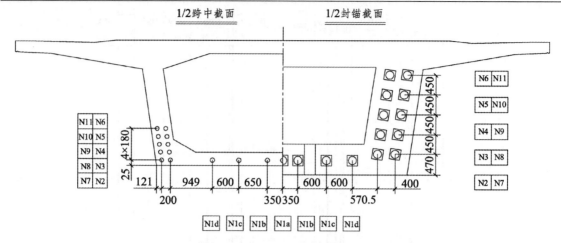

图 4.2.13　无砟轨道后张法预应力混凝土简支箱梁概图

第三节　装配式简支梁桥施工

一、自行式吊机架设法

自行式吊机架梁常用的吊机是履带吊和汽车吊,吊机的吊装能力一般为 50 ~ 200 t。当预制梁质量较小,而吊机又有相当的起吊能力,河床坚实无水或少水,吊机能行驶和停搁时,可用一台吊机架设安装。对跨径不大的梁,吊机起重臂跨径 1 m 以上且起重能力超过梁重 1.5 倍时,吊机可搁放在桥台后路基上架设安装,或搁放在先一孔安装好的桥面上架设安装次一孔的梁。

当预制梁质量较大,而一台吊机能力不足时,可以采用两台吊机各吊住梁的一端,同步提升将梁吊起架设安装。此法应注意两台吊机的相互配合。

二、龙门吊机架设法

龙门吊机架设法是以平板拖车或轨道平车将预制梁运送至桥孔,然后用跨墩龙门吊或墩侧高低腿龙门吊将梁架起,再横移到设计位置落梁安装。

搁置龙门腿的轨道基础应按承受最大压力时能保持安全的原则进行加固处理。

龙门吊机架设法架梁速度快,河滩无水时较经济。

三、架桥机架梁法

架桥机架设法是将梁、板预制完成后,由专用运梁车通过路基或已架桥梁运送至专用架桥机后方,最后利用架桥机逐孔架设的方法。该方法适用于桥跨较多、架梁工程量大的标准跨径桥梁,其特点是不受桥下通航(通车)和墩高的影响。选择架桥机时,首先要考虑架桥机的结构形式、支腿在墩台和已架梁等结构物上的作用位置和荷载大小等,其次应从施工的便利性方面考虑,如首末跨的架设等问题。

中国铁路总公司编写的《铁路架桥机架梁技术规程》（QLCR 9213—2017）对有关架桥机架梁有详细的规定。下面简单介绍几种架桥机的架梁流程及结构。

铁路架桥机架梁施工流程如图 4.3.1。

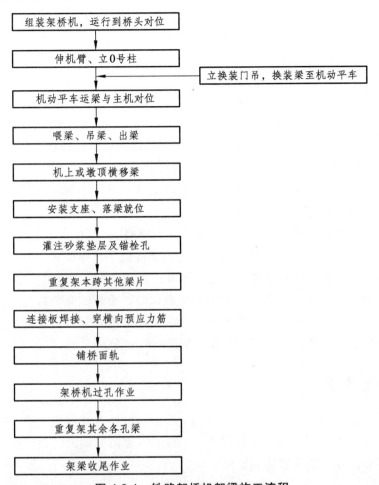

图 4.3.1 铁路架桥机架梁施工流程

导梁过孔式架桥机主要由导梁、主梁、悬臂梁、辅助支腿、前支腿、后支腿、辅助小车、起重小车、卷扬起升机构、液压系统、电气系统、运梁车等组成。

导梁过孔式架桥机架设首孔梁作业程序为：

（1）运梁车运输架桥机及导梁到桥头，架桥机前支腿支撑到台后路基设计位置，导梁前支腿支撑在桥台垫石旁边。

（2）支撑好架桥机后支腿、两侧临时支腿后，运梁车上的升降架下降，运梁车退出。

（3）运梁车运输后支腿横梁到架桥机下，用后起重小车安装后支腿下横梁，拆除后支腿、两侧临时支腿。

（4）架桥机前移，前起重小车后退到后起重小车附近，架桥机辅助支腿支撑在导梁上，后支腿支撑在台后路基铺设的轨道上，架桥机前支腿脱离，开架桥机后支腿处电机，架桥机向前走行一孔，前支腿支撑在桥台支座旁，固定锁紧后支腿螺杆。

（5）导梁前移，前起重小车吊起导梁尾部，辅助支腿收起，吊起导梁中部，前起重小车和辅助支腿挂轮一起驱动，使导梁行走至导梁重心距辅助支腿后部 1 m 处，辅助小车吊起梁中前部，辅助小车、辅助支腿、前起重小车配合吊着导梁继续走行，使导梁过孔到位。

（6）前起重小车后退到后起重小车附近。

（7）重复第（4）作业，架桥机移动至首孔位置。

（8）重复第（5）作业，导梁移动至第二孔位置。

（9）辅助小车、两台起重小车恢复到架梁位置，架桥机进入架梁状态。

（10）运梁车进入架桥机尾部。

（11）前起重小车吊起梁前端，与拖梁小车一起吊拖箱梁至后起重小车吊梁位置。

（12）后起重小车走行至后端吊梁位置，吊起箱梁后端。

（13）两台起重小车同步走行至落梁位置，同时运梁车退出至梁场装梁；两台起重小车同步落梁就位。架桥机过孔进入下一循环。

导梁过孔式架桥机架设中间孔梁、末孔梁作业程序略。

架桥机还有公铁两用架桥机、两跨悬臂过孔式架桥机、有导梁式运架一体机架梁机、无导梁式运架一体机架梁机、两跨步履式架桥机等等，此处不一一赘述。

注意：架梁前，应对架梁设备进行空载和重载试验。重载试验荷载为本段工程架设的最大荷载。重载试验后，应对架桥机各种螺栓进行复拧，并检查起升、走行及制动系统。架桥机检查合格后方可进行架梁作业，目的是保证架梁时的安全。

四、浮吊架设法

在海上和深水大河上修建桥梁时，可采用可以回转的伸臂式浮吊架梁。这种架梁方法，需要大型浮吊，高空作业少，施工比较安全，工效高。浮吊架梁时需在岸边设置临时码头运送预制梁。架梁时，浮吊船需要锚固定位。

第四节　支架法现浇简支梁桥施工

支架法施工就是在支架上就地建造混凝土梁桥，是在桥孔位置处安装支架、立模后就地施工钢筋混凝土的工艺，是一种最原始、最常用的施工方法。该法适应性强、受力均匀、施工工艺简单、方法成熟、拆卸方便。支架法适用于支架不高、地基承载力较好、规模较小、桥梁断面宽度逐渐改变、平面曲率较大以及纵坡较大的桥梁，例如立交桥匝道。

一、支架法的施工特点

（1）优点：

① 适用于变宽度桥、斜桥、弯桥等复杂桥梁。

② 由于支架已经大量使用钢制标准杆件，所以装配式钢模也已经被成批使用于施工中。

③ 不存在体系转换问题，不产生恒载徐变二次弯矩。

④ 桥梁的整体性好。

⑤ 施工简便可靠，不需要大型起重机设备。

⑥ 可以在桥梁中采用强大的预应力系统，使结构构造简化。

（2）缺点：

① 支架与模板的施工费用昂贵，需要耗用大量木材。

② 施工工期长。

③ 影响通航与排洪。

二、支架类型

在施工过程中，支架承受了大部分恒重，因此必须具有足够的强度、刚度。对河道中的支架应充分考虑洪水和漂物造成的不利影响，同时在安装时要设置预拱度，使得结构的外形尺寸和标高符合设计要求。

按照构造的不同，支架可分为以下三种形式。

1. 立柱式支架

立柱式支架（图 4.4.1）构造简单，可用于陆地和不同航河道以及桥墩不高的小跨径桥梁施工。支架通常由排架和纵梁等构件组成。排架由枕木或桩、立柱和盖梁组成。一般需在纵梁下布置卸落设备。

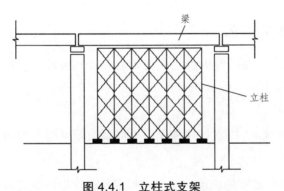

图 4.4.1　立柱式支架

立柱式支架地基必须夯实，若原地基地质状况较差，如为淤泥，则用挖掘机挖出一定深度的淤泥，换填砂砾、石料；若原地基地质状况较好，则应首先将原有地基整平压实后，再在其上分层填筑一定厚度的土或砂砾，进行碾压密实，确保压实度，并设置横向单坡，便于及时排除雨水。

2. 梁式支架

梁式支架（图 4.4.2）根据跨径不同，梁可以采用工字钢、钢板梁或钢桁梁。一般工字钢用于跨径小于 10 m 的情况，钢板梁用于跨径小于 20 m 的情况，钢桁梁用于跨径大于 20 m 的情况。梁可以支承在墩旁支柱上，也可支承在桥墩预留的托架上或支承在桥墩处的横梁上。

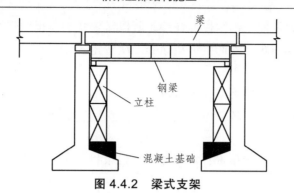

图 4.4.2　梁式支架

3. 梁柱式支架

当桥梁较高、跨径较大或必须在支架下设孔通航或排洪时可采用梁柱式支架（图 4.4.3）。梁支架架设在桥墩台以及临时支柱或临时墩上，形成多跨的梁柱式支架。

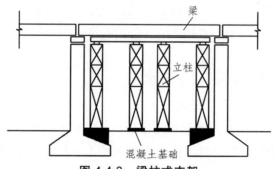

图 4.4.3　梁柱式支架

三、支架法的施工工艺

先将支架架设完成后，再将模板组立在支架上，待整跨桥梁浇筑完成后将支撑架及模板拆除，并移至下一跨架设。

1. 施工工序

下列施工工序（图 4.4.4）以支架现浇预应力混凝土箱梁施工为例。

2. 施工注意事项

① 模板、支架必须有足够的强度、刚度和稳定性；支架搭设完成后按要求进行预压，以消除非弹性变形，测量弹性变形，检验支架的安全性，并通过预压确定梁体施工时的预拱度设置值。

② 在河道中施工的支架，要充分考虑洪水和漂流物以及通过船只（队）对其的影响，要有足够的安全措施。

③ 支架立柱必须安装在有足够承载力的地基上，保证浇筑混凝土后不发生超容许的沉降量。

④ 构造物的模板支架不应与施工用的脚手架和便桥相连接；模板的接缝必须密合；模板、支架应尽量做成装配式组件或块件。

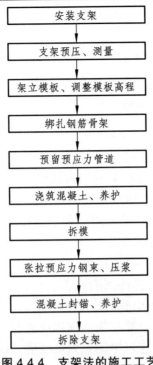

图 4.4.4　支架法的施工工艺

⑤ 钢筋一般采用桥位处现场绑扎方式或后场预扎成型，现场整体吊装、安装方式。钢筋绑扎时，关键是要确保混凝土保护层厚度满足要求，保证预应力的位置，必要时调整普通钢筋位置。

⑥ 混凝土常用的浇筑顺序（图 4.4.5）有两种：一种是水平分层法，可分为两层或多层，即先浇筑底板，待达到一定强度后再进行腹板、顶板浇筑。另一种是纵向分段法，即全断面整体浇筑，根据混凝土的供应能力沿纵向分段浇筑。不管采用哪种浇筑顺序，均宜采用斜面推进法浇筑，其浇筑速度要确保下层混凝土初凝前覆盖上层混凝土，避免出现浇筑冷缝。另外，梁体浇筑时还应遵循对称布料的原则。

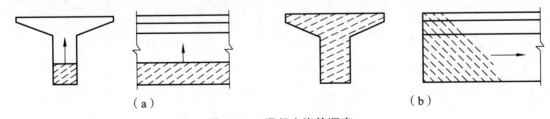

（a）　　　　　　　　　　　　　　　　　　　（b）

图 4.4.5　混凝土浇筑顺序

梁较高时应采用相应的厚度分层浇筑。厚度视振捣器的能力而定，一般选用 15 ~ 30 cm；当采用人工振捣时，可选取 15 ~ 20 cm。对于又高又长的梁体，混凝土的供应量跟不上水平分层浇筑的进度时，可采用斜层浇筑，一般从梁的一端浇向另一端。采用斜层浇筑时，混凝土的倾斜角与混凝土的稠度有关，一般可用 20° ~ 25°。

⑦ 预应力安装时要保证预应力位置正确及安装质量。预应力张拉前要对千斤顶、压力表、

油泵进行校验。预应力张拉按照张拉程序和顺序进行。预应力张拉宜采用双控方式，以应力控制为主，伸长值校核为辅。

⑧ 落架是支架现浇法施工的重要环节。落架顺序宜按照梁体的变形由"从大到小"的原则进行。落架时宜分级循环进行，严格控制单次卸落量，且对称、均匀、有序地进行，避免因操作不当而造成卸落困难或对梁体的损害。

3. 预拱度的设置

在支架上浇筑梁式上部结构时，在施工时和卸架后，上部构造要发生一定的下沉和产生一定的挠度。因此，为使上部构造在卸架后能满意地获得设计规定的外形，必须在施工时设置一定数值的预拱度。在确定预拱度时应考虑下列因素：

① 卸架后上部构造本身及活载一半所产生的竖向挠度 δ_1。

② 支架在荷载作用下的弹性压缩 δ_2。

③ 支架在荷载作用下的非弹性变形 δ_3。

④ 支架基底在荷载作用下的非弹性沉陷 δ_4。

⑤ 由混凝土收缩及温度变化而引起的挠度 δ_5。

根据梁的挠度和支架的变形所计算出来的预拱度之和，为预拱度的最高值，应设置在梁的跨中部位。其他各点的预拱度，应以中间点为最高值，以梁的两端为零，按直线或二次抛物线比例进行分配。

思考题

1. 简述简支梁受力特点。

2. 在支架上浇筑梁式桥时，怎样设置支架预拱度？

3. 在支架上浇筑梁式桥时，预防支架不均匀沉陷引起梁体裂缝应注意的主要问题有哪些？

第五章　预应力混凝土连续梁桥施工

预应力混凝土桥梁的发展在第二次世界大战以前尚处在萌芽阶段，第二次世界大战过后，联邦德国、法国等西欧国家因遭受战争破坏，大量桥梁亟待修复，而当时战后钢材奇缺，客观上为预应力混凝土桥的发展提供了非常有利的环境。而在非洲、拉丁美洲一些第三世界国家为避免从国外进口昂贵的钢材，也常优先考虑预应力混凝土桥梁方案。

改革开放以来，我国交通基础设施建设以前所未有的建设规模和建设速度在全国展开，预应力混凝土连续梁及刚构桥由于具有整体性能好、结构刚度大、变形小、抗震性能好、后期运营维护成本低等特点，在公路、城市交通、铁路桥梁工程中得到了广泛应用。大跨度预应力混凝土连续梁式桥主要包括三种结构类型：T形刚构桥、连续梁桥以及连续刚构桥。我国自 20 世纪 60 年代中期开始修建预应力混凝土梁桥，至今已有 50 多年的历史，虽然比欧洲起步晚，但自 20 世纪 80 年代后，随着计算机技术的发展，我国在预应力混凝土桥梁的设计、结构分析、试验研究、预应力材料与工艺设备、施工工艺等方面可谓日新月异，桥梁的设计技术与施工技术已达到了相当高的水平，从结构受力多经济指标综合考虑，预应力混凝土连续梁桥跨度的适用范围一般在 150 m 以内，连续刚构桥在 300 m 以内。

连续梁桥作为预应力混凝土桥梁的一种结构体系，因具有变形小、结构刚度好、行车平顺舒适、伸缩缝少、养护简易、抗震能力强等优点而得到广泛的应用。在 20 世纪初，预应力混凝土连续梁桥虽是常被采用的一种体系，但跨径都在百米以下。当时主要采用满堂支架施工，费工费时，限制了它的发展。直到 20 世纪 50 年代后，悬臂施工法在预应力混凝土桥梁中的应用加速了它的发展步伐。现如今，无论是城市桥梁、高架道路、山谷高架栈桥，还是跨越宽阔河流的大桥，预应力混凝土连续梁桥都发挥了它的优势，往往取代其他体系而成为中选的优胜方案。

第一节　预应力混凝土连续梁桥基本构造

连续梁桥是指各跨上部结构连续的梁桥。连续梁桥与简支梁桥支承不同，如图 5.1.1 所示。连续梁由若干梁跨组成一联（通常为 3~8 跨），每联两端留出伸缩缝并设置伸缩装置，整座桥梁可由一联或多联组成。常见的连续梁桥每联由 4~8 跨梁组成，如果跨数增加将使桥梁的计算与施工难度加大，温度变化及混凝土收缩、徐变所需伸缩缝的宽度就大，但增加每联的跨数对梁的受力和行车是有利的，能使行车平稳、减少噪声和便于养护。当然，对于一联应选用几跨为宜，需依据桥梁的具体情况确定。连续梁桥用在小、中、大各类跨度中，跨度覆盖范围很大，是除简支梁外应用最广泛的一类桥梁。

由于预应力结构可以有效地避免混凝土开裂，能充分发挥高强材料的特性，促使结构轻型化，预应力混凝土连续梁桥具有比钢筋混凝土连续梁桥较大的跨越能力，加之它具有变形和缓、伸缩缝少、刚度大、行车平稳、超载能力大、养护简便等优点,所以在近代桥梁建筑中已得到越来越多的应用。

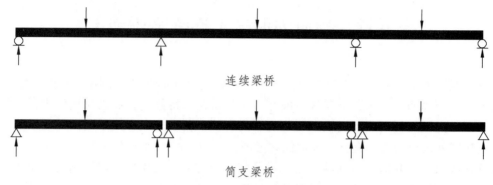

连续梁桥

简支梁桥

图 5.1.1　梁桥示意图

一、连续梁桥类型

预应力混凝土连续梁桥按照桥梁跨径相互关系来分,有等跨连续梁和不等跨连续梁。连续梁跨径的布置一般采用不等跨的形式,如果采用等跨布置,边跨内力将控制全桥设计,不经济。此外,边跨过长,削弱了边跨刚度,只能增加预应力筋数量以抵抗中跨跨中的巨大弯矩,故一般边跨长度取中跨的 0.5 ~ 0.8 倍。

预应力混凝土连续梁桥根据梁高可分为等高(等截面)连续梁和变截面连续梁,如图 5.1.2 和图 5.1.3。

图 5.1.2　等高连续梁

图 5.1.3　变截面连续梁

1. 等截面连续梁桥

等高连续梁"等高"主要指梁高保持不变,大部分梁段采用相同截面。等高连续梁适用于中等跨度的、一联较长的桥梁。连续梁桥采用等截面布置,构造简单,预制定型,施工方便,随着施工方法的发展愈来愈受到重视。中等跨径的连续梁桥,若采用预制装配施工和支架施工,为便于预制安装和模板周转使用,宜选用等截面布置;若采用顶推法施工,为便于顶推和滑移设备运作,一般均采用等截面梁。对于长大桥梁,选用中等跨径(40 ~ 60 m),采用逐跨施工和移动模架法施工,按等截面布置最为有利,可以使用少量施工设备完成全桥的施工。

等截面连续梁可选用等跨和不等跨布置。等跨布置的跨径大小主要取决于经济分孔和施工的设备条件。当标准跨径不能满足通航或桥下交通要求而需要对个别跨加大跨径时，常不改变梁高，而用增加钢束数量和调整截面尺寸的方式解决，使桥梁外观仍然保持等截面布置。这样做：一方面使桥梁的立面协调一致，另一方面也减少了构件及模板的规格。国外常从桥梁美观和施工简便要求出发，设计大跨径等截面的连续梁。

2. 变截面连续梁桥

大跨度预应力混凝土连续梁桥以采用变截面布置为主。因为大跨径桥梁在外荷载和自重作用下，支点截面将出现较大的负弯矩，从绝对值来看，支点截面的负弯矩大于跨中截面的正弯矩，因此，采用变截面梁能符合梁的内力分布规律。同时，大跨度连续梁桥宜选用悬臂法施工，而变截面梁又与施工的内力状态相吻合。为减小边跨跨中正弯矩，宜选用不等跨布置，这样安排也便于悬臂对称施工。变截面梁（图 5.1.4）的截面变化规律可采用圆弧线、二次抛物线、直线等，最常用的是二次抛物线，因为二次抛物线的变化规律与连续梁的弯矩变化规律基本相近。预应力混凝土连续梁桥除了在梁高上选用变截面外，对箱形截面也可将截面的底板、顶板和腹板做成变厚度，以满足梁内各截面的不同受力要求。

图 5.1.4　变截面箱形截面连续梁内部示意图

二、受力特点

连续梁桥在结构重力和车辆荷载等恒载、活载作用下，主梁受弯，跨中截面承受正弯矩，中间支点截面承受负荷载，通常支点截面负弯矩比跨中截面正弯矩大。由力学的基本知识可知，连续梁的内力分布要比同等跨度的多跨简支梁均匀、合理。这是由于连续梁中支点负弯矩的存在，使得跨中正弯矩值显著减小。从图 5.1.5 也可看出，在跨径 l 和恒载集度 q 相同的情况下，连续梁内力的分布要比同跨度的简支梁更为合理。

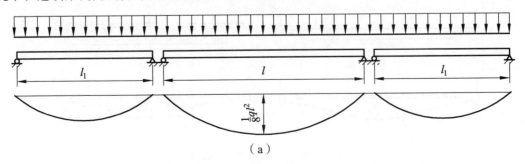

（a）

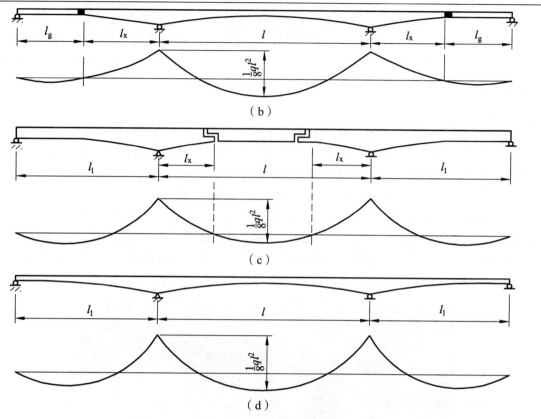

图 5.1.5　同跨度连续梁与简支梁的弯矩比较图

三、截面类型

预应力混凝土连续梁桥可选用的横截面形式较多，一般应依据桥梁的跨度、宽度、梁高、支承体系、施工方法等确定。合理地选择主梁的截面形式对减轻桥梁的重量、节约材料、简化施工和改善截面的受力性能都具有十分重要的意义。通常，预应力混凝土连续梁桥的截面类型有板式截面、肋式截面和箱形截面。

1. 板式截面

板式截面构造简单、施工方便，图 5.1.6 为常用板式截面形式。实体截面用于小跨度的梁桥，空心板截面常用于 20 ~ 30 m 的连续梁桥。板式截面多采用混凝土现浇施工方法，但在铁路桥中使用较少。

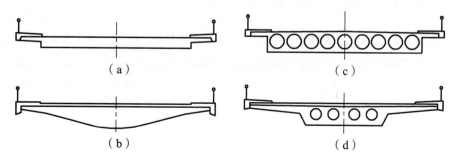

图 5.1.6　常用板式截面形式

2. 肋式截面

图 5.1.7 为常用肋式截面形式。在悬臂梁或连续梁结构中，常常采用双 T 形主梁截面布置形式，这种形式的梁肋宽度较大，在承受负弯矩区段上，肋宽及底板还可以加大。T 形梁的翼缘板构成桥梁的行车道，又是主梁的受压翼缘，在预应力混凝土梁中，受拉翼缘部分做成加宽的马蹄形（图 5.1.8），以满足承受压应力和布置预应力钢筋的需要。图 5.1.9 是铁路桥常用的 T 形截面布置。

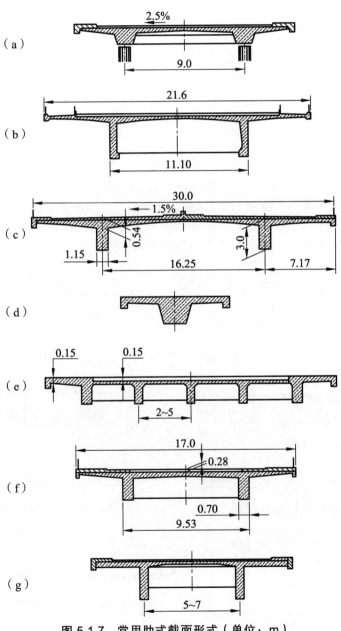

图 5.1.7　常用肋式截面形式（单位：m）

图 5.1.8　梁肋马蹄示意图

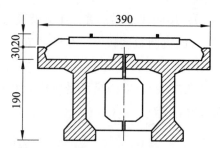

5.1.9　铁路肋梁布置图（单位：m）

　　肋式截面预制方便，常采用预制架设先简支后连续的施工方法。即先预制架设施工，在梁段安装完成之后，经体系转换形成连续梁。肋式截面的连续梁桥常用跨度在 25 ~ 60 m，梁高一般取 1.6 ~ 2.5 m。如我国的滦河桥，分跨为 6 × (4 × 40)m，横断面为 T 形截面，桥宽 9 m，梁高采用 2.3 m，施工方法为先简支后连续的施工方法。

3. 箱形截面

　　箱形截面抗扭刚度大，整体性好，有良好的静力和动力稳定性，特别适合弯桥和悬臂法施工的桥梁；其顶板和底板都具有较大的面积，能有效抵抗正负弯矩，满足配筋要求。目前，已建成的大跨径预应力混凝土桥中，跨径超过 60 m 后，其横断面大多为箱形截面。

　　箱形截面形式与桥面宽度、墩台构造形式及施工要求有关，常见的箱形截面形式有单箱单室、双箱单室、单箱多室、多箱多室等，如图 5.1.10 所示。

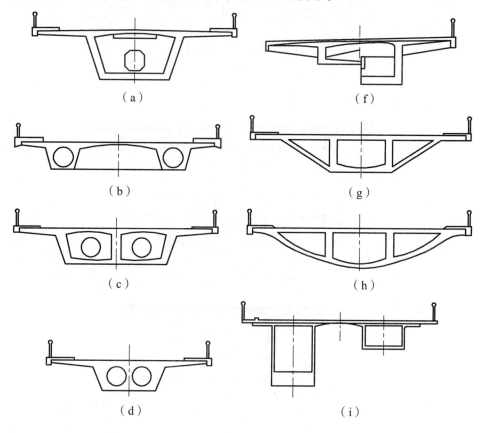

(a)

(f)

(b)

(g)

(c)

(h)

(d)

(i)

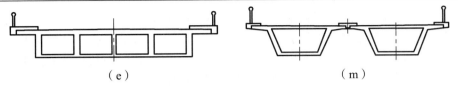

图 5.1.10 箱形截面的形式

单箱单室截面受力明确,施工方便,能节省材料用量,但常用于桥宽在 16 m 左右的桥梁 [图 5.1.10(a)];如桥面宽度较大(如 20~30 m),仍采用单箱单室截面,则需要在截面构造上采取一定的措施,如在悬臂上设置加劲横梁,并在横梁上施加横向预应力,以增大悬臂板的抗弯刚度[图 5.1.10(f)];有些单箱单室则采用斜撑或斜板以加强单箱单室截面[图 5.1.10(g)];也有不采用加强悬臂板,但在桥面板内设置横向预应力筋的。单箱单室截面的梁高可在 1.5~5.0 m 内变化。

双箱单室截面适用于桥宽在 20 m 左右的桥,梁高常取 1~2 m[图 5.1.10(b)]。单箱双室截面适用于桥宽在 25 m 左右的桥,梁高 1.5~5.0 m[图 5.1.10(c)]。

必须指出,箱形截面中双室式腹板总厚度较单室大,主拉应力和剪应力相对较小,预应力筋布筋容易,但双室式截面施工困难,腹板自重弯矩占恒载弯矩比例较大,影响了双室式截面的应用。重庆长江大桥在进行初步设计时,曾对双箱单室截面和双箱双室截面做过经济比较,结果前者要比后者减轻重量 13% 左右。

桥宽较大时可采用单箱多室[图 5.1.10(e)],也可采用分离式箱梁[图 5.1.10(m)]。单箱多室箱形截面施工不便,而分离式箱形截面施工、构造都较简单,两个箱梁分别支承在一排独立的桥墩上,悬臂施工时可分箱进行,施工较单箱多室方便。再者,这种分离的箱形截面荷载分布系统较小,单室箱梁不设加劲横梁,桥宽可做到 40 m 左右,所以比较经济。目前已知采用分离式箱形截面最宽的桥梁为瑞士的莱茵河桥,桥宽为 2×47.7 m。

四、横隔梁布置

采用 T 形截面的连续梁桥,因其抗扭刚度较小,为增加桥梁的整体性和使荷载有良好的横向分布,宜设置中横隔梁和端横隔梁。中横隔梁的数目及位置由主梁的构造和桥梁的跨径确定。常用的横隔梁梁肋宽度为 12~20 cm,预制时做成上宽下窄和内宽外窄的楔形,以便脱模。横隔梁的高度可取为主梁高度的 3/4 左右,在支点处可与主梁同高,以利于梁体在运输和安装中的稳定性。

箱形截面梁的抗弯及抗扭刚度大,除了在支点处设置横隔梁以满足支座布置及承受支座反力需要外,可设置少量中横隔梁。对于单箱室截面,目前的趋势为不设中横隔梁。对于多箱截面,为加强桥面板和各箱间的联系,可在箱间设置数道横隔梁。

五、预应力钢束布置

应力结构通过高强钢筋提高结构跨越能力,连续梁预应力钢束可以说是连续梁桥结构的"生命线"。连续梁桥的预应力钢筋的分类,大致有以下几种,按力筋布置的走向,分为纵向力筋、横向力筋和竖向力筋,大跨度混凝土连续梁桥通常按此三向预应力设计。沿桥跨方向布置的纵向力筋也称为主筋，其数量和布筋位置要根据结构的受力状态确定。力筋按其空间位置，分为顶板筋、底板筋、腹板筋、平面筋、空间筋等；按其形状，分为直筋、弯筋；按其受力特性，分为正弯矩筋、负弯矩筋、抗剪筋等；按其使用时间长短，分为永久性筋和临时筋（为满足结构施工阶段的受力要求而临时布置的力筋，在梁体内要预留其孔洞位置，桥梁完工后拆除）；按其布置在混凝土体内和体外，分为体内筋和体外筋；按其与混凝土是否存在黏结，分为黏结筋和无黏结筋，绝大部分体内筋为有黏结筋，体外筋为无黏结筋。

　　对于大跨度混凝土宽箱梁结构，一般采用三向预应力。预应力束分为纵向预应力、顶板横向预应力和腹板竖向预应力。纵向预应力筋根据布置位置的不同可分为：顶板预应力束、腹板预应力束、底板预应力束。横向预应力束根据箱梁横向框架的力学图式，布置于顶板中起到横向抗弯矩作用；腹板竖向预应力束起到抗剪和抗弯作用。

　　连续梁在均布荷载作用下的弯矩图如图 5.1.11 所示。

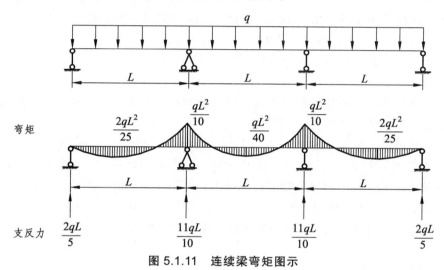

图 5.1.11　连续梁弯矩图示

1. 纵向预应力钢束布置

（1）连续配筋。

　　对采用支架施工的小跨度等高连续梁桥，其纵向力筋可按照结构各部位的受力要求进行连续配筋（图 5.1.12）。通常，力筋的重心线为二次抛物线组合而成的轨迹，力筋在支点附近分别由负弯矩区转向正弯矩区。

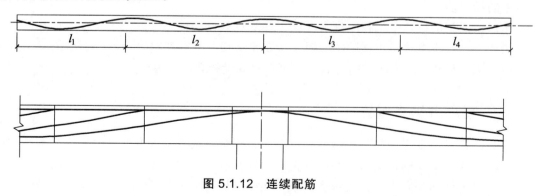

图 5.1.12　连续配筋

（2）分段配筋。

大跨度变截面连续梁桥通常采用悬臂施工方法。施工从墩顶开始，向左右两方向分成若干节段对称进行（图5.1.13）。为了能支承梁体重力和施工荷载，需在每节段就位后对梁体施加预应力（负弯矩筋）；在一跨合龙后（称为体系转换），再张拉正弯矩筋和其他力筋。

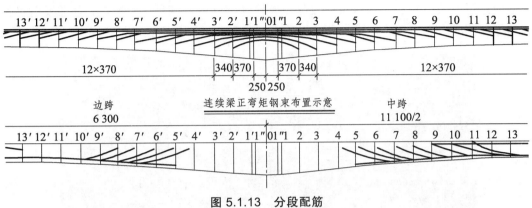

图5.1.13　分段配筋

（3）逐段加长力筋。

由于力筋供料长度、施工方法和结构受力等方面的原因，有时需要采用连接器对接或逐段加长主筋（图5.1.14）。对逐孔施工的连续梁桥，其纵向主筋往往采用逐段接长力筋。接头的位置通常设置在离支点约1/5跨度附近弯矩较小的部位。

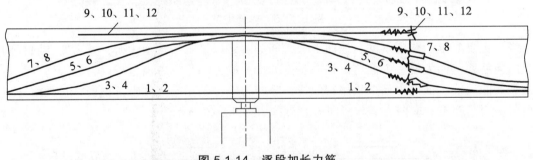

图5.1.14　逐段加长力筋

一般，力筋在截面上应横向对称布置，尽量靠近顶、底板外缘。支点和跨中截面处力筋数量较多，可分层布置。为满足截面的抗剪要求和锚固方便，有些力筋需要下弯或上弯，并锚固于腹板或顶板。对锚固于顶、底板的力筋，有时需通过锯齿块引出。较简洁的布筋方法是只采用顶板和底板直筋，以简化设计和施工。

（4）体外布筋。

体外布筋（图5.1.15）指把力筋布置在主梁截面以外的箱内，配以横隔板、转向块等构造，对梁体施加预应力。与常规的体内布筋相比，体外布筋无须预留孔道，减少了孔道压浆等工序，提高了混凝土浇筑质量，施工方便迅速；减小了截面尺寸，这减轻了结构重力并增加了跨越能力；钢束便于更换，钢束线形容易调整，减小了预应力损失。但其对力筋防护和结构构造等的要求较高，抗腐蚀、耐疲劳性能有待提高，国外从20世纪20年代开始尝试体外预应力，在桥梁工程中应用较多（如美国的长礁桥和科威特的巴比延桥）。近年来，我国在既有桥梁加固和新桥设计方面逐步应用体外筋，如苏通大桥辅航道桥（主跨 268 m 的连续刚构）。

2. 横向和竖向预应力钢束布置

箱梁顶板在横桥方向作为支撑在腹板上的多跨连续桥面板参加工作。在箱梁结构中，若两腹板间距过大或悬臂板外挑过长，仅靠布置普通钢筋难以满足受力要求，就需要对箱梁顶板施加横向预应力。横向力筋可加强结构的横向联系，增加悬臂板的抗弯能力。

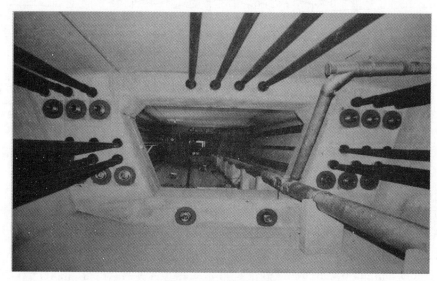

图 5.1.15　体外配筋

当腹板混凝土、普通钢筋、纵向下弯力筋等不足以抵抗荷载剪力时，就需要在腹板内布置竖向力筋。竖向力筋一方面可以提高截面的抗剪能力，另一方面也可以与悬臂施工配合，作为挂篮的后锚。横向力筋多采用钢绞线，竖向力筋多采用高强度螺纹钢筋，在预留孔道内按后张法工艺施工。横向力筋和竖向力筋布置如图 5.1.16 所示。

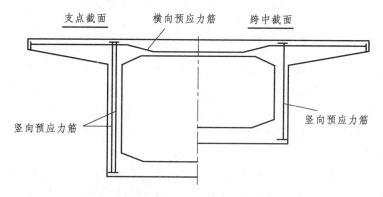

图 5.1.16　横向与竖向力筋布置

某大桥主桥采用（40+70+40）m 三跨预应力混凝土变截面单箱单室连续箱梁（图 5.1.17~图 5.1.23，见书末附图），由上、下行分离的两个单箱单室箱形截面组成。单个箱体顶板宽 13.25 m，厚 0.28 m，设 2%的横坡；底板宽 6.75 m，厚度由 0.3 m 从跨中至距主墩中心 3.75 m

范围按二次抛物线变化成 0.8 m，横桥向底板保持水平；箱梁根部梁高 3.8 m，跨中梁高 1.8 m，箱梁梁高从距跨中 1.0 m 至距主墩中心 3.75 m 处按二次抛物线变化；腹板厚度 1~5 号块为 0.70 m，7~9 号块为 0.50 m，在 6 号块件范围内由 0.70 m 按直线变化到 0.50 m；翼缘板悬臂长为 3.25 m，端部厚 0.18 m，根部厚 0.70 m。除在主墩墩顶设置一道厚 2.5 m 的横隔板，在边跨端部设厚 1.5 m 的横梁外，其余部位均不设横隔板。

纵向预应力钢束设置了顶板束（T）、边跨底板束（B）、中跨底板束（Z）及边跨合龙束（BT）四种，纵向预应力分别采用 $16\phi^s15.2$ 和 $19\phi^s15.2$，张拉控制应力 1395 MPa。

横向预应力钢束采用 BM15-3 扁锚体系，采用单端张拉，张拉控制应力 1395 MPa，单束控制张拉力为 581.7 kN。

箱梁竖向预应力、主墩临时固接及 0 号块横隔板横向预应力采用 JL32 精轧螺纹钢筋。

第二节　预应力混凝土连续梁桥的施工

20 世纪初，小跨度的钢筋混凝土连续梁桥开始被建造；30—40 年代，预应力混凝土的材料及工艺得到发展，逐步应用于桥梁工程；至 50 年代，预应力混凝土连续梁桥出现；到 70 年代，预应力混凝土连续刚构桥出现。近几十年来，伴随着施工技术的进步，预应力混凝土连续梁桥表现出强大的生命力，发展迅猛。

由于连续梁桥的主梁长度和重量大，一般很难像简支梁那样能将整根梁一次架设。连续梁桥的施工可采用分段预制，再浇筑接头的方法，但受力截面的主钢筋都被截断，接头工作复杂，强度也不易保证。目前，连续梁桥的施工主要还是采用悬臂浇筑法、悬臂拼装法、顶推法、移动模架法及支架法施工方法，每一种施工方法都各具特点，需要结合具体情况做出适当选择。

预应力混凝土悬臂体系梁桥的施工通常采用悬臂施工法。采用该法施工时，不需要在河中搭设支架，而直接从已建墩台顶部逐段向跨径方向延伸施工，每延伸一段就施加预应力使其与已成部分联结成整体。悬臂施工法不受桥高、河深等影响，适应性强，目前不仅用于悬臂体系桥梁的施工，而且还广泛应用于大跨径预应力混凝土连续梁桥、混凝土斜拉桥以及钢筋混凝土拱桥的施工。

一、支架法现浇预应力混凝土连续梁桥

预应力混凝土连续梁桥同样可以采用支架法现浇施工。我国第一座预应力混凝土（双线）铁路连续梁桥——通惠河桥，主梁为箱形截面，变高度，跨径为（26.7 + 40.7 + 26.7）m，于 1975 年建成，该桥就采用了支架法现浇箱梁。

预应力混凝土连续梁采用支架施工，和用支架法施工混凝土简支梁的主要工序相似，只是前者还需要在连续梁桥的一联各跨中设支架，按照一定的施工程序完成各联桥的施工，包括混凝土的浇筑、养护、拆模等工序。在一联桥施工完成后，卸落支架，将其拆除进行周转使用。落架的时机与施工程序和预应力钢筋的张拉工序有关，应综合考虑。原则上，在张拉后恒载能由梁体本身承受时，可以落架。支架法施工工序如图 5.2.1。

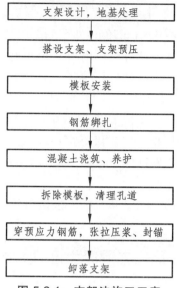

图 5.2.1 支架法施工工序

　　小跨径预应力混凝土连续梁桥，一般采用从一端向另一端分层、分段的施工程序，先梁身后支点依次进行。施工时，板分两层浇筑，并在墩顶部分预留合龙段。当两跨的混凝土浇筑完成后，再浇筑中间墩顶合龙段。见图 5.2.2。

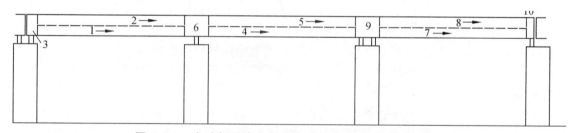

图 5.2.2 小跨径预应力混凝土连续梁桥混凝土浇筑顺序

　　大跨径预应力混凝土连续梁桥常采用箱形截面，施工时要分段进行。一种方法是水平分层施工，即先浇筑底板，待达到一定强度后进行腹板施工，最后浇筑顶板。当工程量较大时，各部位也可以分多次完成浇筑。另一种方法是分段施工法，根据施工能力，每隔 20～40 m 设置连接缝，该连接缝一般设在弯矩较小的区域，连接缝宽 1 m，待各段混凝土浇筑完成后，最后在接缝处施工合龙。对于支架现浇，要重点注意的是：一定要对称加载，即纵向、横向都需对称，这样对支架的均匀压缩变形有好处，也防止支架由于加载不均而失稳。

二、移动模架法施工

　　移动模架法的原理是在可移动的支架、模板上完成一孔桥梁的全部工序，即从模板工程、钢筋工程到浇筑混凝土和张拉预应力筋等工序，待混凝土有足够强度后，张拉预应力筋，移动支架、模板，进行下一孔梁的施工，随着施工进程不断移动支架模板，连续现浇施工，因此移动模架法也称为"活动的桥梁预制厂"和"造桥机"。

移动模架造桥机（图 5.2.3）是一种自带模板，利用两组钢箱梁支承模板，采用桥面下支承模板的方式，对箱梁进行逐孔现浇的施工机械。造桥机工作时，整个模架在墩旁托架上的支承台车的作用下，实现纵移、横移及竖移，从而对模架进行调整。底模在横移油缸作用下，实现开合并可通过底模螺杆调整高程；内模在内模小车的作用下实现走行、开、合等工作；托架和支承台车靠另外的设备向前方桥墩移位；模架纵移时用油缸顶推移位。所有模板系统均设有微调机构，以保证梁型准确。

1. 移动模架法的施工特点

优点：

① 不需设置地面支架，不影响通航和桥下交通，施工安全可靠。

② 有良好的施工环境，保证施工质量，一套模架可多次周转使用，具有在预制场地生产的优点。

③ 机械化、自动化程度高，节省劳力，降低劳动强度。

缺点：

移动模架设备投资大，施工准备和操作都较复杂。

2. 移动模架法的适用范围

① 适用于等断面 T 形梁、箱形梁等上部结构形式断面。

② 长度在 800 m 以上的桥梁，桥长孔多的高架桥。

图 5.2.3　移动模架造桥机施工

③ 连续双 T 形梁桥主跨径配置一般在 30 ~ 40 m；连续箱形梁桥主跨径配置一般在 35 ~ 60 m。

④ 路线的平面线性曲率半径应大于 400 m。

⑤ 连续梁桥最外侧边跨径是主跨径的 0.6 ~ 1.0 倍。

3. 移动模架法的施工设备

移动模架法的施工设备可分为移动模架和支撑托架。根据移动模架承重主梁的位置不同，移动模架分为在桥面上设置的主梁支承梁重的上承式移动模架和在梁下以支架梁支承梁重的下承式移动模架。

（1）上承式移动模架。

上承式移动模架（图 5.2.4）将主梁配置在桥梁结构物上方，即支撑主梁通过支腿，一端支承在已成梁上，一端支承在前方桥墩上，而模板吊挂在主梁上。

图 5.2.4　上承式移动模架

图 5.2.5　下承式移动模架

（2）下承式移动模架。

下承式移动模架（图 5.2.5）将支撑重的主梁配置在桥梁结构的下方，即支撑主梁通过墩旁托架，两端均支撑在桥墩上，而模板通过千斤顶直接或间接支撑在主梁上。

（3）支撑托架。

① 主要作用：支撑主梁，将施加在主梁上的荷载通过支撑托架传递到墩身和承台上。

② 位置：共 3 套，分布在每个桥墩的两侧。

③ 分类：见表 5.2.1。

表 5.2.1　支撑托架类型

名称	图示	支撑形式	优点
落地式支撑托架	落地式支撑托架	支撑托架直接立于已经完成的桥墩基础上	可以避免在桥墩上开孔
高拉力杆索式支撑托架	高拉力杆索式支撑托架	遇到高桥墩或地层软弱的地质，将托架直接设置于空中	不受地形及桥墩高低的影响
套头式支撑托架	套头式支撑托架	将做好的整体支撑托架从桥墩头上套在桥墩上，不需要托架时就把支撑托架拆成细部组件再卸下来	不受地形及桥墩高低的影响

4. 移动模架法施工工艺流程

以上承式移动模架施工为例，移动模架法施工流程如图 5.2.6：

移动模架组装完毕后，在第一孔箱梁施工前要对移动模架进行预压试验。移动模架预压时应注意以下问题：

（1）移动模架在安装完成第一次使用前，需通过等荷载预压消除结构物的非弹性变形，确定弹性变形值并据此进行预拱度设置，同时检验模架的安全性能，为施工中有效控制箱梁的线形、预拱度提供准确的依据。首次预压荷载应为最大施工荷载的 1.2 倍，再次安装预压荷载应为最大施工荷载的 1.1 倍。

（2）预压前，测量各观测点高程，加载顺序同混凝土浇筑顺序，以后每天观测一次，直到模架变形稳定为止。然后，将预压砂袋卸除，将模板清理干净后测量各观测点高程。根据每次观测记录绘制沉降曲线，并根据沉降值进行计算，确定合理的施工预拱度。

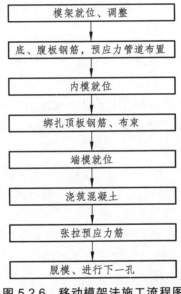

图 5.2.6　移动模架法施工流程图

（3）根据梁的挠度和支撑变形计算出预拱度之和，其他各点的预拱度应以中间点为最大值，以梁的两端点为零点，按二次抛物线进行分配设置。

（4）预压后先调底模，再调侧模，然后调端模。预压试验可以发现结构加工、安装所存在的问题和隐患，提前调整和整修，防患于未然。

5. 模板的调整

移动支撑系统预拱度的调整是施工中的重点和难点，移动支撑系统挠度值的来源要考虑周全，挠度值的计算要尽量结合实际情况。

模板挠度值的来源有以下四个方面：

（1）混凝土自重产生的挠度值。

（2）由悬臂吊杆引起的挠度（不考虑滑模自重），经计算确定，实测时再作相应调整。

（3）预应力钢索张拉产生的反拱值。

（4）温度、徐变、干缩等产生的变位。

（5）由支撑托架沉降引起的挠度值。

混凝土浇筑时，由悬臂端向已浇梁段推进，主梁加设 3 组变位计（图 5.2.7），及时观测浇筑混凝土时的变位，变位计一般加设在门型吊架下方、中间最大变位处、1/5 悬臂端处。混凝土浇筑后应该检测预拱度值，并与计算的预拱度值进行比较。

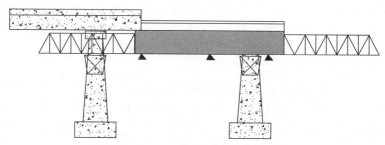

图 5.2.7　移动模架法施工测点布置

6. 模板安装的注意要点

（1）模板与钢筋安装工作应配合进行，妨碍绑扎钢筋的模板应待钢筋安装完毕后安设。模板不应与脚手架连接（模板与脚手架整体设计时除外），避免引起模板变形。

（2）安装侧模板时，应防止模板移位和凸出。浇筑在混凝土中的拉杆，应按拉杆拔出或不拔出的要求，采取相应的措施。对小型结构物，可使用金属线代替拉杆，最好设置拔出拉杆为宜。对大型结构物，应采用圆钢筋做拉杆，并采用花篮螺丝上紧。

（3）模板安装完毕后，应对其平面位置、顶部标高、节点联系及纵横向稳定性进行检查，签认后方可浇筑混凝土。浇筑时，发现模板有超过允许偏差变形值的可能时，应及时纠正。

（4）当结构自重和汽车荷载（不计冲击力）产生的向下挠度超过跨径的 1/600 时，钢筋混凝土梁、板的底模板应设预拱度，预拱度值应等于结构自重和 1/2 汽车荷载（不计冲击力）所产生的挠度。纵向预拱度可做成抛物线或圆曲线。

（5）后张法预应力梁、板，应注意预应力、自重力和汽车荷载等综合作用下所产生的上拱或下挠，应设置适当的反拱或预拱。预拱应按设计计算或按经验设置。

（6）模板纵横肋的间距布置要合理，对不同材质的面模板要采用不同的纵横肋间距。

（7）固定于模板上的预埋件和预留孔洞尺寸、位置必须准确并安装牢靠，防止在浇筑混凝土过程中走动移位。

三、悬臂浇筑法

悬臂浇筑法的原理是采用移动挂篮作为主要施工设备，以桥墩为中心，对称向两岸利用挂篮浇筑梁段混凝土，待混凝土达到一定强度后，张拉预应力束，再移动挂篮，进行下一节段的施工，直至合龙。悬臂浇筑每个节段长度一般为 2～6 m，节段过长，将增加混凝土自重及挂篮结构重力，同时还要增加平衡重及挂篮后锚设施；节段过短，则影响施工进度。所以，施工时的节段长度应根据主梁形式和跨径、挂篮的形式及施工周期而定。

1. 挂　篮

挂篮是悬臂浇筑施工的重要机具。它是一个能够沿梁顶面纵向滑动或滚动的承重钢制结构，锚固在已施工的梁段上，承重钢制结构一部分悬出前端，用于悬挂梁段施工模板结构，在上面进行下一段梁的钢筋、预应力管道的安设，混凝土灌注和预应力张拉等作业。完成一个节段后，挂篮即可前移并固定，进行下一节段的悬臂灌法，不断循环下去，直到悬臂灌注完成。随着施工技术的不断改进，挂篮已由过去的压重平衡式，发展成现在通用的自锚平衡式。自锚式施工挂篮结构的形式主要有桁架式和斜拉式两类。

（1）桁架式挂篮。

桁架式挂篮按构成形状的不同，可分为以下几类：

① 平行桁架式挂篮。

平行桁架式挂篮（图 5.2.8）的主梁一般采用平行弦桁架，其结构为简支悬臂结构，受力明确，桁架刚度较大，变形容易控制。

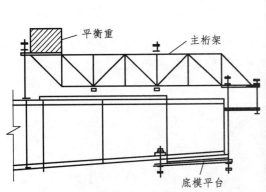

图 5.2.8　平行桁架式挂篮

② 弓弦式挂篮。

弓弦式挂篮（图 5.2.9）的桁架为拱形架，具有桁高随弯矩大小变化、受力合理、节省材料的优点。

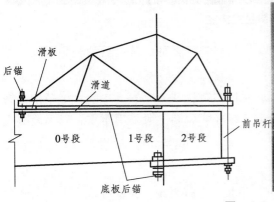

图 5.2.9　弓弦式挂篮

③ 菱形桁架挂篮。

菱形桁架挂篮（图5.2.10）是一种简单的桁架，其结构形状为菱形，横梁放置在主桁架上，其菱形桁架后端锚固于箱梁顶板上，无须平衡重。该挂篮结构简单、重量轻。

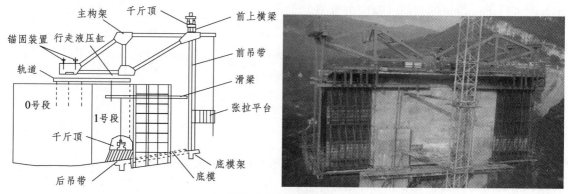

图 5.2.10　菱形挂篮

（2）斜拉式。

斜拉式挂篮（图5.2.11）也叫轻型挂篮。随着桥梁跨径越来越大，为了减轻挂篮自重，减少施工阶段增加的临时钢丝束，人们在桁架式挂篮的基础上研制了斜拉式挂篮。

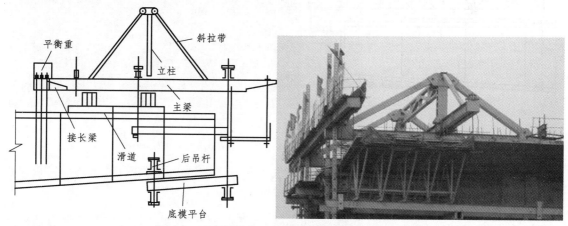

图 5.2.11　三角斜拉式挂篮

斜拉式挂篮主要有三角斜拉、预应力筋斜拉、体内斜拉等多种。其中后两种用得较少，不详述。

三角形组合梁挂篮是在简支悬臂梁的上面增加立柱和斜拉杆，成为三角组合梁结构。斜拉杆的拉力作用大大降低了主梁的弯矩，使结构重量减轻，后端一般采用压重，以平衡行走时的倾覆力矩。

2. 挂篮的构造

挂篮（图5.2.12）由主桁（梁）结构、悬挂调整系统、走行系统、模板系统、平衡锚固系统、工作平台等组成。

3. 挂篮试压

为了检验挂篮的性能和安全，并消除结构的非弹性变形，应对挂篮试压。试压通常采用以下两种方法：

（1）试验台加压法。

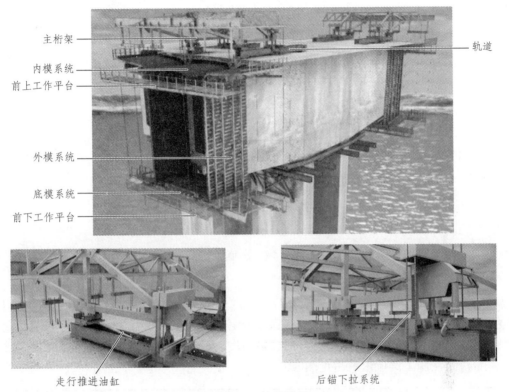

图 5.2.12　挂篮构造

新加工的挂篮可用试验台加压法（图 5.2.13）检测桁架的受力性能和状况。试验台可利用桥台或承台和在岸边梁中预埋的拉力筋锚住主桁梁后端，前端按最大荷载值施力，并记录千斤顶逐级加压变化情况，测出挂篮弹性变形和非弹性变形参数，用作控制悬浇高程依据。

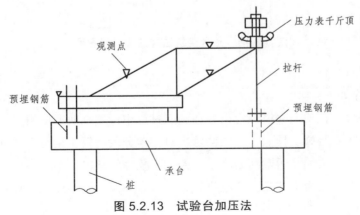

图 5.2.13　试验台加压法

（2）水箱加压法。

对就位待浇混凝土的挂篮，可用水箱加压法（图 5.2.14）检查挂篮的性能和状况。加压的水箱一般设于前吊点处，后吊杆穿过紧靠墩顶梁段边的底篮和纵桁梁，锚固于横桁梁上，或穿过已浇箱梁中的预留孔，锚于梁体上。在后吊杆的上端装设带压力表的千斤顶，反压挂篮上横桁梁，计算前后施加力后，分级分别进行灌水和顶压，记录全过程挂篮变化情况即可求得控制数据。

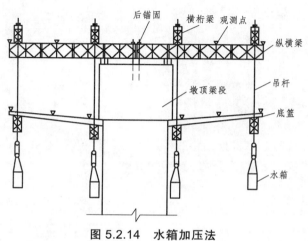

图 5.2.14　水箱加压法

4. 悬臂浇筑施工程序

悬臂浇筑施工时，连续梁梁体一般要分 4 大部分进行浇筑。梁段 Ⅰ 为墩顶梁段（0 号块），一般为 5～10 m；梁段 Ⅱ 为 0 号块两侧对称分段浇筑部分，一般为 3～5 m；梁段 Ⅲ 为边孔在支架上浇筑部分，一般为 2～3 个悬臂浇筑分段长；梁段 Ⅳ 为主梁在跨中合龙段，一般为 1～3 m。悬臂浇筑法施工梁段示意图见图 5.2.15。

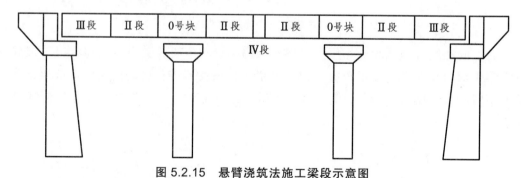

图 5.2.15　悬臂浇筑法施工梁段示意图

（1）一般施工程序。

一般施工程序如下：

① 墩顶 0 号块在托架上立模现浇，并在施工过程中设置临时梁墩锚固。

② 在 0 号段上安装施工挂篮，向两侧依次对称地分段浇筑主梁至合龙前段。

③ 在临时支架或梁端与边墩间的临时托架上支模浇筑梁段。

④ 合龙段在改装的简支挂篮托架上浇筑，多跨合龙段浇筑顺序按设计或施工要求进行。

（2）0号段施工。

0号段结构复杂，预埋件、钢筋、预应力筋孔道、锚具密集交错。由于墩顶位置受限，无法设置挂篮，故0号段施工通常采用在托架上立模现浇，并在施工过程中设置临时梁墩固结，使0号块能承受两侧悬臂施工时产生的不平衡力矩。施工托架可以支撑在墩身、承台或地面上，通常采用万能杆件、贝雷梁、型钢等构件拼装。在浇筑混凝土之前，应对托架进行试压，消除因其非弹性变形引起的混凝土裂缝。

0号段施工工艺流程如图5.2.16所示：

（3）梁段Ⅱ施工。

梁段Ⅱ为对称段，采用挂篮依次对称进行施工。完成0号段施工即可进行安装挂篮（图5.2.17）和挂篮预压试验，以测定挂篮前端各部件的变形量，同时消除永久变形。施工时应对每一梁段前端，分别在灌注前后和张拉前后，按设计提供的挠度值进行测定，以控制设计预拱度，同时应进行桥梁中轴线的测定（中线偏差不得大于5mm）。混凝土的配合比、灌注顺序及振捣方法，应严格按照施工工艺操作。梁段灌注应自悬臂端向后分层铺灌振捣。根据挂篮试验，确定挂篮前端弹性挠度与节段重量之间的关系曲线，据此在每个节段立模时，把挂篮的弹性挠度增加到立模高程中，由此可以消除弹性挠度的影响。悬臂段浇筑施工图如图5.2.18所示，施工流程如图5.2.19。

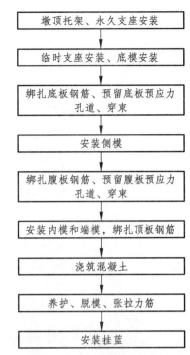

墩顶托架、永久支座安装

↓

临时支座安装、底模安装

↓

绑扎底板钢筋、预留底板预应力孔道、穿束

↓

安装侧模

↓

绑扎腹板钢筋、预留腹板预应力孔道、穿束

↓

安装内模和端模，绑扎顶板钢筋

↓

浇筑混凝土

↓

养护、脱模、张拉力筋

↓

安装挂篮

图5.2.16　0号块施工流程图

图5.2.17　0号块上安装挂篮

图 5.2.18　梁段Ⅱ悬臂施工

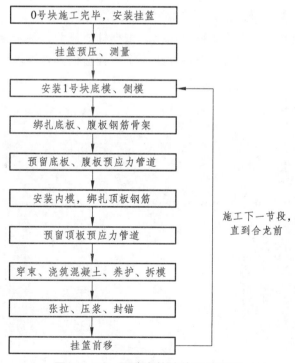

图 5.2.19　悬臂浇筑法施工流程图

（4）悬臂浇筑梁段混凝土时需要注意以下几点：

① 挂篮就位后，安装并校正模板吊架，此时应对浇筑预留梁段混凝土进行抛高，以使施

工完成的桥梁符合设计标高。抛高值包括施工结构挠度、因挂篮重力和临时支承释放时支架产生的压缩变形等。如一座中跨 65 m 的三跨连续桥梁，桥宽 17 m，单箱单室，浇筑 1 号块梁段抛高 10 mm，浇筑最后一块梁段时抛高 60 mm。

② 模板安装应保证中心位置及标高的正确，模板与前一段混凝土面应平整密贴。如上一节段施工后出现中线或高程误差需要调整时，应在模板安装时予以调整。

③ 安装预应力预留管道时，应与前一段预留管道接头严密对准，并用胶布包贴，防止灰浆渗入管道。管道四周应布置足够定位钢筋，确保预留管道位置正确，线形平顺。

④ 浇筑混凝土，可以从前端开始，应尽量对称平衡浇筑。浇筑时应加强振捣，并注意对预应力预留管道的保护。

⑤ 为提高混凝土早期强度，以加快施工速度，在设计混凝土配合比时，一般加入早强剂。混凝土梁段浇筑一般 5 ~ 7 d 一个周期。为防止混凝土出现过大的收缩、徐变。配合比应按规范要求控制水泥用量。

⑥ 梁段拆模后，应对梁端的混凝土表面进行凿毛处理，以加强接头混凝土的连接。

⑦ 箱梁梁段混凝土浇筑，一般采用一次浇筑法，在箱梁顶板中部留一窗口，混凝土由窗口注入箱内，再分布到底模上。当箱梁断面较大时，考虑梁段混凝土数量较多，每个节段可分二次浇筑，先浇筑底板倒角以上，待底板混凝土达到一定强度后，再支内模浇筑腹板上段和顶板。其接缝按施工缝要求进行处理。

⑧ 浇筑混凝土时消除挂篮变形的措施。

箱梁梁段分次浇筑混凝土时，后浇混凝土的重力易引起挂篮变形，导致先浇混凝土开裂。为避免这种情况，一般可采用如下几种措施：

• 水箱法：浇筑混凝土前先在水箱中注入相当于混凝土重量的水，在混凝土浇筑中逐渐放水，使挂篮负荷和挠度基本不变。

• 浇筑混凝土时，根据混凝土的重量变化，随时调整吊带高度。

• 将底模梁支承在千斤顶上，浇筑混凝土时，随混凝土重量的变化，随时调整底模梁下的千斤顶，抵消挠度变形。

（5）梁段Ⅲ（边跨合龙段）施工。

预应力混凝土连续梁桥的合龙分为中跨合龙和边跨合龙，边跨合龙段即梁段Ⅲ，一般宜采取就地设立支架，在支架上立模浇筑边跨梁段混凝土的方法施工。但若临近边跨桥墩较高，亦可在膺架梁的一端设立柱，将另一端挂在已成梁段上，立柱基础为钢管桩基础或混凝土基础，也可采用一端支点为打入桩，另一端支点为承台的方法施工。施工时，通常在墩身托架上进行边跨直线段施工，悬臂段与直线段用挂篮轨道调整标高，并临时锁定，而后绑扎钢筋，浇筑边跨合龙段混凝土，最后张拉力筋。

（6）梁段Ⅳ（中跨合龙段）施工。

梁段合龙段施工时通常由两个挂篮向一个挂篮过渡，所以先拆除一个挂篮，用另一个挂篮走行跨过合龙段至另一端悬臂施工梁段上，形成合龙段施工支架，也可以采用吊架形成合龙支架。

在合龙段施工过程中，由于昼夜温差，现浇混凝土的早期收缩、水化热，已完成梁段混凝土的收缩、徐变，结构体系的转换及施工荷载等因素影响，因此，需采取必要措施，以保证合龙段乃至全桥的质量。合龙段施工注意事项如下：

① 合龙段长度选择。合龙段长度在满足施工操作要求的前提下，应尽量缩短，一般采用 1.5~2 m。

② 合龙温度选择。预应力混凝土连续梁桥的设计合龙温度就是指劲性骨架的焊接锁定温度，一般宜在低温合龙，遇夏季应在晚上合龙，并用草袋等覆盖，并加强接头混凝土养护，使混凝土早期结硬过程中处于升温受压状态。

③ 合龙段采用临时锁定措施（图 5.2.20），一般采用劲性型钢或预制的混凝土柱安装在合龙段上下部做支撑，然后张拉部分预应力筋，待合龙段混凝土达到要求强度后，张拉其余预应力束筋，最后再拆除临时锁定装置。劲性骨架通常分为体内式劲性骨架和体外式劲性骨架。

④ 合龙段混凝土选择。混凝土中宜加入减水剂、早强剂，以便及早达到设计要求强度，及时张拉部分预应力束筋，防止合龙段混凝土出现裂缝。

⑤ 为保证合龙段施工时混凝土始终处于稳定状态，在浇筑之前各悬臂端应附加与混凝土重量相等的配重（或称压重）。加配重要依桥轴线对称加载，按浇筑重量分级卸载，避免对悬臂段梁体产生扭转和冲击。配重材料可根据工程实际选择，水箱、混凝土块、砂袋等均可。

中跨合龙和边跨合龙的重要区别在于中跨合龙时需要用千斤顶对两悬臂端进行一定量的顶开，边跨合龙时无须顶开。

图 5.2.20　合龙锁定

（7）连续梁施工的体系转换。

预应力混凝土连续梁桥利用悬臂浇筑法施工时需进行体系转换，即：在悬臂浇筑施工时，墩梁采取临时固结，结构为 T 形刚构；合龙时撤销梁墩临时固结，结构呈悬臂梁受力状态，结构合龙后形成连续梁体系。墩梁临时锚固的拆除应均衡对称进行，确保约束逐渐均匀释放。在拆除前应测量各梁段高程，在拆除临时固结的过程中，注意各梁段的高程变化，如有异常，应立即停止作业，查明原因，排除危险后方可继续施工。图 5.2.21 为三跨连续梁合龙示意图。

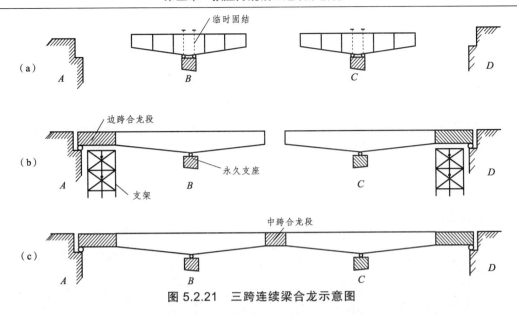

图 5.2.21　三跨连续梁合龙示意图

悬浇过程中各独立 T 构的梁体处于负弯矩受力状态，随着各 T 构的依次合龙，梁体也依次转化为成桥状态的正负弯矩交替分布形式，这一转化就是连续梁的体系转换。因此，连续梁悬浇施工的过程就是其应力体系转换的过程，也就是悬浇时实行支座临时固结、各 T 构的合龙、固结的适时解除、预应力的分配以及分批依次张拉的过程。

在结构体系转换时，为保证施工阶段的稳定，一般边跨先合龙，释放梁墩锚固，结构由双悬状态变成单悬状态；最后跨中合龙，成连续受力状态。

合龙次序为由边孔对称向中孔依次进行，其施工工序及相应内力如图 5.2.22。

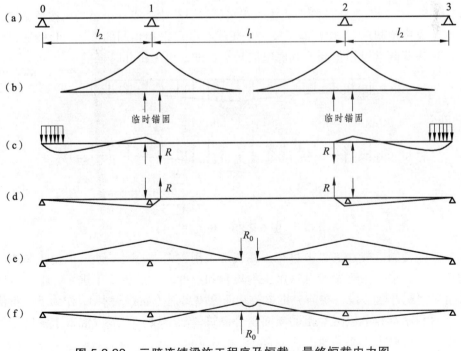

图 5.2.22　三跨连续梁施工程序及恒载、最终恒载内力图

四、悬臂拼装法

悬臂拼装法施工是将连续梁梁体分段预制成若干梁段，当下部结构完成后，从桥墩顶开始，利用移动式悬拼吊机逐步将预制梁段起吊就位，以环氧树脂胶作接缝材料，通过对预应力钢束施加应力，使各梁段连接成整体，并逐渐接长的一种施工方法。悬臂拼装的分段主要取决于悬拼吊机的起重能力，每个节段长度一般为 2~5 m。节段过长则自重大，需要悬拼吊机的起重能力大；节段过短则拼装接缝多，工期也延长。一般在悬臂根部，因截面积较大预制长度比较短，以后逐渐增长。

1. 悬臂拼装施工主要工序

（1）梁体节段预制。

（2）块件运输。

（3）梁段起吊拼装。

（4）体系转换。

（5）合龙段施工。

2. 梁体节段预制

预制拼装施工是将梁沿纵轴向根据起吊能力分成适当长度的节段，在工厂或桥位附近的预制场进行预制，然后运到桥位处用吊机进行拼装。节段预制的质量直接关系到梁段悬拼的速度和质量，因此预制时应严格控制梁段断面及形体精度，并应充分注意场地的选择和布置、台座和模架的制作。

梁段预制的方法有长线法和短线法两类：

（1）长线法。

长线法（图 5.2.23）是在预制厂或施工现场，将一跨梁（或一个悬臂）按桥梁底缘曲线制成的长台座（或称预制床），在台座上安装底模进行节段密接预制的方法。长线法预制需要较大的场地，台座两侧常设挡土墙。其底座的最小长度，应为桥孔跨径的一半。

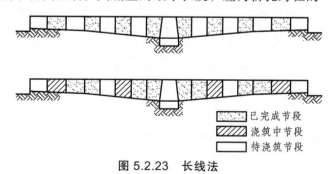

图 5.2.23　长线法

梁体节段的预制一般在底板上进行，模板常采用钢模，每段一块，以便于装拆使用。节段预制的质量，直接关系到梁段悬拼施工的质量和速度。为加快施工进度，保证节段之间密贴，常采用先浇筑奇数节段，在前一批梁块端面涂隔离剂（如石灰水），作为下一批浇筑梁块的端模，然后利用奇数节段混凝土的断面密合浇筑偶数节段，当节段混凝土强度达到设计强度的 70%以后，可调出预制场地。

长线法施工顺序如下：

① 采用方桩、混凝土条形梁对地基进行加固处理，防止台座沉降。

② 浇筑制梁台座。

③ 底模采用分块钢模板，以适应箱梁平曲线及预拱度变化要求。

④ 侧模板每个台座按 2 个节段配置，可在轨道小车上移动就位。

⑤ 用已浇筑完成后的箱梁端面作为下一节段的端模，在上面涂刷隔离剂，以保证相邻块件在操作时既不黏结又接触密贴。

⑥ 将成型钢筋骨架整体吊装进预制台内；液压内模就位；端模就位。

⑦ 混凝土浇筑，当节段混凝土强度达到设计强度的 70% 以后，可吊出预制场地。在相邻梁段间设水平千斤顶，均匀对称施力，使相邻梁段分离。

（2）短线法。

短线法预制梁段由可调整外部及内部模板的台车与端模架来完成。第一节段混凝土浇筑完成后，在其相对位置上安装下一段模板，并利用第一节段的端面作为第二节段的端模完成混凝土的浇筑工作。短线预制适合工厂节段预制，设备可周转使用，每条生产线平均 5 d 可生产 4 块，但节段的尺寸和相对位置的调整要复杂一些。短线法施工示意图如图 5.2.24。

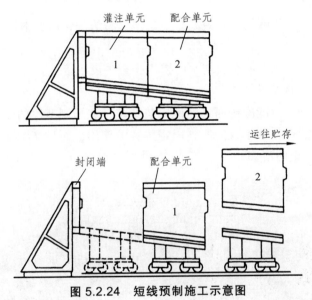

图 5.2.24　短线预制施工示意图

短线法施工顺序：

① 上一节段混凝土浇筑完成后，在其相对位置上安装下一段的侧模和固定端模。

② 钢筋在装配架上绑扎成型，整体吊装入模。

③ 调整相邻节段的尺寸和相对位置，利用已浇筑完成的相邻节段的端面作为预浇筑节段的端模。

④ 液压内模就位。

⑤ 浇筑节段混凝土。

⑥ 拆模，将作为端模的节段移入存梁区。

（3）长线法与短线法比较（表 5.2.2）。

表 5.2.2　长线法与短线法对比

分 类	优 点	缺 点
长线法	由于台座可靠，因而成桥后梁体线性较好，长线的台座使梁段储存有较大余地	占地较大，地基要求坚实，混凝土的浇筑和养护移动分散
短线法	场地相对较小，浇筑模板及设备基本不需移机，可调的底、侧模便于平竖线的梁段预制	精度要求高，施工要求严；施工周转不便，工期相对较长

（4）隔离剂。

块件在底座上浇筑时，块件的底模板和邻段的端面混凝土上必须涂刷一层隔离剂，以减少吊装块出坑时的黏着力。常用的隔离剂有以下几种类型：

① 薄膜类。

薄膜类隔离剂有塑料薄膜、水泥纸袋等，其优点是隔离效果较好，缺点是施工中易破损、皱折。

② 油脂类。

油脂类隔离剂有废机油等，使用最普遍，其优点是隔离效果较好、层薄，缺点是清洗困难。

③ 皂类。

皂类隔离剂如烷基苯磺酸钠，其效果好、层薄、易清洗，但成本较高。

④ 其他。

其他隔离剂还有石灰水，或在石灰水中掺入少量牛皮胶溶液。

（5）定位器和孔道形成器。

为使预制梁块在拼装时能准确而迅速地安装就位，在预制节段的端面（箱梁的顶板、腹板）设有定位器。有的定位器不仅能起到固定位置的作用，而且能承受剪力，这种定位装置称抗剪楔（图 5.2.25）或防滑楔。

图 5.2.25　抗剪楔

块件预制时，除注意预埋定位器装置外，尚须注意按正确位置预埋孔道形成器和吊点装置（吊环或竖向预应力粗钢筋）等。

3. 块件运输

块件运输有水、陆、栈桥及缆吊等各种形式。梁体节段自预制底座上出坑后，一般先存放于存梁场，拼装时节段由存梁场移至桥位处的运输方式，一般有场内运输、装船和浮运三个阶段。

① 场内运输。

节段的出坑和运输一般由预制厂的龙门吊机担任，当预制厂距离岸边较远时，首先考虑用平车运输。运输过程中要保证梁段安放平稳，缆索固定，以确保运输安全。

② 装船。

码头的主要设施是施工栈桥和节段装船吊机，栈桥的长度应保证在最低施工水位时驳船能进港起运。栈桥的高度要考虑在最高水位时，栈桥的主梁不被水淹。栈桥起重机的起重能力和主要尺寸应与预制厂的吊机相同。

③ 浮运。

浮运船只应该根据梁段质量和高度确定，可采用铁驳船、坚固的木筏船、水泥驳船或用浮箱装配。为了保证浮运安全，应设法降低浮运重心。节段的支垫应按底面坡度用碎石子堆成，满铺支垫或加设三角垫木，以保证节段安放平稳。节段一般较大，还需以缆索将节段系紧固定。

4. 预制拼装

预制梁段拼装可以根据桥位施工条件和现有吊装设备情况或常备定型材料等情况采用不同的方法。预制块件的拼装按起重吊装的方式不同可分为：

（1）浮吊悬拼。

浮吊见图 5.2.26，其重型的起重机械装配在船舶上，全套设备在水上作业方便，起重力大，辅助设备少，相应的施工速度较快，但台班费用较高。一个对称干接悬拼的工作面，一天可完成 2~4 段的吊拼。

图 5.2.26 浮吊

（2）悬臂吊机悬拼。

悬臂吊机外形似挂篮（图 5.2.27、图 5.2.28 和图 5.2.29），由承重梁、横梁、锚固装置、起吊装置、行走系统和张拉平台等几个部分组成，和用挂篮悬臂浇筑施工一样，在墩顶开始吊装第一（或第一、二）段时，可以使用一根承重梁对称同时吊装，在允许布置两台移动式吊车后，开始独立对称吊装。移动式吊车的起重能力目前国内约为 1 000 kN。节段的运输可从桥下或水上运至桥位，由移动式吊车吊装就位。

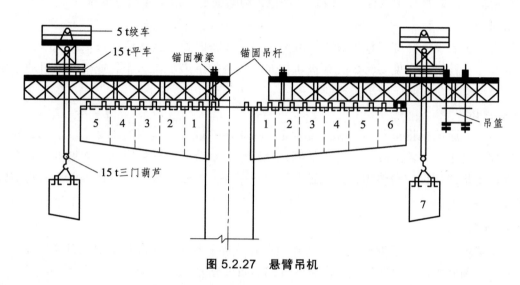

图 5.2.27 悬臂吊机

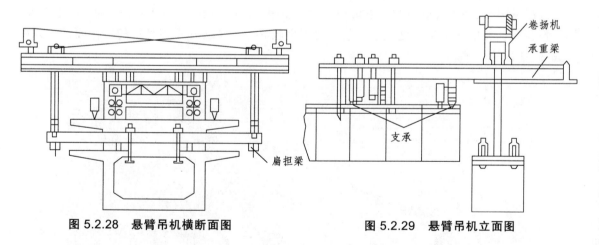

图 5.2.28 悬臂吊机横断面图　　　　**图 5.2.29 悬臂吊机立面图**

（3）连续桁架（闸式吊机）拼装。

连续桁架悬臂拼装施工可以分为移动式和固定式。移动式连续桁架（图 5.2.30）的长度大于所架设桥梁的最大跨径，桁架支承在已拼装完成的梁段和待拼装梁的墩顶上，由吊车在桁架上移运梁段进行悬臂拼装。

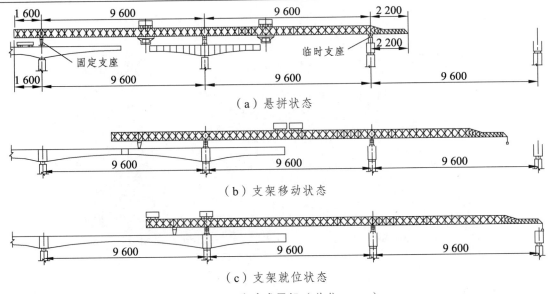

（a）悬拼状态

（b）支架移动状态

（c）支架就位状态

图 5.2.30　移动式吊机（单位：mm）

固定式吊机（图 5.2.31）的长度大于两倍桥梁跨径，桁梁的支点均支承在桥墩上，而不增加梁段的施工荷载，同时前方墩 0 号块的施工可与悬臂拼装同时进行。

5. 纵向接缝处理

采用悬臂拼装施工的预应力混凝土连续梁，除了采用预应力钢束（筋）将块件连接起来外，还通过纵向接缝使构件连成整体，通常有以下三种方式：干接缝、湿接缝和胶接缝。往往一孔桥跨拼装的不同施工阶段和不同部位，可以采用不同的接缝形式。

图 5.2.31　固定式吊机

（1）干接缝。

干接缝即在相邻块件接头处不作其他处理，只由预应力钢筋连接成整体。在干接头悬臂拼装法施工中，为了增强梁段之间的抗剪力，通常在箱梁顶板上和腹板上设置定位企口（图 5.2.32），在底板设置定位角钢。干接缝因其接缝间无任何填充料，实际工程中很少使用，主要原因是接缝不密封会导致钢筋锈蚀。

图 5.2.32　梁端企口

（2）湿接缝。

湿接缝（图 5.2.33）是在相邻块件之间现浇接头混凝土，接头混凝土一般采用早强水泥，集料尺寸的选择应能保证振捣密实。湿接缝的现浇混凝土需要养生使工期延长，因此少用，一般用于调整拼装误差。

通常 1 号块件及合龙段用湿接缝相连，墩柱两侧的 1 号块件是悬臂拼装的基准块件，悬拼施工时防止上翘、下挠的关键在于 1 号块件的准确定位，因此，必须采用各种定位方法确保 1 号块件的定位精度。湿接缝一般宽 0.1～0.2 m，拼装时块件可由吊机悬吊支承，或在下面设临时托架支承，当拼装梁段的位置调整准确后，用高铝快凝水泥砂浆（或小石子混凝土）填实（3 d 混凝土强度可达到 30 MPa）。在其他节段拼装过程中，如因拼装误差过大，难以用其他办法补救时，也可以用增设一道湿接缝来调整。

（3）胶接缝。

胶接缝（图 5.2.34）用环氧树脂胶黏剂连接，胶黏剂由环氧树脂、间苯二胺、邻苯二甲酸二丁酯和水泥拌和而成，其配方应根据施工环境、温度、固化时间和强度要求选定。胶黏剂的抗压强度在 24 h 内可达 60 MPa 以上，抗拉强度可达 16 MPa 以上，抗剪强度高于混凝土的强度。接缝施工时要求胶黏剂在 36 h 以内达到梁体混凝土设计强度，固化时间不少于 10 h。

图 5.2.33　湿接缝

图 5.2.34　胶接缝

梁段拼装时要求相邻段接缝处各方向错位不大于 2 mm，全梁纵向轴线偏移值不大于 5 mm。涂胶应均匀涂满全部拼接面。胶拼后应用 0.2～0.25 MPa 压力予以拼压，使胶缝不大于 1 mm。因此，在拼装时必须张拉一定数量的钢丝束，使接缝胶黏剂在一定压力挤压下密实直至固化。

胶接缝不仅能使接触面密贴，还可提高结构的抗剪能力、整体刚度和不透水性，已广泛应用于悬臂拼装中。

6. 穿束及张拉

（1）穿束。

采用悬臂施工的桥梁的纵向预应力钢筋布置有两个特点：

① 较多集中于顶板部位。

② 钢束布置基本对称于桥墩，并有明槽布设和暗管布设两种。

（2）张拉。

钢丝束张拉次序的确定与箱梁横断面形式、同时工作的千斤顶数量、是否设置临时张拉系统等因素关系很大。在一般情况下，纵向预应力钢丝束的张拉次序按以下原则确定：

① 对称于箱梁中轴线，钢束两端同时成对张拉。

② 先张拉肋束，后张拉板束。

③ 肋束的张拉次序是先张拉边肋，后张拉中肋（若横断面为三根肋，仅有两对千斤顶时）。

④ 同一肋上的钢丝束先张拉下边的，后张拉上边的。

⑤ 顶板束的张拉次序是先张拉顶板中部的，后张拉边部的。

7. 如何解决预制拼装施工中的结构上挠

（1）1号块定位时按计算的悬臂挠度及需设的预拱度确定正确的定位位置，并仔细准确地进行定位。

（2）其他块件胶接缝的涂层尽量减薄，并使其在临时的均匀压力下固化。

（3）拼装过程中发现实际挠度过大时，需认真分析原因，及时采取措施。可采取的措施按上翘程度不同大体上有：

① 通过多次涂胶将胶接缝做成上厚下薄的胶接层，以调整上翘度。

② 在接缝上缘的胶层内加垫钢板，增加接缝厚度。

③ 凿打端面，将块件端面凿去一层混凝土，凿去的厚度沿截面的上、下方向按需要变化，然后涂胶拼接。

④ 增加一个湿接缝，即改胶接缝（或干接缝）为湿接缝，将块件调整到要求的位置。

8. 悬臂浇筑施工与预制拼装法比较

悬臂浇筑施工与预制拼装法比较见表 5.2.3。

表 5.2.3　悬臂浇筑法与悬臂拼装法对比

项目	悬臂浇筑法	悬臂拼装法
施工进度	混凝土中加入早强剂,每个节段施工周期通常为 5~7 d	预制节段可以在桥梁下部结构施工的同时进行,拼装时仅占用吊装定位、环氧胶粘贴和穿束张拉等工序,一个节段拼装时间仅 1~1.5 d。所以从施工进度方面比较,悬臂拼装速度比悬臂浇筑要快得多,悬臂拼装适合于快速施工
结构整体性	梁体钢筋采用焊接,并对已建梁体表面混凝土进行了凿毛等类似工作缝的处理,结构整体性较好	虽因块件在预制场预制,块件本身质量较易保证,但组拼时块件间的接缝、预应力束的穿束连接张拉,使结构整体性要差一些
施工变形控制	可采用计算机程序对梁体逐段进行标高的控制和调整	因梁段已完成预制,能调整的余地相对较小,再加上施工中许多不确定荷载等因素,造成施工变形控制难度较大
施工适应性	遇冬季寒冷气候施工,混凝土蒸汽养护难度较大,所以受到地域季节条件的影响,但不受桥下地形、水文或建筑物影响	由于节段块件在预制场预制,养生条件较好,对低温状况下环氧树脂胶接缝的处理有较成熟的经验,如采用干接缝则不受低温影响。但悬臂拼装时,一般从桥下运输节段,再由悬拼吊机吊起就位,所以对桥下地形及水文等情况有一定要求
起重能力要求	悬浇起重能力要求不高,仅起吊钢筋骨架及混凝土。但加长节段长度将增加混凝土自重及挂篮结构重力,而且要增加平衡重及挂篮后锚设施。一般悬臂浇筑的节段长度为 2~6 m	需起吊节段块件,则要求悬拼吊机起吊能力较大。一般节段长度为 2~5 m,悬拼吊机一般可采用贝雷桁架或万能杆件拼装

五、顶推法施工

顶推施工法（图 5.2.35）源于钢桥拖拉架设法,是钢桥拖拉法架设原理的应用。所不同的是:滑动和施力装置不同,顶推施工法用千斤顶代替卷扬机和滑车组以改善启动时的冲动,用滑板、滑道代替滚筒以避免线接触,保证薄壁箱式结构的屈折安全。拖拉架设与顶推法的对比见表 5.2.4。

图 5.2.35　顶推法

预应力混凝土连续梁桥顶推法施工是沿桥纵轴方向，在桥台后设置预制场浇筑梁段，达到设计强度后，施加预应力，向前顶推，空出底座继续浇筑梁段，随后施加预应力与先一段梁联结，直至将整个桥梁梁段浇筑并顶推完毕，最后进行体系转换而形成连续梁桥。

表 5.2.4　拖拉架设法与顶推法对比

分类	钢桥拖拉架设	预应力混凝土顶推法施工
滑动装置	平滚，滚动摩擦，平滚轮轴受力有限，滚动摩擦系数大，在 0.15 以上	平面滑道，平面摩擦，承压力可根据需要选择，摩擦系数 μ 在 0.05～0.08
施力装置	卷扬机拖，施力吨位小，启动、停止时惯性冲击力大	液压千斤顶，施力吨位大，可根据需要选择，施力平稳、均匀

1. 顶推法的施工特点

优点：

① 机具设备简便，无须大型起吊设备；模板可周转。

② 节省施工用地，工厂化制作，能保证构件质量。

③ 不影响通。

④ 节约劳力，施工安全。

⑤ 适应于连续梁、简支梁、拱桥（桥面纵梁）、斜拉桥（主梁）等结构。

缺点：

① 不适应多跨变高梁、曲率变化的曲线桥和竖向曲率大的桥梁。

② 受顶推悬臂弯矩的限制，顶推跨径大于 70～80 m 时不经济。

③ 顶推过程中的反复应力使梁高取值大，临时束多，张拉工序烦琐。

④ 随着桥长的增大，施工进度较慢。

2. 顶推法的适用范围

桥长：单向顶推 200～800 m；双向顶推 2×（200～800 m）。

标准跨径：30～60 m。

桥梁线形：直线、圆曲线（曲线半径较大）。

桥梁横截面：必须为等高度桥梁。

桥台后方：有足够的空间设置预制场。

3. 顶推法施工工艺流程（图 5.2.36）

4. 顶推法施工关键技术分析

（1）纵向预应力筋配置。

由于采用本施工方法的桥梁在推进时，所有断面将会随着所在位置的不同而产生正负弯矩交替出现的情形，故其预应力筋的配置较为复杂，大致可以分为顶、底板直线预应力筋及腹板连续抛物线形预应力筋，并于全桥定位之前后两阶段分别进行施拉。

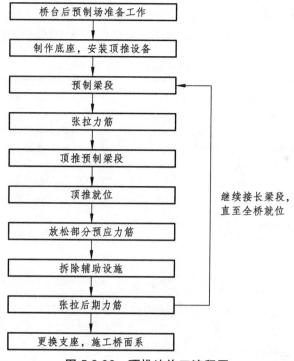

图 5.2.36　顶推法施工流程图

各节块在预制场预制完成后，再分别推进定位。各节块于推进期间根据所在位置的不同而承受不断变化的正负弯矩，为抵消断面产生的拉应力，故需于顶板及底板施加直线预应力钢筋，以提供节块稳定的压应力。

节段于顶、底板施拉直线预应力筋足以支撑桥体本身自重，等到全桥推进定位后，再施拉腹板上的抛物线形预应力筋，以承载将来的汽车活载。腹板上的预应力钢筋采用每穿过数个节段即锚定一次的方式。

（2）预制场的设置。

预制场地是预制梁体和顶推过渡的场地，包括主梁节段的浇筑平台和模板、钢筋和钢索的加工场地，混凝土搅拌站以及砂、石、水泥的堆放和运输路线用地。

预制场地长度应考虑梁段悬出时反压段的长度、梁段底板与腹（顶）板预制长度、导梁拼装长度和机具设备材料进入预制作业线的长度。

预制场地的宽度应考虑梁段两侧施工作业的需要。

（3）临时墩。

临时墩（图 5.2.37 和图 5.2.38）由于只在施工中使用，因此在符合要求的前提下，要造价低、便于拆装。钢制临时墩因为在荷载作用和温度变化下变形较大而较少采用。目前用得较多的是用滑升模板灌注的混凝土薄壁空心墩、混凝土预制板，或预制板拼砌的空心墩，或混凝土板和轻便钢架组成的框架临时墩。目前在大跨径桥梁中，最多设置两个临时墩。使用临时墩要增加桥梁的施工费用，但是可以节省上部结构材料用量，需要从桥梁分跨、通航要求、桥墩高度、水深、地质条件、造价、工期和施工难易等因素来综合考虑。

图 5.2.37　临时墩

图 5.2.38　临时墩类型

　　临时墩的设置可以减小顶推的标准跨径，从而减小梁顶推过程中交替变化的正、负弯矩，特别是在当顶推跨径超过 50 m，或者顶推其他形式的桥梁，如斜拉桥、钢管系杆拱桥或连续刚构桥梁时采用。

　　① 临时墩的设计原则。

　　• 临时墩受力主要为梁体的垂直荷载和顶推水平摩阻力，并要考虑顶推的启动和停止的惯性作用，要考虑施工期间通航和洪水杂物作用对临时墩的影响。

　　• 临时墩要满足强度和刚度要求，要考虑临时墩的变形（受力和温度）对顶推高程误差的影响。

　　• 要考虑临时墩拆除、恢复航道方案，这笔费用也要列入成本。

　　② 临时墩身结构形式比较（表 5.2.5）。

表 5.2.5　临时墩类型

结构形式	优点	缺点	备注
钢管临时墩	安装、拆除快，回收价值高	刚度小、温差影响大、一次投入大	适应于水中临时墩
钢筋混凝土空心墩	刚度大、拆除快	施工麻烦	适应于水中临时墩
钢筋混凝土实心墩	刚度大、造价低	拆除困难	适应于岸上临时墩
薄钢管空心混凝土墩	施工速度快、造价低、拆除快、刚度大	拆除容易	是比较合理的临时墩

（4）钢导梁。

在推进的过程中，梁的前端因呈现悬臂状态容易产生向下位移的情况（图 5.2.39）。于是，为了避免过大的悬臂负弯矩，在节块最前端装置钢导梁，导梁重量轻，随着节块推进，可先伸到下一桥墩，减少节块的位移。

图 5.2.39　顶推法施工出现下挠现象

① 钢导梁的技术要求。

钢导梁（图 5.2.40）长度：一般为顶推跨径的 0.6 ~ 0.7 倍。钢导梁长度计算原则：应使主梁最大悬臂负弯矩与使用状态（运营阶段）支点负弯矩基本接近。导梁的刚度：宜选为主梁的 1/9 ~ 1/5。

图 5.2.40 钢导梁布置

② 钢导梁的构造。

导梁设置在主梁的前端，为钢桁梁或钢板梁（图 5.2.41），主梁前端装有预埋构件与钢导梁栓接。

图 5.2.41 钢板梁

（5）滑道。

为了减少推进时的阻力，桥墩的顶面设置滑道（图 5.2.42），这样只要 0.05～0.08 倍的水平力就能够将笨重的箱梁（一般在 1 万～2 万吨）顶推到位。

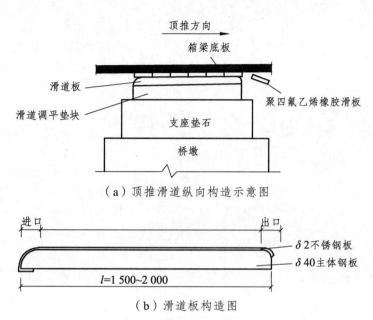

（a）顶推滑道纵向构造示意图

（b）滑道板构造图

图 5.2.42　滑道板一般构造示意图（单位：mm）

滑道从下至上由滑道调平垫块、滑道板、滑板组成。利用聚四氟乙烯滑块与不锈钢面的低摩擦力，用不锈钢当支撑面的表面，然后将滑块塞入箱形梁和支撑垫之间。顶推时，聚四氟乙烯滑块在不锈钢板上滑动。滑块从前方滑出后，在滑道后方不断喂入滑块，带动梁身前进。当所有节块都顶推到位后，由千斤顶将箱形梁顶起 3~5 cm，将临时支撑拆除，垫换上永久支座。

（6）水平千斤顶施力。

按水平力的施加位置和施加方法分类，千斤顶的施顶方法可以分为单点顶推和多点顶推。

① 单点顶推。

单点顶推全桥纵向只设一个或一组顶推装置。顶推装置通常集中设置在梁段预制场附近的桥台或桥墩上，而在前方各墩上设置滑移支承。

② 多点顶推。

多点顶推即在每个墩台上均设置一对小吨位的水平千斤顶，将集中顶推力分散到各墩，并在各墩上及临时墩上设置滑移支承。所有顶推千斤顶通过控制室统一控制其出力等级，同步前进。

多点顶推法由于利用了水平千斤顶，传给墩顶的反力平衡了梁体滑移时在桥墩上产生的摩阻力，从而使桥墩在顶推过程中承受着很小的水平力，因此在柔性墩上可以采用多点顶推施工。

为了满足通航要求，桥墩设计得"高"；为了满足泄洪，尽量减小桥墩对河床断面的压缩、桥墩截面尺寸设计得小，所以桥墩"瘦"。这样"高瘦"的桥墩称为柔性墩。

（7）减少顶推施工时内力的措施。

① 主梁前端设导梁。

② 跨中设临时墩，缩小顶推跨径（至 40 ~ 60 m）。

③ 桥墩顺桥向设临时撑架，缩小顶推跨径。

④ 主梁前端设临时塔架，以斜缆索系于梁上锚固。

⑤ 当中孔跨径较大，又无法设临时墩时，变单向顶推为双向顶推。

思考题

1. 在支架上浇筑梁式桥时，怎样设置支架预拱度？

2. 简述悬臂浇筑法施工的基本概念、适用条件。

3. 简述悬臂浇筑法施工的控制要点。

4. 简述长线法的特点和悬臂拼装的控制要点。

5. 连续梁合龙应注意哪些事项？

6. 悬臂拼装梁接缝的分类及施工时应注意的问题是什么？

7. 简述顶推法的施工原理、施工特点以及关键技术。

8. 梁段顶推分哪几种方式？

9. 落梁时应注意哪些问题？

第六章　钢桥施工

　　钢桥是主梁由钢材建造的桥梁。其墩台基础可以用混凝土、石料或其他材料做成。钢材是建造桥梁比较理想的材料。钢材质地均匀，是一种抗拉、抗压和抗剪强度均较高的材料，并且制造简便，可以根据设计需要进行裁切、钻孔、校正，并组装成各种断面的构件。

　　钢桥具有以下优点：

　　（1）钢材的强度大，在承受同样外力的条件下，钢结构需要的断面积和体积比石料、钢筋混凝土、木料等所需要的要小，因而重量轻，具有很大的跨越能力。

　　（2）钢桥的各个构件，最适合于在工厂用工业化方法制造，因而可以保证制造质量，提高制造效率，缩短制造期限。

　　（3）工厂制造的钢桥构件，在野外运送、拼装、架设都比较方便，并能采用机械化施工，施工期限较短。

　　（4）钢桥如果载重能力不足或部分损伤，修理加固比较方便，在遭到破坏后也易于修复和更换。从战备方面考虑，钢桥也较其他材料制造的桥梁优越。

　　（5）允许使用年限较长。

　　钢桥具有以下缺点：

　　（1）钢材容易锈蚀，因而必须定期进行防腐处理，钢桥一般均采用明桥面，养护费用比圬工桥多。

　　（2）钢桥的造价一般比圬工桥高。

　　（3）列车过桥时，明桥发出的噪声较大。这一缺点由于近代车速的不断提高而更为显著，常成为一些国家在人口稠密区不采用钢桥的原因之一。

　　为节约钢材和减少养护费用，新建的铁路桥梁，当跨度在 40 m 以下时，一般都采用钢筋混凝土或拱结构；当跨度超过 40 m 时，应根据技术经济条件和战备方面的要求，进行方案比较，决定是否采用钢桥。在一般情况下，大跨度的重要大桥和特大桥才采用钢桥。钢桥的类型很多，按力学体系分为简支梁、连续梁、悬臂梁、刚架、拱等各种单一体系，以及系杆拱、悬索桥、斜拉桥等各种组合体系；按构造分为板式结构、箱式结构、桁式结构、板桁混合结构及混凝土与钢组合结构；按连接方式分为铆接、螺栓连接、焊接、铆焊、栓焊结构；按线路位置分为下承式、中承式与上承式；按承重性质划分为铁路桥、公路桥、公路铁路两用桥等。

第一节　钢　材

一、桥梁用钢

　　强度是材料在外力作用下抵抗变形和破坏的能力。强度越高，能承受的外力越大。材料在发生断裂前，单位面积上能承受的最大外力称为极限强度。由于材料受到外力的拉伸、压缩、弯曲、剪切等，所以材料的强度又分为抗拉强度、抗压强度、抗弯强度、抗剪强度等。

1. 强度和特性

桥梁用钢的强度有三个主要指标。第一个指标是弹性极限 σ_e，拉伸试件的应力小于弹性极限时，卸载后没有残余变形，加载过程中出现的应变很小。第二个指标是屈服强度 σ_s，当应力在弹性极限与屈服强度之间时，试件开始出现塑性变形，卸载后有残余变形，当应力达到屈服强度 σ_s 时，应力即使不再增大，应变也会继续扩大到一定程度。第三个指标是极限强度 σ_b，当应力达到 σ_b 时，试件就被拉断。钢材的弹性极限、屈服强度和极限强度通过试件的拉伸试验获得。对于铁路钢梁桥而言，要使桥梁能正常运营，就必须保证桥梁在荷载作用下不发生较大的变形和破坏。如果桥梁各杆件的应力都在弹性极限以内，则桥梁的正常运营就能够得到保证，所以在钢桥设计时应控制应力不超过弹性极限，但由于钢材的弹性极限难以准确测定，而且屈服强度与弹性极限又十分接近，因此一般都用屈服强度代替弹性极限来作为设计钢桥时控制应力的指标。由于铁路钢桥承受荷载重大，跨度也较大，有的杆件内力高达上万千牛，因此要求其钢材具有较高的强度。

材料所受的应力超过屈服点能产生显著变形而不立即断裂的性能称为材料的塑性，由于钢结构受力状况复杂，所以要求桥梁用钢具有良好的塑性。

韧性是材料在塑性变形和断裂过程中吸收能量的能力，是强度和塑性的综合表现。一般情况下，塑性好的钢材其韧性也较好。钢材破坏时往往并非单向受力状态，在复杂应力状态低温条件或应变速度快（冲击荷载）等严酷情况下，钢材在有缺口的地方极易发生脆性断裂，因此有必要用其他试验来检查钢材的韧性。衡量钢材韧性性能的指标是钢材的冲击韧性指标，判断钢结构在动力荷载作用下发生脆性断裂危险的大小时，冲击韧性指标是很重要的依据。

钢材在常温下经过冷加工发生塑性变形后，抵抗产生裂纹的能力称为钢材的冷弯性能。冷弯性能是综合性能，它一方面能检验钢材的工艺性能，另一方面能检查钢材是否有足够的塑性，还能检查钢材的冶金质量，可以发现其是否有夹渣、分层和其他缺陷。对于需要进行弯曲成型或重要钢结构中必须保证有足够塑性的钢材，一般均要进行冷弯试验。

2. 钢结构性能

随着时间的增长，钢材力学性能发生改变（如塑性降低等）的现象叫作时效。根据结构使用的要求和环境条件，必要时可对钢材进行时效后冲击韧性指标的测定。

钢材在高温和长期荷载作用下，其屈服强度比一次拉伸试验时低得多，所以长期在高温条件下工作的钢材，应另行测定其持久强度，用以进行结构设计。

钢材在多次反复力作用下，虽然平均应力均未超过屈服强度，但也会发生破坏，这种现象叫作钢材的疲劳破坏，因此长期承受反复荷载作用的钢结构一定要确定钢材的疲劳强度指标。

由于钢材的耐腐蚀性差，所以新建钢结构需要进行防锈涂装，对已有钢结构也要定期重新涂装，以保证钢结构的耐久性。

焊接钢结构的焊缝及其相邻的基本钢材（热影响区），在施焊过程中容易产生裂缝，在结构使用过程中也容易发生脆断现象。在日常维修养护中，对于焊接桥梁容易出现裂纹或脆断的现象应予以重视，特别要加强检查监视。

钢结构在静力或加载次数不多的动荷载作用下发生的断裂有两种形式：一种是断裂前构

件有较大的变形，这种断裂称为塑性断裂或称为韧性断裂；另一种是断裂前构件变形很小，裂缝开展速度快，断裂会突然发生，这种断裂称为脆性断裂（简称脆断）。对于钢桥来说，脆性断裂比塑性断裂的危险性更大，要特别注意防止和消除。钢材的脆断与韧性有密切的关系。韧性不好的钢材在低温和快速荷载等不利条件下有可能发生脆断，因此常用冲击韧性来判断钢材的脆断倾向。

钢桥钢件常在孔洞、槽口、厚度变化、截面变化或因焊接不良出现缺陷等处产生局部高峰应力，而在除高峰应力点外的点上应力降低，形成所谓的应力集中。在高峰应力点附近，总有一个区域处于同方向的复杂应力状态，因而使钢有转变为脆性状态的可能。应力集中的程度取决于杆件形状变化的缓急，变化急剧时应力集中严重，引起脆性断裂的危险性也较大，因此在设计时应使截面变化比较平缓。

拉伸试件在静载作用下，当应力达到极限强度时，试件才会被拉断。假设试件所受的荷载是变化的，时大时小，或拉压变化，那么经过这样多次循环的荷载作用后，即使试件所受的最大应力低于极限强度，甚至低于屈服强度，试件也发生断裂，这种断裂是一种突然的脆性断裂，通常称为疲劳断裂。这种降低钢材抵抗循环荷载能力的现象称为疲劳。

二、钢桥的连接

钢桥是先由钢板及型钢连接成杆件，再由杆件连接成整体的桥跨结构。按照连接方法的不同，钢桥可分为焊接、铆接和螺栓连接（主要是高强螺栓连接）三种类型。

钢桥的连接按其作用不同，可分为受力性连接和缀连性连接。受力性连接是将桥跨结构的内力通过连接由结构的一部分传递到另一部分的连接，例如桁梁桥的节点连接及分段组合杆件在拼接处的连接等。缀连性连接则是保证所连各部分形成一个整体而共同工作，例如轴向受力组合杆件各部之间的连接。

连接部分是钢桥构造的一个重要部分。连接性能的好坏直接影响整个桥跨结构的承载力，假如连接的承载力小于杆件的承载力，则杆件的承载力就不能充分发挥；一处连接丧失承载力，则将影响整个桥跨结构的正常运营。根据钢桥养护的经验，对连接的加固往往比构件的加固还要困难，而连接又是钢桥结构中的一个薄弱环节，所以相关规范规定了主要杆件连接的容许承载力应不小于杆件的容许承载力。

1. 焊　接

钢梁的制造一般都是先在工厂将各个部件组合成杆件，然后将杆件运到工地拼装成整孔桥跨结构。全部用铆钉连接的梁称为铆接梁；全部用电焊连接，而杆件拼装成整孔桥跨时用铆钉连接，这种既有焊接又有铆接的钢梁称为铆焊梁；制造杆件用焊接，将杆件拼装成整孔桥跨并用高强螺栓连接的梁，则称为栓焊梁。

焊接是钢结构中常用的一种连接方法。焊接与铆（栓）接比较，由于焊接不削弱杆件的截面（不钻钉孔），又可省去拼接板，因此可使结构重量减轻，节省钢材。此外，采用焊接制造可使工艺简化，并易采用自动操作，因此焊接是种比较经济的连接。焊接的缺点是：对于承受动荷载的钢桥，其对钢材质量也要求较高，还需采取措施来减小焊接过程产生的焊接残余应力和焊接变形；手工焊缝的质量与焊工的施焊技术有很大关系，质量不易保证；有些部位的焊缝还不能完全采用自动焊，并且焊接质量的精确检查方法也较为费事。

2. 铆 接

铆钉分热铆与冷铆两种，铁路钢桥现在一般用热铆。热铆就是将一端用铆钉头的铆钉加热到 1 050 ~ 1 150 °C，喂进钉孔，用铆钉枪趁热将钉杆镦粗，填满钉孔，并将另一端打成顶头的工艺。铆合终了的温度须在 500 °C 以下。铆钉在冷缩过程中，由于在长度方向的收缩受到钢板的阻止，所以铆钉对板束产生一种夹紧的作用力，这种力称之为钳力。而铆钉传力的大小与板束厚度及铆合终止的实时温度有关，一般在 1 500 ~ 2 200 MPa。让铆钉具有较大的钳力，对于铆接传力是有利的。

铆钉连接的常用类型有三种：搭接，两构件位于不同平面内，彼此直接交搭并铆合起来；单面拼接板对接，被拼接的两构件位于同一平面内，用一块拼接板和铆钉把两者连接起来；双面拼接板对接，即单面拼接板对接，再加一块拼接板对称铆合起来。

上述三种连接类型中，搭接和单面拼接板对接的内力传递都有偏心，因此连接处会发生挠曲和扭转，从而引起附加应力，同时铆钉都受单剪，因此其承载能力较低，需要的钉数较多。双面拼接板对接是较好的连接形式，它受力对称，不会发生挠曲或转动，且铆钉受双剪，承载能力较高。铆钉的排列一般采用并列和错列两种形式，并列比较简单，错列可以减少钢板截面的削弱。

铆钉连接的最大优点首先是其具有较为良好的弹塑柔韧性。这个弹塑柔韧性保证了各个铆钉间或被铆合的构件间应力的重新分配，使未受足荷载的铆钉和部件分担了那些受到超应力的铆钉或部件的超载，从而使一个连接处的各个铆钉承受的应力大体相等。其次，铆钉的弹塑柔韧性保证了桥梁在运营中的安全，铆接在破坏前产生的位移和变形，容易被检查发现和设法防止。对于大跨度钢桥，当厚钢板的技术条件不能满足焊接要求时采用铆接则可以安全、方便地利用板束来代替板厚。由于铆接桥梁使用已有 100 多年，积累的经验较多，因此在大跨度钢桥中还有应用。铆接的主要缺点是用钢量较多，工艺较为复杂。

3. 螺栓连接

普通螺栓分为粗制螺栓和精制螺栓。为了安装方便，粗制螺栓直径要比栓孔小 2 ~ 4 mm，而精制螺栓直径只比栓孔小 0.3 ~ 0.5 mm，安装时也费力得多，但其承载力较粗制螺栓大。螺栓装好后，当受力稍大时就要发生滑动，直到螺栓与孔壁顶紧。螺帽不可能拧得很紧，在行车振动作用下，螺栓容易发生松动，因此，永久性铁路钢桥不宜采用普通螺栓（特别是粗制螺栓）作连接。普通螺栓的计算方法与铆接相似，但不同的是铆接计算所用铆钉直径按钉孔计算，而普通螺栓则按栓杆直径计算。

高强度螺栓连接（图 6.1.1）是钢结构的一种较为先进的连接方法，在铁路钢桥制造中已被广泛采用。我国钢桥上常用的是 40B（40 硼）高强度螺栓（抗拉强度≥1 150 MPa），常用直径型号有 M24、M22 两种规格。高强度螺栓的形状与普通螺栓基本相似，但作用是不同的。普通螺栓虽也拧紧，但栓杆的预拉力很小，受力后板束容易滑动，因此它全靠螺栓杆与栓孔壁之间的挤压和螺栓杆的受剪来传递杆件内力；而高强度螺栓则是通过拧紧螺帽使栓杆产生很大的预拉力，从而使板束间产生很大的摩擦力，高强度螺栓连接就是依靠摩擦力来传力的，这就是高强度螺栓的工作特点。

普通螺栓连接在金属结构中出现得最早，它的优点是装拆简便、设备简单、操作方便、长度不受限制，但不能将栓孔填实、易松动且承载力低，故目前在钢桥中仅用于工地的临时性结构及钢梁拼装。

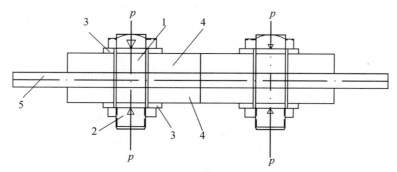

图 6.1.1 高强螺栓示意图

1—高强度螺栓；2—高强度螺母；3—高强度垫圈；4—拼接板；5—杆件

与铆接相比较，高强度螺栓连接具有以下优点：

① 比较省钢。一个直径为 22 mm 的 40 硼钢高强度螺栓（单面摩擦）承载能力为 530 kN，而一个直径 23 mm 的普通铆钉单剪强度为 410 kN，所以高强度螺栓的承载能力比铆钉大 30%，在受力相同的情况下高强度螺栓的数量将少于铆钉数量。由于螺栓数量少，节点板、拼接板的尺寸就可减小，杆件截面的削弱也小，这样就节省了钢料。如工厂采用焊接，工地采用高强度螺栓连接，可节省钢材 10%。

② 改善了结构受力情况。铆钉连接是靠铆钉受剪或承压传力的，钉孔处会产生较高的应力集中。采用高强度螺栓连接的钢结构，其内力是靠钢板表面的摩擦力传递的，应力集中现象将得到改善，提高了杆件的容许疲劳强度。

③ 施工速度较快。进行铆接钢桥施工需要有一定工艺水平的铆工才能完成铆合。而在栓接钢桥中，由于高强度螺栓施工简便，拼装时可用高强度螺栓直接代替拼装螺栓，因此施工速度快，施工质量容易保证。对于不熟悉高强度螺栓的工人，只要经过短期训练就可以担负起安装高强度螺栓的工作。

④ 施工劳动强度较轻，改善了劳动条件，而且养护也较简便。

由于高强度螺栓的承载力是以抗滑强度来表示的，所以在施工中必须严格遵守两个原则：一是被连接的钢板面必须严格按规定进行处理，确保质量，以取得可靠的较大的摩擦系数；二是在拧紧高强螺栓时，必须严格执行操作规程，使螺栓达到设计的预拉应力值，严防超拧、欠拧和漏拧。

第二节　钢板梁桥

钢板梁桥的使用有着悠久的历史，它与桁架桥等相比具有外形简单、制造和架设费用较低的特点，所以在铁路上使用很广泛。钢板梁桥是指以钢板或型钢等通过焊接、螺栓或铆钉等连接而成的工字形实腹式钢梁作为主要承重结构的桥梁。钢板梁桥是中小跨径桥梁最常用的钢桥形式，同时也是构成其他形式钢桥构件的一部分。

钢板梁桥的主梁通常采用工字钢、H 型钢、焊接工字型钢梁等结构形式，主梁与主梁之间采用横梁和纵梁相连形成整体受力结构。当跨度小于 40 m 时，钢板梁桥比钢桁梁桥经济，故小跨度钢桥一般多采用板梁桥。

钢板梁桥有上承式和下承式两种。上承式板梁桥采用最多，下承式板梁桥一般是在桥下净空受到限制时才采用。这是因为：上承式板梁的主梁中心距小，桥面直接安装在主梁上，不需要设桥面系，构造比较简单；重量比下承式板梁轻，因而节省钢材，架设和养护都比较方便；墩台的圬工数量也比下承式板梁桥少，总造价比较经济。

一、上承式钢板梁桥

上承式钢板梁的桥跨结构由桥面、主梁、联结系和支座 4 个部分组成。

主梁是上承式钢板梁的主要承重结构。全部荷载（静载和活载）都是通过主梁传到支座，再传到墩台。主梁采用工字形截面，这种截面最经济、合理。在荷载作用下梁体发生弯曲，即在梁上产生了弯矩。梁的主要作用就是抵抗外力产生的弯矩，由于弯矩作用，截面上、下侧最外边缘的应力最大，上侧受压力，下侧受拉力。这种应力由截面上下两侧边缘向截面中心逐渐减少，至中心轴变为零。这说明在梁截面中，靠上下最外侧的材料已经发挥了它的全部容许强度的时候，其他部分的强度则仅仅发挥了一部分。

主梁的工字形截面由腹板与翼缘组成。翼缘分上翼缘和下翼缘，分别由盖板和翼缘角钢连接而成。翼缘主要承受板梁的弯矩，上翼缘受压，下翼缘受拉。腹板主要承受板梁的剪力。此外，为了保证主梁腹板的稳定，腹板的两侧常需设置竖向加劲肋（角钢），当腹板较高时，有时还需加设水平加劲肋（角钢）。

主梁截面沿跨度的变化规律是根据截面弯矩设计的。由于主梁在跨中的弯矩最大，向两端逐渐减小为零，因此愈向两端，需要的截面愈小。主梁的截面应随弯矩的变化而加以改变，即做成变截面。对于跨度不大的板梁，如采用变截面，所省钢材很少，却增加了制造的工作量，故通常不改变主梁的截面；跨度较大的板梁，为了使主梁截面承受弯矩的能力大致符合弯矩图，以节省钢材，主梁常做成变截面形式。根据经济性分析，变截面点在高支座约 1/6 跨度处，所用钢料最多，可节省 10% ~ 12%。

主梁一般采用两片，对称地布置在轨道的两侧，其中心距一般为 2.0 m。对于新建桥梁的中心距，规范规定不应小于跨度的 1/15，且不小于 2.2 m。

主梁的最小高度必须满足竖向刚度（跨中挠度）的要求，即简支钢板梁的最大容许挠度值：桥梁用结构钢的竖向挠跨比为 1/1 200，低合金钢的竖向挠跨比为 1/950；梁的最大高度不能超过桥跨的容许建筑高度（从轨底至梁底的高度）。

为了使两片主梁形成稳定的空间结构并承受横向水平力，在两片主梁间设置联系杆件。在主梁上面的杆件与上翼缘组成一个水平格架，为上面水平纵向系，简称"上平纵联"；在主梁下面的杆件与下翼缘组成一个水平桁架，简称"下平纵联"。在两主梁之间设有交叉杆，并与上下横撑及主梁的加劲角钢和一部分腹板组成一个横向平面结构，称为横向联结系，简称"横联"，位于主梁中间者称为"中间横联"，位于端部的称为"端横联"。

上、下平纵联的杆件连接在它们各自的水平节点板上，且节点板均位于主梁上、下翼缘的内侧。横联的位置，一般与竖向加劲角钢的布置一起考虑，间距不得大于 6 m。横联的杆件

（横撑及交叉杆）均连接于它们自己的竖直节点板上，各竖直节点板则与加劲角钢连接。此外，横联的下横撑还应连接于下平纵联节点板，以便能将力传往主梁翼缘，否则，当桥枕在活载作用下变形时，板梁受扭，横联上横撑受压而下横撑受拉，下横撑的拉力将会使加劲角钢在拐角处被局部拉裂。

联结系的作用是：上平纵联、下平纵联、端横联与两片主梁共同形成一个空间结构，保持各杆件于正确的相对位置，承受横向水平力（风力、列车横向摇摆力、离心力），并将该力传到支座；同时减少受压翼缘的自由长度。中间横联，主要是增强板梁的横向刚度，并使活载能比较均匀地分配于两片主梁上。上平纵梁，承受列车横向摇摆力、离心力（在弯道桥上）及作用在列车、桥面、主梁上半部的风力，并将这些力传到梁的两端，同时减少上翼缘的自由长度，以增加其稳定性。下平纵联，承受主梁下半部的风力，并把它直接传到支座。由于下平纵联所承受的荷载比上平纵联小得多，所以一般情况下，下平纵联的横撑较少，而跨度在 16 m 以下的上承式板梁，可不设下平纵联。端横梁承受由上平纵联传来的水平力，并传给支座。

二、下承式钢板梁

下承式钢板梁（图 6.2.1）是在桥梁的建筑高度受到限制时使用的形式。其结构形式是在两片工字形板梁的下翼缘间加纵横梁桥面系，列车在主梁中间穿过，主梁中心距应适当增大，与上承式板梁相比所耗钢料较多。其主梁的构造与上承式板梁相同，其纵横梁桥面系与标架桥面系基本相同。

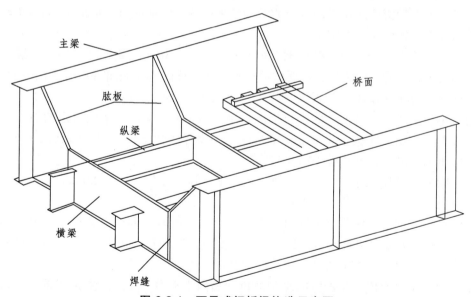

图 6.2.1 下承式钢板梁构造示意图

主梁是下承式板梁桥的主要承重结构，也是采用两片工字形截面的板梁，其各部构造、作用及名称与上承式板梁相同。

由于列车要在两片主梁之间通过，所以下承式板梁的主梁中心距应根据限界要求来确定。由于桥梁建筑限界的宽度为 4.88 m，因此标准设计的两片主梁中心距为 5.4 m，这与上承式板梁有所不同。

　　下承式钢板梁的桥面系由纵梁和横梁组成（包括纵横梁之间的联结系）。由于下承式板梁的两片主梁之间设有桥面系，所以桥面不是设置在主梁上，而是设置在纵梁上，这与上承式板梁不同。纵梁连接于横梁并由横梁支承，横梁连接于主梁而由主梁支承，横梁的跨度即主梁的中心距。纵梁的中心距为 2 m，横梁之间的中心距一般为 4 m。当荷载作用于桥面时，桥枕把荷载传递给纵梁，纵梁传递给横梁，横梁传递给主梁，主梁传递给支座，支座传递给墩台。

　　由于列车要从两主梁下部的桥面通过，而主梁高度一般低于机车车辆限界高度，因此，在主梁上翼缘平面就不能设置上平纵联，在主梁的横断面内也不能设置横向联结系。由于下承式板梁没有上平纵联，为了使其成为一个稳定的空间结构，在主梁的下翼缘水平面内，要设置有足够强度的下平纵联。下平纵联的作用是承受列车和主梁所受的全部风力，以及列车横向摇摆力、离心力，并把该力传到支座。由于下承式板梁只有下平纵联，没有上平纵联及横联，为了使主梁上部形成一个不变的空间结构，必须在横梁端部上方与主梁之间加设三角形的肰板，肰板的一边和主梁的加劲角钢连接在一起，另一边通过另加的水平角钢和横梁上翼缘连接在起，从而在每根横梁端部形成一个刚性的连接，使横梁、肰板、加劲角钢形成一个刚固的半框架，以阻止主梁上（压）翼缘的翘曲。所以肰板的作用一方面是对主梁上翼缘起支承作用，保证上翼缘的稳定；另一方面是将上半个主梁所受的风力通过横梁传到下平纵联，同时肰板与横梁联成一体，亦可起到横联的作用。

　　下承式板梁桥与上承式板梁桥相比，在结构方面增多了桥面系，因此用料较多，制造养护也费工。由于它的宽度大，无法整孔运送，增添了装运与架梁的工作量。所以当采用板梁桥时，应尽可能不采用下承式而采用上承式。但是，由于下承式板梁桥具有较小的建筑高度，在某些条件下仍有采用下承式板梁桥的必要，例如铁路跨线桥，当桥上线路标高不宜提高而又要求桥下有一定净空时，若上承式板梁桥的建筑高度过大，则可考虑采用下承式板梁桥。

第三节　钢桁梁桥

　　钢桁梁（图 6.3.1）的出现来自钢板梁的演变，人们根据梁的截面在中性轴附近应力最小的理论，研究从板梁的腹板中挖掉若干方格以节省钢料和减轻梁的自重的办法，并逐步演变为用三角形组成的桁架来代替板梁。钢桁梁和板梁的主要区别是：桁架以腹杆（斜杆和竖杆）代替板梁，在竖向荷载作用下，桁架中的所有杆件都顺着杆件轴向承受压力或拉力，杆件截面上的材料都发挥相同的效能。与板梁相比，桁梁的主要优点：一是跨越能力较大；二是当跨度较大时，自重也较轻，节省钢材，一般使用跨度都大于 30 m。钢桁梁主要类型有上承式简支钢桁梁、下承式简支钢桁梁、下承式连续钢桁梁等。其主要由桥面、桥面系、主桁、连接系及支座等 5 个部分组成。列车作用于钢桁梁的荷载，首先通过桥面的基本轨传送给桥枕，桥枕传给桥面系的纵梁，纵梁传给横梁，横梁传给主桁，主桁传给支座，支座传给墩台。

一、主　桁

　　主桁（图 6.3.2）是钢桁梁桥的主要承重结构。钢桁梁桥有两片主桁架，每片桁架一般由上弦杆、下弦杆、斜杆及竖杆等组成,斜杆和竖杆统称为腹杆。两片主桁架的作用相当于板梁的两片主梁。铁路钢桁梁桥一般采用下承式。

图 6.3.1　钢桁梁

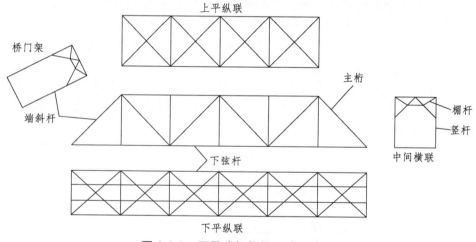

图 6.3.2　下承式钢桁梁组成示意图

1. 主桁形式

我国中等跨度(48～80 m)的下承式桁梁桥,其主桁结构常采用图 6.3.3(a)中的几何图示,而不采用图 6.3.3(b)。二者的斜杆方向不同,基于此,在竖向荷载作用下,图式 6.3.3(a)的竖杆较图式(b)受力较小,受压斜杆的数量也较少,而且图式 6.3.3(a)的弦杆内力不像图式 6.3.3(b)那样在每个节间都得变化一次,因而图式 6.3.3(a)的弦杆截面,易于选择得较为经济合理。由于这些原因,使图式 6.3.3(a)比图式 6.3.3(b)更为节省钢料。具有图 6.3.3(a)这种形式的桁梁桥,其构造简单,部件类型较少,适应设计定型化,有利于制造与安装,宜于选作标准设计桁梁桥的主桁图式。因此,我国铁路下承式桁梁的标准设计,当跨度为 64～80 m 时,不论是简支桁梁或是连续桁梁,其主桁样式均采用图 6.3.3(a)。

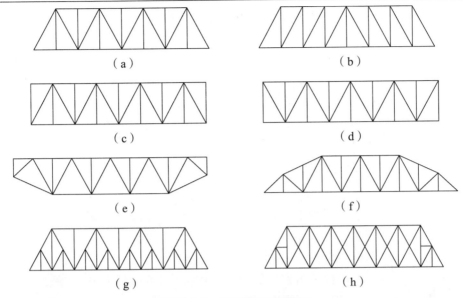

图 6.3.3　钢桁梁几何图示

　　对于大跨度 > 80 m 的下承式铁路钢桁梁桥，为了节省钢料，曾经采用过上弦为折线形的主桁图式 6.3.3（f）。由于这种图式的主桁高度变化符合主桁弯矩图，因此，具有这种图式的桁梁桥，较平行弦要节省钢料 2% ~ 3%。但由于它的杆件类型多，节点类型也多，因而增加了构件加工的数量，给工厂制造增添了一些困难；由于构件类型较多，大大降低了构件的互换性，不利于制造、安装与修复。再分式、K 式、米字形桁梁为大跨度或特大跨度桁梁的样式，它们的共同特点是：在节间长度不加大（仍采用 8 m）的情况下，使倾度保持在合适范围之内，以增大桁梁高度。1949 年以来，我国修建的南京、武汉、金沙江等多座大跨度钢桁梁（跨度从 128 m 到 192 m）大多采用米字形桁梁。

　　桁高对钢桁梁的挠度影响很大，为了保证桁梁桥的竖向刚度，使它在竖向静荷载作用下所产生的最大弹性挠度不超过规范限值的要求，桁高不能太小。下承式钢桁梁的桁高，还必须满足桥梁建筑限界的要求。但桁高也不能过大，因为桁高过大，虽然弦杆受力较小可以节省一些钢材，但腹杆较长，用钢料将大大增加。所以对于一定跨度的钢桁梁，存在某一对用钢量来说是最经济的桁高，这个高度称之为经济高度。根据资料统计，铁路下承式简支钢桁梁的主桁的经济高度一般为跨度的 1/5 ~ 1/8。

　　2. 主桁受力

　　简支桁梁，当节点上作用有竖直荷载时，其上弦总是受压，下弦总是受拉。只是在上承式桁梁中，当桥枕直接铺在上弦杆上时，上弦除了受压力外，还要承受局部弯曲。简支梁与板梁，按其结构图式，都是支承在两个支点上的简支梁，所不同的是，桁梁以腹杆代替了板梁的腹板。所以，在桁梁中像在板梁中一样，弦杆的作用力是由弯矩产生的，腹杆中的作用力是由剪力产生的，因为弯矩是由跨中逐渐向两端支座减小的，所以平弦桁架弦杆的作用力在跨中最大，而在支座处最小。因为剪力是在支座处最大，且逐渐向跨中递减至最小，所以用来承受剪力的斜杆恰与弦杆相反，在支座处的作用力最大而跨中最小。并且，在支座附近上升的斜杆受压，而下降的受拉。在跨度中间附近，无论是上升或下降的斜杆，都是随着列车活载在桥上的位置可能受压或受拉。因此，这种杆件被称为拉压杆件，或称为反复应力杆件。下承式桁梁的吊杆是一附加构件，它的作用是吊住下弦杆，减小节间长度，以及承受横梁的反力，并将这个反力传到桁架的上节点。因此，吊杆总是受拉力，并且只承受在它相邻节间内的荷载。下承式桁梁的竖杆也是一附加构件，它的作用是减小受压弦杆（上弦杆）的自由长度，并承受由此产生的压力。活载对竖杆并不产生应力。在上承式桁梁中，竖杆的作用与下承式桁梁的吊杆相同，不过它受的是压力，而吊杆是用来吊住受拉下弦防止其下垂的，列车活载对它所产生的应力等于零，所以在节间长度不大时，上承式桁梁可不设置吊杆。

二、桥面系

桥面系是指纵梁横梁以及纵横梁之间的联结系。纵梁和横梁一般都是板梁，两片纵梁的中心距离一般为 2 m，横梁间距（就是主桁架的节间长度，也是纵梁的跨度），标准设计为 8 m，纵梁的跨度（即主桁中心距）为 5.75 m。

许多旧桥，纵梁的上翼缘没有盖板，加上运营中桥枕下的上翼缘最容易被锈蚀，以至断面逐渐削减，于是当桥枕因受载而变形时，翼缘角钢因局部受压过甚，日久便会产生变形裂纹。因此，在后建桥梁中，纵梁上翼缘均加设了盖板。

横梁分为中间横梁和端横梁两种。横梁的翼缘一般均设有盖板。端部横梁，为了利用它作顶梁用，以便桥跨结构抬高，所以在梁内设有承力加劲角钢和垫板，为千斤顶安放创造条件。

纵梁之间联结系的布置与上承式板梁一样。为使桥枕在受载时不致因下挠而压到上平纵联，造成上平纵联节点板裂纹损伤，在上平纵联节点板和上翼缘之间应加垫板。纵梁之间的横联，其间距一般不大于 6 m。

在相邻两孔桁梁之间及桁梁与桥台之间，为了能够合理布置支座，主桁梁梁端应各延伸至端横梁腹板中线以外一定的距离，桁梁梁端纵梁也应布置同样长度，以便布置桥面，不使相邻两孔梁端（桥台）之间的桥枕净距过大。纵梁这一伸出部分叫伸臂。

从构造上看，桥面系中的纵梁不可避免地具有连续梁的作用，因此，纵梁与横梁的连接不仅要传递梁端剪力，同时还要传递支点弯矩。单线铁路钢桁梁桥，常把纵梁与横梁做成等高，使纵梁梁端对横梁的连接简易方便。等高的纵、横梁的连接构造，在纵梁腹板上设有一对连接角钢，与横梁腹板相连。在纵梁上翼缘顶面和下翼缘底面各设一块鱼形板，与横梁及相邻的纵梁的翼缘相连。支点弯矩由上下鱼形板传递，梁端剪力则由连接角钢传递。双线铁路或节间长度较大的桁梁，其横梁受力较大，需要较大的梁高，从经济上考虑，常把纵、横梁做成不等高形式。

横梁与主梁的连接也是通过连接角钢将横梁腹板连接于主桁节点和竖杆上的，主桁下弦杆多为 H 型钢，横梁通过一对竖直连接角钢将横梁剪力（反力）传给主桁，横梁的下缘还连接于主桁下平纵联的水平节点板上，该节点板和 H 形下弦杆件的腹板位于同一水平高度，并且是靠成对角钢连接于主桁节点板上的。这样布置，对弦杆传递下平纵梁杆件的内力较为有利。

主桁在竖向荷载作用下，下弦杆伸长，下弦各节点发生移动，连接到下弦各节点的横梁也会随之移动，但却受到纵梁的牵制。因此，纵梁将因横梁的移动而受到拉力，横梁则因纵梁的牵制而引起水平挠曲。这时，由于纵梁受到轴向拉力，弦杆拉力就要比纵梁不受拉力时相应减轻，弦杆的变形将因而减小，这种现象一般称为桥面系的横梁和主弦杆的共同作用。

很明显，简支桁梁的跨度越大，弦杆变形也越大，由此而引起的纵梁受拉和横梁在水平面内的挠曲也越大。为了减小横梁由于桥面系和主弦杆共同作用产生的水平挠曲应力，桥跨结构应根据需要设置纵梁的纵向活动支承，其间距在简支梁中一般不大于 80 m，一般纵梁的活动支承设置在跨中的一个节间内。

三、联结系

为了将主桁梁连接成一个稳定的整体空间结构，并承受附加力，减少受压弦杆的自由长度，钢桁梁也必须设置具有足够强度和刚度的联结系。

在主桁梁的上弦和下弦平面内，须设置上平纵联和下平纵联用以承受横向风力、列车横向摇摆力、离心力（若在曲线上）及由于弦杆变形而引起的作用力。主桁梁的平纵联（图 6.3.4）由主桁弦杆及其间的腹杆组成。

图 6.3.4（a）表示有横撑的三角形桁架式。当主桁承受荷载，弦杆发生变形时，其斜杆和横撑使弦杆受到弯曲，斜杆的自由长度较大，且结构简单。因此，该形式在跨度和节间长度都不大的桥梁中较常使用。图 6.3.4（b）表示米字形桁架式。它的优点是弦杆在平纵联平面内的自由长度减少一半，平纵联腹杆的自由长度也较小。但是，当弦杆伸长或缩短时，因横撑和斜杆及弦杆的长度变化不均匀，弦杆因而受到弯曲，对于以横梁为撑杆的平纵联，这种弯曲更为显著。图 6.3.4（c）表示交叉式。它的优点是当弦杆伸长或缩短时，弦杆变形比较均匀，不会受到弯曲。虽然它的节点构造较为复杂，弦杆变形所引起的斜杆内力较之其他各式更大，但总体而言优势显著，故在我国铁路桁梁桥中采用广泛。

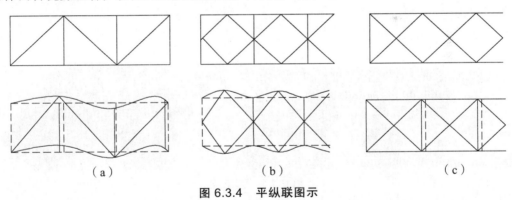

（a）　　　　　　　　（b）　　　　　　　　（c）

图 6.3.4　平纵联图示

横向联结系的作用一是避免桁梁发生局部歪扭，二是调整两主桁梁间竖向荷载的均匀分布，三是使得桁梁在装配时具有局部的刚性。

为了保证桥跨的整体作用，中间横向联结系的间距不得超过两个节点。在栓焊梁的标准设计中，跨中各节点处均设有横联，以增强桥跨结构的整体刚度。对于上承式桁梁，端横梁比中间横梁应有更强的构造措施，因为梁两端的横联要将上平纵联所承受的横向力传递到支座。横向连接系设置在主桁梁竖杆横向平面内，随着桁梁高度的不同，可有多种不同布置形式。

下承式桁梁的端横联，常为框架样式，一般称为桥门架。桥门架的作用一是保证桁架形成稳定的整体空间结构,二是将上平纵梁所受的风力传给支座。

四、制动联结系

列车在桥上行驶时因变速所引起的制动力或牵引力,经由钢轨和桥枕传给纵梁,由纵梁传给横梁。此时横梁将因纵梁的带动而引起过大的水平挠曲。同时,简支桁梁的跨度越大,横梁的水平挠曲就越厉害,因此,跨度大于 48 m 的钢梁,均应设置制动联结系。制动联结系的作用就是将桥面传到纵梁的列车制动力或牵引力传递给主桁节点,然后通过主桁弦杆传给固定支座,以减小横梁所受到的水平挠曲应力。

制动撑架应架设在跨度的中部或纵梁活动支座(断缝)的中部。一般不是在每个节间都布置,在没有设制动撑架的各节间,其所受到的制动力将沿纵梁传递到设置制动撑架的节间,再通过制动撑架传到主桁节点。制动撑架一般是成对设置的,在纵向力作用下,一套制动撑架的斜杆受拉,另一套制动撑架的斜杆则受压。

第四节　钢箱梁桥

钢箱梁(图 6.4.1)桥是钢桥结构中的另一种形式,它的截面形式分为矩形和梯形。其截面的基本部分由四块钢板上、下翼缘板及两侧腹板焊接成封闭式箱形。当需要增设横向排水坡时,可将上翼缘板的截面中心向两侧做成斜坡,同时为了增强钢梁的整体性,提高梁体抵抗失稳的能力,在其箱内增设了框架横联或横向联结系。为保证支座反力传递,支座处的横联也应予以加强。

图 6.4.1　钢箱梁

箱形梁既有一般梁部结构的共性,同时,由于它是由薄壁板组成的箱形整体结构(闭合的薄壁结构),因此又具有其固有的特性:

(1)具有良好的力学性能。箱形梁是一种闭合型薄板结构,不但具有良好的整体性,而且纵横向刚度和抗弯刚度也较大。在竖向荷载作用下,其纵向加劲肋能作为主梁截面的组成部分共同工作,上缘板作为桥面板,将荷载传递给腹板;在对称的竖向荷载作用下由主梁的上下翼缘承受弯曲力矩,在偏心竖向荷载作用下,上翼缘作为钢梁箱形面的组成部分,抵抗弯曲和扭转;在横向水平荷载作用下,上、下翼缘作为平纵联传递横向水平力,整个腹板及其上加劲肋能很好地共同作用。总之,无论是对竖向荷载或横向水平荷载,箱形梁都是按立体结构承受外力的,这就有利于发挥箱形梁各部件的作用。

(2)节约钢材。箱形梁具有良好的力学性能,能使材料的性能得到充分发挥,有利于采用高强度钢材,避免了采用厚钢板,从而达到了节约钢材的目的。

(3)在一定条件下,箱形梁具有较好的适应性。在一定跨度范围内,箱形钢梁可以根据需要制成各种形式的钢梁,如大跨度曲线形梁、低高度梁、双线或多线箱梁、与预应力混凝土桥面做成结合梁等。

(4)结构重量轻,构造简单,有利于焊接、拼装,并能减轻劳动强度。

(5)表面平整,外形简洁,便于防锈和养护维修。

(6)箱形梁有整体桥面,比较安全。

第二次世界大战后,钢箱梁的应用迅速发展,钢箱截面可做成连续梁,也可作为斜拉桥、悬索桥的加劲梁,还可做成钢箱拱,应用非常广泛。

一、箱梁构造

箱梁截面一般由顶板(桥面板)、腹板、底板、纵横向加劲肋、横隔板构成。顶板、底板、腹板厚度一般为 12 ~ 30 mm,其他部分板件厚 10 ~ 20 mm。为了确保焊缝质量,箱梁多采用分段工厂制造,并严格进行焊缝质量检验,也可以在工地现场进行焊接。

顶板下缘焊有纵横向加劲肋,形成正交异性桥面板。所谓正交异性板,是指加劲肋垂直相交,但因为加劲肋间距、刚度等参数不同,其力学性能在顺桥向、横桥向有很大差异的肋板。正交异性板比较省钢,非常适宜承受局部轮载。

箱梁作为大跨度斜拉桥、悬索桥的加劲梁时,为了便于抗风,常做成扁平钢箱梁(图 6.4.2),其梁高与桥宽之比很小。

钢箱梁底板内部构造见图 6.4.3。

图 6.4.2　扁平钢箱梁

图 6.4.3　钢箱梁底板内部构造

二、钢箱梁受力变形特点

钢箱梁桥的箱体一般应用低合金薄板焊接而成,抗弯抗扭刚度大,剪应力小,自重小。另外,从结构上来看,无论是承受竖直偏心荷载还是水平荷载,箱梁都能作为一个空间结构来抵抗外力,能发挥各个杆件的力学性能。

然而钢箱梁的顶板、底板和腹板,其厚度与高度和宽度之比都非常小,是较混凝土箱梁更为典型的薄壁结构，在集中荷载、均布荷载、弯矩和扭矩等作用下横截面会发生明显的变形，从而导致整个梁体发生局部屈曲、腹板压皱和弯折破坏等现象，因此设置一定数量的横隔板来保证其受力性能，以达到阻止横截面形状的变形，限制由横截面形状变形和扭转共同引起的横向弯曲畸变应力和纵向正应力，同时起着局部约束截面扭曲的作用，从而阻止梁体由于局部屈曲而产生的失稳现象。

箱梁是典型的薄壁结构，必须依靠薄壁理论来分析它的应力和变形状态。薄壁杆件在偏心荷载作用下，将产生纵向弯曲、扭转、畸变以及横向挠曲 4 种基本变形形态。畸变是指杆件因受力而产生的外形轮廓线的变形。箱梁在扭矩作用下除了产生刚性扭转外，畸变作用是不可忽视的。

在箱梁中设置横隔板可以有效地抑制横截面形状的变形，减少箱梁的畸变位移和应力，从而在一定程度上抑制梁体由于局部屈曲而产生的失稳现象。虽然横隔板可以显著减小畸变效应，但是，并不是设置横隔板越多，畸变效应就一直大幅度地减小。当横隔板间距减小到临界间距的时候，再继续增加横隔板也是不经济、没有意义的。在实际工程中，横隔板的设置除了保证结构的受力要求外，还应综合考虑构造要求、加工制造、运输安装等一些其他因素，横隔板数量的增加同时也会增加结构的自重，从而引起弯曲内力增大、运输和吊装困难等其他问题。

第五节　结合梁桥

结合梁（图 6.5.1）是一种特殊结构，在此结构中钢筋混凝土板和钢结构结合成整体并共同承受外界荷载。结合梁所采用的钢梁一般为钢板梁、钢桁梁和钢箱梁。

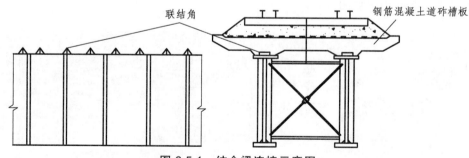

图 6.5.1　结合梁连接示意图

在简支情况下，钢筋混凝土板通过剪力结合器与钢梁的受压翼缘结合在一起，使板能起到增强钢梁承载力的作用，从而节省钢材。同时钢筋混凝土板可兼做道砟槽，因而结合梁可做成道砟桥面，这样，与明桥面的钢梁相比，结合梁更能适合在曲线上和坡道上使用，并且噪声低，适合城市跨越道路的桥梁使用。此外，由于钢梁的安装重量比同跨度钢筋混凝土梁为轻，所以安装速度快，而维修费用却比明桥面钢梁低。铁路结合梁由 3 部分组成：桥面部分用钢筋混凝土道砟槽板，梁体部分用钢板梁或钢箱梁，在桥面板或钢箱梁之间设有联结器（图 6.5.2）。

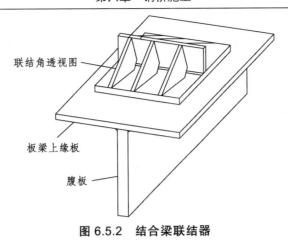

图 6.5.2　结合梁联结器

第六节　钢梁的架设

一、支架法架梁

支架法架梁是利用木料或常备杆件拼成支架，在其上组拼架设钢梁的一种架梁方法。支架类型与就地浇筑混凝土梁的支架类型相同。在支架上拼装钢梁的作业过程，与在地面拼装钢梁完全相同。但是支架的工程量较大，只适用于桥下净空不高，水不太深的情况。在支架上或地面上拼装钢梁，需要在节点下搭设台座承托钢梁，顶面放置几对硬木楔，用于调节节点的高程。

在有支架的状态下拼装钢梁，可以采用以下两种方法：

1. 纵向分段拼装

将 1 个大节间的杆件作为 1 个拼装单元，从梁的一端按拼装单元向另一端推进，或者从两端向跨中推进拼装。每个单元的拼装程序是：下弦杆、下平纵联、纵梁、横梁、斜杆、竖杆、上弦杆、上平纵联、横联。也可以先将整孔（或一部分）桥梁的底盘（即下弦杆、纵向联结系、纵横梁等组成的平面桁架）全部拼完，然后再按组成闭合三角形的次序，逐个节间依次拼装。

2. 竖向分层拼装

竖向分层拼装的程序是：全部底盘、全部腹杆、全部上弦杆、全部上平纵联、全部横联。这种方法适用于桁高较低的情况。

杆件拼装时，应采用冲钉和螺栓，在节点板上临时连接。钢梁拼装完毕并且杆件联结螺栓全部终拧后，即可落梁就位。落梁时，在端横梁下利用千斤顶将钢梁顶起，然后逐渐拆除节点下的木垛，使钢梁支承在永久支座上。

二、悬臂拼装法架梁

悬臂拼装法是在桥下不设连续支架的条件下，钢梁由桥孔一端开始，逐节悬臂拼装架梁的方法。这种方法的优点是辅助工程量小，进度较快，适合在水深、流急、桥高、跨大和桥下通航通车条件下采用，是我国钢梁架设中应用范围较广的一种方法。在采用悬臂拼装法架设钢梁时，为了平衡悬臂拼出的钢梁重力，必须在钢梁支座后面的边孔或路基上，拼出一端平衡梁，或设置其他的平衡稳定设施。

悬臂拼装架设钢梁可以采用以下 4 种方法：

1. 全悬臂拼装

全悬臂拼装即在桥孔内完全不设置临时支墩进行钢梁拼装。为减少悬臂拼装长度，降低拼装应力和梁端挠度，常在前方桥墩一侧设置承接托架；或者在梁上设置临时吊索塔架，在拼装钢梁的悬臂端提供 1~2 个吊点。

2. 半悬臂拼装

在拼装桥孔内装一至几个临时桥墩，以减少拼装的悬臂长度、降低拼装应力，也可以减小后方平衡梁的重量，故凡是有条件在桥孔内设置临时桥墩时，均宜采用半悬臂拼装法。

3. 中间合龙悬臂拼装

它的优点是由于悬臂拼装长度较短，仅为桥跨长度的一半，所以拼装应力、悬臂挠度、平衡重设施的工作量和梁的振动等均大大减小。但是这种拼装方法要求有很高的施工精度，且合龙调整工作量大，技术较复杂。

4. 平衡悬臂拼装

平衡悬臂拼装即从桥孔中的某个桥墩开始，按左右两侧中钢梁大体平衡的原则，同时向左右两个方向对称悬臂拼装。由于这种拼装方法的钢结构连接需要对孔，一般在跨中合龙，所以不如混凝土梁现浇接头方便。

平衡悬臂拼装的原则是：使拼好的杆件尽快形成闭合的三角形，形成稳定的几何体系，并尽快安装纵横联结系，保证结构的空间稳定；先装的杆件，不应妨碍后装杆件的安装和吊机的运行。

钢梁在安装过程中的最大悬臂长度，受拼装时的稳定性、伸臂端点的下挠度、悬臂支承处附近杆件应力以及拼装时伸臂振动等条件的控制。随着悬拼长度的加大，抗倾覆稳定系数降低，但不得小于 1.3。下挠度过大会使悬臂端搭上前方桥墩，增加很多工作量，给悬臂上运料车行走带来一定困难。施工设计时，下挠度应当通过计算给予控制。

悬臂拼装桥跨中间合龙法，是钢梁从桥跨两端的墩台开始，分别向跨中同时拼装，在跨中或其他节间进行合龙，完成全孔拼装。中间合龙时，调整锚固梁前后支点的相对高度，使两侧钢梁的端截面保持平行和垂度相等，然后通过两侧钢梁联结部的临时拉杆微调纵向位置，使其合龙。目前，主要有两种方法进行合龙，即节点合龙铰式和合龙节间拉杆式。

节点合龙铰式是在两侧钢梁联结的大节点处，通过设于上、下弦杆腹板上的临时合龙铰及强制闭合的拉力设备，将钢梁合龙。合龙前用临时节点板，将斜杆分别与上、下弦杆连成整体。合龙时下弦杆或上弦杆平面内千斤顶同时启动，梁体徐徐移动，当移动到适当位置时，插入合龙铰轴，安好铰轴后，在节点板钉眼处进行扩孔，然后施行栓合。最后卸除铰轴。

合龙节间拉杆式是利用特别设计的临时拉杆，装在合龙节间内，施加拉力进行精调，以便插入合龙杆件的一种合龙方式。合龙前利用锚固梁前后支承，调整悬拼梁断面位置对齐，并在纵向预留 40~50 mm 空隙，以便最后进行精调。待利用拉杆中千斤顶通过内、外拉杆，分别把桁架向内拉紧达到要求后，插上铰轴，停止顶推。再安设下弦杆、斜杆、上弦杆，然后拆除临时拉杆，安设腹杆。最后钢梁合龙完成。

三、拖拉法架梁

纵向拖拉法架梁，是将钢梁在桥头路堤上或脚手架上组拼，并在钢梁上设置上滑道，在路堤或脚手架上设置下滑道，通过上、下滑道间的辊轴，将钢梁拖拉至预定桥孔，落梁就位。这种方法的优点是：钢梁的拼装工作条件好，容易保证质量，也比较安全；拼装工作可以与下部结构同时施工，缩短工期，拖拉施工时对桥下交通等干扰小。其缺点是：拖拉钢梁时梁体杆件应力较大，且许多杆件的应力与运营时相反，部分杆件需要加固，桥头需要有合适的地形作为拼装场地；滑道的安装和拆除的工作量大。拖拉法架梁多用于架设板梁和中小跨度桁梁且桥下不易设置墩架的地方。

拖拉法架梁方式有如下两种：

1. 全悬臂纵向拖拉

全悬臂纵向拖拉法架梁是在桥孔内不设置任何形式的临时支架，直接将桥梁拖至前方墩台上，多用于桥位较高或桥下水流湍急处。为了保证纵向拖拉时的稳定性和降低桥梁杆件的内力，全悬臂拖拉时，常采用带导梁的形式，导梁长度一般是主梁的 1/6~1/4，多采用现成的板梁、桁梁或万能杆件组拼而成。

2. 半悬臂纵向拖拉

在桥孔内设置临时支墩进行半悬臂纵向拖拉，可以显著改善拖拉过程中桁梁杆件内力和满足纵向稳定性要求，适用于桥位不高、桥下水位较浅的地方。在水流较深，且水位稳定的场合，可以考虑采用大浮船支承的半悬臂纵向拖拉法架梁。

四、浮运法架梁

在桥位的下游侧岸边，将钢梁组装成整孔后，利用码头把钢梁纵移或横移到浮船上，再浮运至预定架设的桥孔上落梁就位。

浮运架梁方案应该根据施工季节、水文变化、河床断面、两岸地形及机具设备等条件进行选择。浮运法架梁的优点是：钢梁可以在岸上进行拼装，不在高处作业，安全可靠，质量好，且可以与墩台同时施工，节省工期。其缺点是：对自然环境要求较高，要求水深适当、水位稳定、流速不大；钢梁底面距施工水位不宜过高（一般不大于 15 m）；浮运时风力不大于5级；岸边有拼装钢梁的场地和修建码头的条件等。此外，浮运架桥方案最好是在桥孔较多的情况下采用，以利码头、浮船重复使用，节省投资。

除了以上介绍的几种方法以外，钢梁架设还可以有多种方法选择，比如自行吊机整孔架设法、门架吊机整孔架设法、浮吊架设法等，具体根据桥梁的结构形式、跨度和桥位处的水文、地质、地形条件，结合设备条件、工期等因素进行选择。

思考题

1. 高强螺栓连接应注意什么问题？
2. 工地焊接应注意的事项是什么？
3. 钢梁工地安装后的允许偏差是怎么规定的？

第七章　混凝土拱桥施工

第一节　认识拱桥

一、拱桥的受力特点

拱桥是桥梁结构体系中的一种形式，在我国有着广泛的应用。和其他结构体系相比，拱桥有着不同的特点。拱桥与梁桥的区别，不仅在于外形不同，更重要的是两者受力性能有差别。由力学知识可知，在竖向荷载作用下，梁式结构在支承处仅产生竖向支承反力，而拱式结构在支承处不仅产生竖向反力，而且还产生水平推力。由于这个水平推力的存在，拱的弯矩将比相同跨径的梁的弯矩小很多，而使整个拱承受压力。这样，拱桥不仅可以利用钢、钢筋混凝土等材料来修建，而且还可以根据拱的这个受力特点，充分利用抗压性能较好而抗拉性能较差的圬工材料（石料、混凝土、砖等）来修建。这种由圬工材料修建的拱桥又称圬工拱桥。

1. 拱桥的主要优点

（1）跨越能力较大。

（2）能充分做到就地取材，与钢桥和钢筋混凝土梁式桥相比，可节省大量的钢材和水泥。

（3）耐久性好，养护、维修费用少。

（4）外形美观，构造较简单，尤其是圬工拱桥，技术容易被掌握，有利于广泛采用。

2. 拱桥的主要缺点

（1）自重较大，相应的水平推力也较大，增加了下部结构的工程量，当采用无铰拱时，对地基要求高。

（2）施工工序较多，在圬工拱桥建筑中，目前还未能采用高度的机械化和工业化施工方法，因此需要的劳动力较多，建桥时间也较长。

（3）由于拱桥水平推力较大，在连续多孔的大、中桥梁中，为防止一孔破坏而影响全桥的安全，需要采取较复杂的措施，或设置单向推力墩，增加了造价。

（4）与梁式桥相比，上承式拱桥的建筑高度较高，当用于城市立体交叉及平原区的桥梁时，因桥面高程提高，而使两岸接线的工程量增大，或使桥面纵坡增大，既增大造价又对行车不利。

拱桥虽然存在这些缺点，但由于它的优点突出，只要在条件许可的情况下，修建拱桥仍然是经济合理的，尤其是圬工拱桥有节省钢材的优点。因此，在我国桥梁建设中，拱桥仍然得到了广泛的应用。

二、拱桥的基本类型及构造

1. 拱桥的组成和分类

（1）拱桥的组成。

拱桥是由上部结构（桥跨结构）和下部结构两大部分组成的，图 7.1.1 为拱桥各主要组成部分的名称。

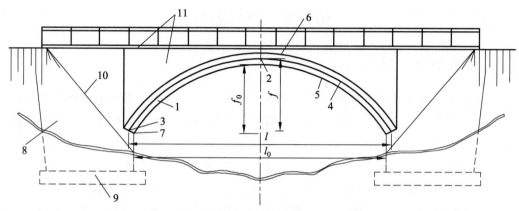

图 7.1.1   拱桥的主要组成部分

1—主拱圈；2—拱顶；3—拱脚；4—拱轴线；5—拱腹；6—拱背；7—起拱线；8—桥台；9—桥台基础；
10—锥坡；11—拱上建筑；l_0—净跨径；l—计算跨径；f_0—净矢高；f—计算矢高

拱桥的上部结构主要由主拱圈和拱上建筑组成，拱圈是拱桥的主要承重结构。拱桥的下部结构由桥墩、桥台及基础等组成，用以支承桥跨结构，并将桥跨结构的荷载传至地基，且与两岸路堤相连接。

（2）拱桥的分类。

① 按结构体系分类。

a. 简单体系拱桥。

简单体系拱桥，可以做成上承式、中承式或下承式，均为有推力拱。

按照主拱的静力特点，简单体系拱桥又可以分成如下三种，见图 7.1.2。

（a）三铰拱   （b）两铰拱   （c）无铰拱

图 7.1.2   拱圈（肋）的静力图式

三铰拱属静定结构，由于温度变化、支座沉陷等原因引起的变形不会在拱内产生附加内力，计算时无须考虑体系弹性变形对内力的影响。当地基条件不良，又需要采用拱式桥梁时，可以采用三铰拱。但铰的存在使其构造复杂，施工较困难，维护费用增高，而且减小了结构的整体刚度，降低了抗震能力，所以，三铰拱一般较少被采用。

两铰拱属一次超静定结构。两铰拱由于取消了拱顶铰，使结构整体刚度较三铰拱大，在墩台基础可能发生位移的情况下或坦拱中采用，较无铰拱可以减小基础位移、温度变化、混凝土收缩和徐变等引起的附加内力。

　　无铰拱属三次超静定结构。在自重及外荷载作用下，拱内的弯矩分布比两铰拱均匀，材料用量省。由于无铰，结构的整体刚度大，构造简单，施工方便，维护费用少，因此在实际中使用最为广泛。

　　b. 组合体系拱桥。

　　在拱式桥跨结构中，行车系与拱组合，或拱、梁、刚架多种结构体系组合，共同受力，称为组合体系拱桥。由于行车系与主拱的组合方式不同，其静力图式也不同。组合体系拱可分成无推力的和有推力的两类。

　　无推力的组合体系拱的推力由刚性梁或柔性杆件承受，墩台不承受水平推力，适用于地质不良的桥位处，墩台与梁式桥基本相似，体积较大，只能做成下承式桥梁，建筑高度很小，桥面高程可设计得很低，以降低纵坡、减小引桥长度，因此可以节省材料，但是施工比较复杂。根据拱肋和系杆的刚度大小及吊杆的布置形式，无推力的组合体系拱的分类见图 7.1.3。

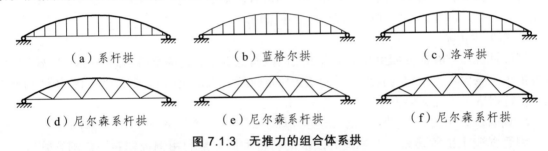

（a）系杆拱　　　　　（b）蓝格尔拱　　　　　（c）洛泽拱

（d）尼尔森系杆拱　　　（e）尼尔森系杆拱　　　（f）尼尔森系杆拱

图 7.1.3　无推力的组合体系拱

　　有推力的组合体系拱没有系杆，有单独的梁和拱共同受力，拱的推力仍由墩台承受。图 7.1.4（a）是刚性梁柔性拱（倒蓝格尔拱），图 7.1.4（b）是刚性梁刚性拱（倒洛泽拱）。

（a）倒蓝格尔拱　　　　　　　　　（b）倒洛泽拱

图 7.1.4　有推力的组合体系拱

② 按主拱的截面形式分类。

主拱的横截面形式很多，通常可分为下面几种类型（图 7.1.5）。

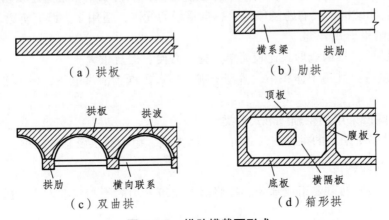

（a）拱板　　　　　　　　　　（b）肋拱

（c）双曲拱　　　　　　　　　　（d）箱形拱

图 7.1.5　拱肋横截面形式

a. 板拱桥。

板拱桥主拱圈采用矩形实体截面，构造简单、施工方便，使用广泛，但自重较大，不经济，通常在地基较好的中小跨径坼工拱桥中采用。

b. 肋拱桥。

肋拱桥是由两条或两条以上分离式拱肋组成承重结构的拱桥，拱肋之间靠横向联系梁连接成整体而共同受力。这种桥横截面积较小、节省材料、自重轻、跨越能力大，多用于较大跨径的拱桥，可以用坼工、钢筋混凝土、钢材建造。

c. 双曲拱桥。

双曲拱桥主拱圈横截面由一个或数个小拱组成，其主拱圈在纵向和横向均呈曲线形，通常有拱肋、拱波、拱板和横向联系等几部分。公路双曲拱桥采用最多的是多肋波的截面形式，对于跨径和荷载较小的单车道桥可采用单波的形式。双曲拱桥施工工序多，组合截面的整体性差、易开裂，因此，只宜在中小跨径桥梁中采用。

d. 箱形拱桥。

箱形拱桥的拱圈横截面由几个箱室组成。截面挖空率大，为全截面的 50% ~ 70%，较实体板拱桥可减少坼工用料与自重，适用于大跨度拱桥。截面抗扭刚度大，横向整体性和稳定性好，特别适用于无支架施工。

e. 钢管混凝土拱。

钢管混凝土拱桥是近一时期蓬勃发展的新桥型。它是利用钢板先卷制成钢管管节，然后与钢板组拼成整拱或两个半拱架设成为钢管拱肋，最后在钢管内灌注高强混凝土。当混凝土达到设计强度后，与钢管黏合在一起共同承受荷载，并增强钢管拱肋的刚度和稳定性。这种形式的拱桥外形轻巧美观，目前已成功修建了数座，如北盘江大桥、青藏铁路拉萨河大桥等。

③ 按建筑材料分类。

拱桥按建筑材料可分为坼工拱桥、钢筋混凝土拱桥、钢拱桥和钢管混凝土拱桥。用砖石、素混凝土建造的拱桥称为坼工拱桥。用石料建造的拱桥，外形美观、养护简便，并可以就地取材，以减低造价。其缺点是自重大，跨越能力有限，石料的开采、加工和砌筑均需要较多的劳动力，且工期较长，适用于小跨径桥梁。钢筋混凝土拱桥施工较石拱桥方便，但由于混凝土抗拉强度低，跨越能力小，多用于小跨径桥梁。钢拱桥和钢管混凝土拱桥采用钢材或组合材料建造其上部结构，具有跨越能力大、自重轻的优点，适用于大跨度桥梁。

④ 按拱上结构形式分类。

a. 实腹式拱桥：其构造形式比较简单，施工方便，但自重大。

b. 空腹式拱桥：其坼工体积小，桥型美观，还可以增大泄洪能力，但施工不如实腹式拱桥简单。

⑤ 按主拱圈所采用的拱轴线形式分类。

拱桥按主拱圈所采用的拱轴线形式可分为圆弧拱、抛物线拱及悬链线拱。

2. 拱上建筑的构造

拱上建筑是拱桥的重要组成部分。按照拱上建筑采用的不同构造方式，拱桥分为实腹式和空腹式两种。

（1）实腹式拱上建筑。

实腹式拱上建筑构造简单，施工方便，填料数量较多，恒载较重，所以一般用于小跨径的拱桥。实腹式拱上建筑由拱腹填料、侧墙、护拱、变形缝、防水层、泄水管以及桥面系组成（图 7.1.6）。

（2）空腹式拱上建筑。

大、中跨径的拱桥，特别是当矢高较大时，实腹式拱上建筑的填料用量多、自重大，因而以采用空腹式拱上建筑为宜。空腹式拱上建筑除具有实腹式拱上建筑相同的构造外，还具有腹孔和腹孔墩。

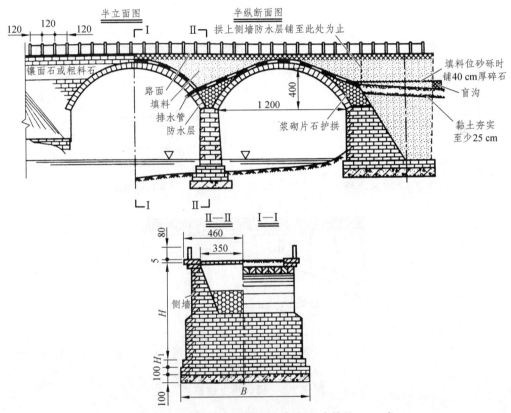

图 7.1.6　实腹式拱上建筑构造（尺寸单位：cm）

① 腹孔。

根据腹孔构造，空腹式拱上建筑可分为拱式拱上建筑和梁式拱上建筑两种。

a. 拱式拱上建筑。

拱式拱上建筑构造简单，外形美观，但质量较大，一般同于圬工拱桥。其腹孔一般对称布置在靠拱脚侧的一定范围内，跨中存在一实腹段[图 7.1.7（a）]。目前也有采用全空腹形式[图 7.1.7（b）]的，一般以奇数孔为宜。

b. 梁式拱上建筑。

梁式腹孔拱上建筑可减轻拱上重量，改善拱圈在施工过程中的受力状况，可获得更好的经济效果。其结构有简支腹拱[图 7.1.8（a）]、连续腹拱[图 7.1.8（b）]和框架式腹拱[图 7.1.8

（c）等多种形式。

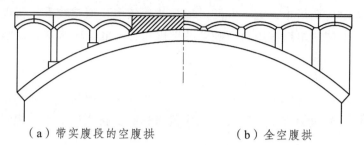

（a）带实腹段的空腹拱　　　　　（b）全空腹拱

图 7.1.7　拱式拱上建筑

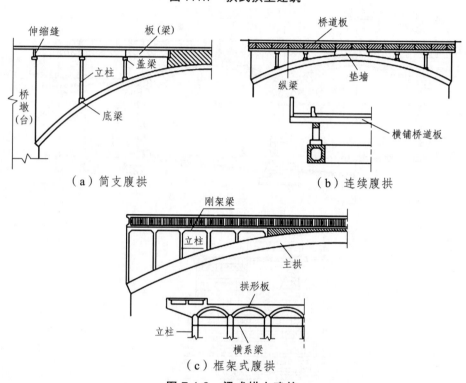

（a）简支腹拱　　　　　　　　　（b）连续腹拱

（c）框架式腹拱

图 7.1.8　梁式拱上建筑

② 腹孔墩。

腹孔墩可分为横墙式[图 7.1.9（a）]和排架式[图 7.1.9（b）]两种。

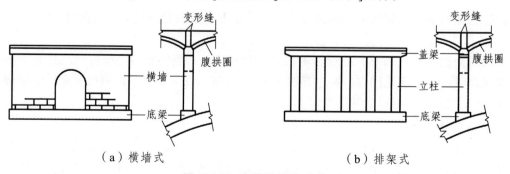

（a）横墙式　　　　　　　　　　　　　　（b）排架式

图 7.1.9　腹孔墩构造形式

第二节　圬工拱桥的施工

拱桥施工可分为有支架施工和无支架施工两大类。有支架施工是拱桥施工的主要方法，尤其是圬工拱桥的施工，几乎全是采用搭设拱架的方法进行施工的。拱架是有支架施工必不可少的辅助结构，在拱桥的整个施工期间，用以支承全部或部分拱圈和拱上建筑的重量，并保证拱圈的形状符合设计要求。因此，要求拱架具有足够的强度、刚度和稳定性。

一、拱架类型

从桥址的地形和地质条件以及材料供应和经济等方面考虑，拱架可采用不同的设计与施工方法；按所用材料，拱架可分为木拱架、钢拱架、竹拱架、竹木拱架及土牛胎拱架等多种形式；按结构形式，拱架可分为满布式拱架、撑架式拱架和常备式拱架等形式。

1. 满布式拱架

（1）满布立杆式拱架。

满布立杆式拱架以前多采用木拱架形式，但由于木拱架需要耗用大量木材，而且损耗大，目前已经很少采用。如仍需采用满布式拱架时，可采用钢管或碗扣式钢管搭设。

满布立杆式拱架的优点是施工可靠，技术简易，木材和铁件规格要求较低；缺点是材料用量多，且材料损耗率也较高，受洪水威胁大。因此，满布立杆式拱架多用于可设中间支架的桥孔和不通航的河流上。

满布立杆式拱架通常由拱架上部、卸架设备和拱架下部（支架）三部分组成。满布立杆式拱架如图 7.2.1。

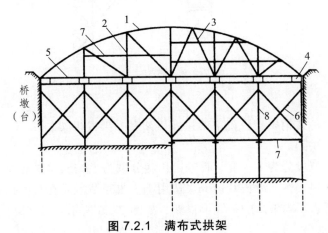

图 7.2.1　满布式拱架

1—弓形木；2—拱盔立柱；3—斜撑；4—卸架设备；5—水平拉杆；6—斜杆；7—水平杆；8—竖杆

（2）满布式拱架的制作与安装。

① 支架基础。

支架基础必须稳固，承重后能保持均匀沉降，其值不得超过预计范围。

② 拱架的制作与安装。

拱架的弓形木及立柱等主要杆件，应采用材质强度较高、无损伤及湿度不大的木材。拱架制作及安装时，应以基础牢固、立柱正直、节点连接紧密为主要原则。

拱架可就地拼装，或根据起吊设备能力预拼成组件后再进行安装。满布式拱架的制作及安装程序如下：

a. 在平台上，按拱圈腹弧线加预拱度放出拱模弧线，并将拱模弧线分成段，定出弓形木接头位置和排架、斜撑、拉杆的中心线。

b. 在样台上量出各杆件尺寸，制作各杆件大样。

c. 在支架及卸落设备上抄平，定出拉杆水平线。

d. 装拉杆、立柱、斜撑、夹木及弓形木等杆件。

e. 抄平弓形木各节点（包括预拱度），准确地按拱模弧线（减去模板、垫木和横梁的高度）控制弓形木高度。

2. 撑架式拱架

撑架式拱架的上部与满布立杆式拱架相同，其下部是用少数框架式支架加斜撑来取代数量众多的立杆，材料用量较立杆式拱架少，如图 7.2.2 所示。这种拱架构造上并不复杂，而且能在桥孔下留出适当的空间，减少洪水及漂流物的威胁，在一定程度上满足通航或桥下通行的要求。因此，它是工程实际中采用较多的一种拱架形式。

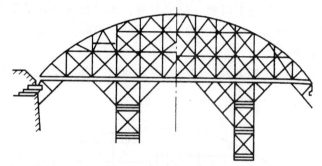

图 7.2.2　撑架式拱架

3. 常备式拱架

我国现有两种常备式钢拱架：工字梁拱式拱架和桁架式拱架。

（1）工字梁拱式拱架。

这种拱架的基本节段分为 Ⅰ、Ⅱ、Ⅲ 号，长度分别为 5.0 m、4.5 m 及 3.0 m，楔形插节为 Ⅳ 号，插节上缘长 0.34 m，下缘长 0.17 m。选用 Ⅰ～Ⅲ 号节段及在其间插入 1～2 个插节，可拼成适用于不同跨度、不同矢高的折线形拱架，如图 7.2.3 所示。工字梁拱式拱架可用于建造跨度 40 m 以下的石拱桥。

基本节由两个间距为 0.6 m 的 55a 工字钢组成，用 75 mm × 75 mm × 8 mm 的角钢连接。可根据拱圈宽度和重量计算确定拱圈（肋）下所需拱架片数，多片之间用 80 mm × 90 mm × 10 mm 的角钢连接（称抗风构），工字梁上面安设适合于拱圈曲线的弓形木。插节与工字梁的末端刨光顶紧，拼接板用精制螺栓与工字梁相连，将插节与工字梁的末端角钢用普通螺栓加以连接用以抵抗剪力，节点下缘用 T 形构件加强。

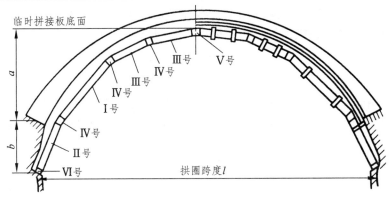

图 7.2.3　折线形拱架

工字梁拱架可做成三铰拱或两铰拱。铰拱为Ⅵ号，利用钢构件间的木填板受不均匀力的压缩起铰作用，拱顶铰（Ⅶ号）的构造与拱脚铰相似，上设抗风夹板，使拱架在横向风力作用下能保持稳定。

落架设备可置于拱顶或拱脚，如置于拱顶，则拱顶铰改用落架设备（Ⅴ号）。拆拱时松开中央螺栓，中间木楔被挤出，拱架下落。

（2）桁架式拱架。

拱架由单榀拱形桁架构成，榀与榀之间距离可为 0.4 m 或 1.9 m，桁架榀数由桥跨宽度及重量决定，可分为三铰、两铰或无铰拱架。拱架的基本构件是预制常备式的，拱顶和拱脚的构件及下弦杆配件、铰、落架设备等则可按桥跨形式装配，使之适用于不同跨度和矢跨比的拱桥。图 7.2.4 为桁架式钢拱架的正面布置。

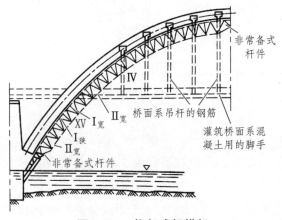

图 7.2.4　桁架式钢拱架

二、拱圈砌筑

1. 拱圈基本砌筑方法

拱圈砌筑应按编号顺序取用石料，砌缝砂浆应铺填饱满。在高度方向砌第二层拱石之前应先坐浆再放拱石挤砌，以利用石料自重将砂浆压实；侧石砌缝可填塞砂浆，用插钎捣实；当砌缝较陡时，可在拱石间先嵌入与砌缝同宽的木条或用撬棍，然后填塞砂浆捣实，填塞完毕后再抽出木条或撬棍。

　　跨径不大于 10 m 的拱圈，当用满布式拱架砌筑时，可从两端拱脚起同时按顺序对称均衡地向拱顶方向砌筑，最后砌拱顶石。当用拱式拱架砌筑时，宜分段、对称地先砌拱脚段和拱顶段，后砌 1/4 跨径段。

　　2. 分段支撑

　　分段砌筑拱圈时，如拱段倾斜角大于拱石与模板间的摩擦角（约 20°），则拱段将沿切线方向产生一定的滑动。为了防止拱段向下滑动，必须在拱段下方临时设置分段支撑。可用横木、立柱、斜撑木等支撑于拱架模板上。

　　3. 拱圈砌缝

　　（1）砌缝。

　　拱圈的受力面砌缝应成辐射形且与拱轴线垂直，这种辐射向砌缝一般为通缝，即上下砌层的竖缝可不错开。但相邻两排的各层砌缝（包括横缝和竖缝）必须相互错开，错开距离应不小于 10 cm，如图 7.2.5 所示。

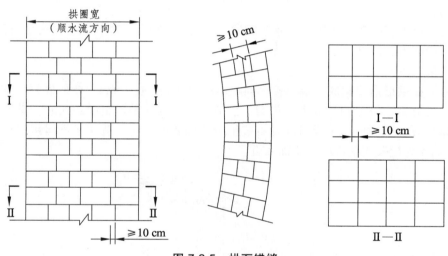

图 7.2.5　拱石错缝

　　（2）砌缝宽度。

　　粗料石砌缝宽度一般为 1~2 cm，不应大于 2 cm；混凝土预制砌块砌缝不应大于 1 cm；当采用小石子混凝土砌筑拱圈时，砌缝宽度宜为 3~5 cm。

　　4. 拱圈合龙

　　砌筑拱圈一般在拱顶留一合龙口，待各拱段砌筑完成后安砌拱顶石完成拱圈合龙。分段较多的拱圈以及分环砌筑的拱圈，为使拱架受力对称、均匀，可在拱圈两半跨的 1/4 处或其他几处同时完成拱圈合龙。

　　为防止拱圈因温度变化产生过大的附加应力，拱圈合龙应按设计规定的温度和时间进行。如设计无规定，则宜选择在接近当地年平均温度或昼夜平均温度（一般为 5~15 ℃）时进行。

三、拱上建筑砌筑

　　拱上建筑的砌筑，必须在拱圈合龙和空隙填塞完成，并经过数日养护，当砌缝砂浆强度达到 75%设计强度以后才能进行。养护时间一般不少于 3 d，跨度较大时适当延长养护时间。

对于实腹式拱的拱上建筑，一般应由拱脚向拱顶对称、均衡地砌筑拱上建筑，拱上填料宜在侧墙砌完后再分层进行填筑。侧墙与桥台间设伸缩缝隔开，多拱拱桥还应在桥墩顶部设伸缩缝隔开。

对于空腹式拱桥，为防止腹拱圈受到主拱圈卸架时的变形影响，应在主拱圈砌完后，先砌腹拱横墙和实腹段，待卸落拱架后再砌筑腹拱圈。腹拱上的侧墙应在腹拱拱铰处设置变形缝。

较大跨径拱桥拱上建筑的砌筑程序，一般在设计文件中均有规定，应按设计规定程序砌筑拱上建筑，并在砌筑过程中对拱圈变形进行监控，确保拱圈稳定。

多跨连续拱桥的拱上建筑，当桥墩不按施工单向受力墩设计时，应注意相邻孔间的拱上建筑对称均衡施工，避免桥墩承担过大的单向推力，尤其是在裸拱圈上砌筑拱上建筑的多孔连续拱时更应注意，以免影响拱圈的质量和安全。

第三节 拱桥悬臂施工

拱桥悬臂施工包括悬臂浇筑和悬臂拼装两种，具体方法有：

（1）在主拱圈施工中，利用塔架、斜拉索和主拱构成斜拉悬臂体系的塔架斜拉索法。

（2）通过斜拉索使主拱圈、拱上立柱和桥面系在施工过程中构成斜拉式悬臂桁架体系的斜吊式悬浇法。

（3）通过设置斜压杆和钢上弦杆与主拱圈、拱上立柱构成斜压式悬拼法。

（4）桁架拱桥悬拼施工法。

下面主要介绍斜吊桁架式悬浇法和悬臂拼装法。

一、斜吊桁架式悬浇法

斜吊桁架式悬浇法是使用专用挂篮，结合使用钢丝束或预应力粗钢筋作为斜吊杆构件，将拱圈、拱上立柱和预应力混凝土桥面板等一起向前同时浇筑，使之边浇筑边形成桁架，并利用已浇筑段的上部作为拱圈的斜吊点将其固定。斜吊杆的力通过布置在桥面上的钢索传至岸边地锚上（也可利用岸边桥台作地锚），其施工顺序如下：

（1）在两岸引桥桥孔完成之后，于桥面板上设置临时钢索（或拉杆），在吊架上浇筑第一段拱圈，待这段混凝土达到要求强度之后，在其上设置斜吊杆，并撤去吊架，然后在其前端安装悬臂挂篮。

（2）用挂篮逐段悬臂浇筑拱圈，在挂篮通过拱上立柱位置后立刻浇筑拱上立柱及立柱间的桥面板（可采用活动支架逐孔浇筑），然后用挂篮继续向前浇筑拱圈，直至通过下一个立柱的位置，再安装前两个立柱之间桥面板上的临时钢索及斜吊杆，并浇筑新的桥面板，如此往复，每当挂篮前移一步，都要将桥面临时钢索收紧一次。

这样一边用斜吊钢筋形成桁架，一边向前悬臂浇筑，直至拱顶附件，撤去挂篮，再用吊架浇筑拱顶合龙混凝土。

1974 年，日本首先在跨径 170 m 的外津桥上采用了这种方法（图 7.3.1）。该桥拱肋除第一段（15 m）用斜吊支架现浇混凝土外，其余各段均用挂篮现浇施工。斜吊杆为预应力高强粗钢筋（$\phi 32\,\text{mm}$），架设过程中作用于斜吊杆的力通过布置在桥面板上的临时拉杆传至岸边的地锚上（也可利用岸边桥墩作为地锚）。

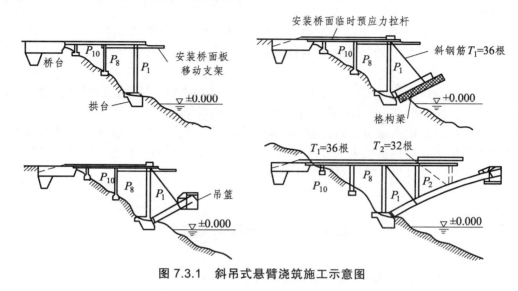

图 7.3.1　斜吊式悬臂浇筑施工示意图

二、悬臂拼装法

悬臂拼装法是另一种悬臂施工方法。在悬臂拼装施工之前，拱片（圈）沿桥跨划分为若干奇数预制段，箱形拱圈的顶、底板及腹板也可再分开预制。对于非桁架型整体式拱桥，应将拱肋（箱或部分箱）、立柱通过临时斜杆和上弦杆组成临时桁架拱片。然后，再用横梁和临时风构将两个（临时）桁架拱片组装成空间框架。每段框架整体运输至桥孔，由拱脚向跨中逐段悬臂拼装至合龙（图 7.3.2）。

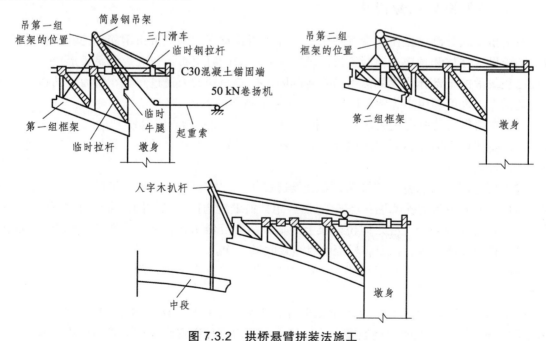

图 7.3.2　拱桥悬臂拼装法施工

第四节　拱桥缆索吊装施工

在峡谷或水深流急的河段上，或在通航河流上需要满足船只的顺利通行，或在洪水季节施工并受漂流物影响等条件下修建拱桥，以及采用有支架施工将会遇到很大困难或很不经济时，就宜考虑采用无支架施工。缆索吊装施工就是无支架施工拱桥中使用最主要的方法之一。其优点是所用吊装设备跨越能力大，水平和垂直运输灵活，适应性广，施工方便、安全。

在采用缆索吊装的拱桥上，为了充分发挥缆索的作用，拱上建筑也应尽量采用预制装配构件，这样就能提高桥梁工业化施工的水平，并有利于加快桥梁建设的速度。

拱桥缆索吊装施工内容包括拱肋（箱）的预制、移运和主拱圈的吊装，拱上建筑的砌筑和桥面结构的施工等主要工序。除缆索吊装设备以及拱肋（箱）的预制、移运和主拱圈的吊装以外，其余工序与有支架施工相同（或相近）。

一、缆索吊装设备

吊装梁式桥的缆索吊装系统由主索、天线滑车、起重索、牵引索、起重及牵引绞车、主索地锚、塔架、风缆等主要部件组成。吊装拱桥的缆索吊装系统除了上述各部件之外，还有扣索、扣索排架、扣索地锚、扣索绞车等部件。其布置形式可参见图 7.4.1。

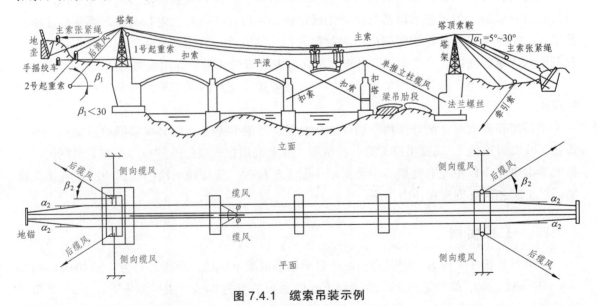

图 7.4.1　缆索吊装示例

二、拱箱（肋）预制

预制拱箱（肋）首先要按设计图的要求，在样台上用直角坐标法放出拱箱（肋）的大样。在大样上按设计要求分出拱箱（肋）的吊装节段，然后以每段拱箱（肋）的内弧下弦为 x 轴，

在此 x 轴上作垂线为 y 轴,在 x 轴上每隔 1 m 左右量出内外弧的 y 坐标,作为拱箱(肋)分节放样的依据。在放样时,应注意各接头的位置力求准确,以减少安装困难。

拱箱(肋)的预制一般多采用立式预制,便于拱箱(肋)的起吊及移运。预制场多用砂砾石填筑拱胎,其上浇筑 50 m 厚的混凝土面层。在混凝土内顺横隔板及两横隔板之间中点位置埋入 80 mm×60 mm 木条,以便与拱箱横隔板相连系。

拱箱预制均采用组装预制。通常将拱箱分成底板、侧板、横隔板及顶板几个部分,首先预制侧板与横隔板块件,侧板块件长为两横隔板之间距[一般可使侧板上缘短 50 mm,下缘短 90 mm 左右,便于组装为折(曲)线形];随后在拱胎上(先在拱胎面上放出拱箱边线,并分出横隔板中线,两侧钉好铁钉。为利于拱箱底板混凝土脱胎,可在拱胎面上铺油毛毡或塑料薄膜一层)铺设底板钢筋(纵、横钢筋),将侧板与横隔板块件安放就位,并绑扎好接头钢筋,浇底板混凝土及侧板与横隔板接头混凝土,组成开口箱;然后在开口箱内立顶板的底模,绑扎顶板钢筋,浇筑顶板混凝土,组成闭口箱。待达到设计强度后即可移运拱箱,进行下一段拱箱的预制工作。

三、吊装方法

采用缆索吊装施工的拱桥,其吊装方法应根据桥的跨径大小、桥的总长及桥的宽度等具体情况而定。

拱桥的构件一般在河滩上或桥头岸边预制和预拼后,送到缆索下面,由起重车起吊牵引至预定位置安装。为了使端段基肋在合龙前保持一定位置,在其上用扣索临时系住后才能松开吊索。吊装应自一孔桥的两端向中间对称进行。其最后一节构件吊装就位,并将各接头位置调整到规定标高以后,才能放松吊索,从而合龙,最后才将所有扣索撤去。

基肋(指拱箱、拱肋或桁架拱片)吊装合龙要拟定正确的施工程序和施工细则,并坚决遵照执行。

拱桥跨径较大时,最好采用双肋或多肋合龙。基肋和基肋之间必须紧随拱段的拼装及时焊接(或临时连接)。端段拱箱(肋)就位后,除上端用扣索拉住外,并应在左右两侧用一对称风缆索牵住,以免左右摇摆。中段拱箱(肋)就位时,宜缓慢地松吊索,务必使各接头顶紧,尽量避免简支搁置和冲击作用。

四、工程实例

四川万县长江大桥为钢管混凝土劲性骨架钢筋混凝土拱桥,跨径组合为:5×30.668 + 420 + 8 × 30.668(m);桥净宽为 2×7.5 + 2×3(m),桥面总宽为 24 m;主拱圈矢跨比 1/5,单箱三室的箱形截面,拱圈高 7 m,宽 16 m,顶、底板厚 40 cm,顶、底、腹板在拱脚附近区域变厚,钢管劲性骨架成拱;拱上结构为 14 孔 30 m 的预应力简支 T 梁;桥台为由拱座、水平撑和立柱三部分组成的组合结构。劲性骨架分为 36 个节段,由 5 个桁片组成,每节段长 13.0 m,宽 15.6 m,高 6.45 m,质量为 61 t。

缆索吊机采用万能杆件拼装的单向铰支座双柱式门型索塔;劲性骨架的扣索、锚索统一采用36φ5碳素钢丝辅以镦头锚，36个桁段以每悬拼3段为一单元，安装一组扣索。缆索吊装图示见图7.4.2。

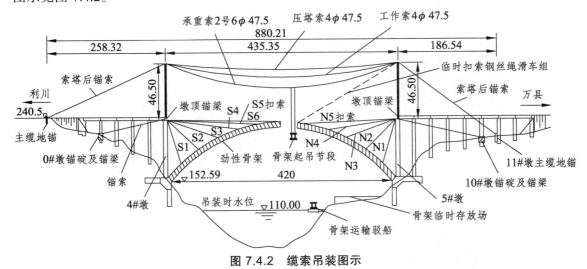

图 7.4.2　缆索吊装图示

拱脚定位段、中间段和拱顶段的安装程序为：

（1）按加工好的第一段劲性骨架的各弦管几何尺寸精确测量放样，在主拱座预留孔内埋设起始段定位钢管座。

（2）起吊第1段骨架，将各弦管嵌入拱座定位钢管座，安装临时扣索。

（3）起吊第2段骨架，与第1段骨架精确对中，用钢销定位、法兰盘螺栓连接，安装临时扣索，初调高程。

（4）第3段骨架吊装就位，安装第1组扣、锚索，拆除临时扣索，调整高程和轴线。

（5）悬臂安装第4段骨架，第5段骨架就位后安装临时扣索。

（6）吊装第6段骨架，安装第2组扣索，拆除临时扣索，调整高程和轴线，观测索力和骨架应力。

（7）同法安装每岸第7～18段骨架及第3～6组扣索。

（8）精确丈量拱顶合龙间隙，据以加工合龙段嵌填钢板，安装拱顶合龙"抱箍"，实现劲性骨架合龙。

（9）拆除扣、锚索，劲性骨架安装完成。

缆索吊装施工过程如图7.4.3～图7.4.12。

图 7.4.3　拱圈劲性骨架加工

图 7.4.4　骨架桁段起吊

图 7.4.5 第 1 段桁段管端头插入拱座支座管内

图 7.4.6 第 1 段桁架就位，第 2 段正在吊装

图 7.4.7 骨架桁段间法兰盘贴合面调整

图 7.4.8 扣索安装

图 7.4.9 中间骨架吊装

图 7.4.10 即将合龙

图 7.4.11　骨架合龙抱夹安装

图 7.4.12　骨架安装完成

第五节　拱桥转体施工

拱桥转体施工是一种适合单跨拱桥的施工方法。该法的基本原理是：先将拱圈或整个上部的两个半跨分别置于河岸上，利用地形或使用简便支架进行现浇或预制拼装，然后利用千斤顶等动力装置，将这两个半跨结构转动至桥轴位置合龙成拱。

拱桥的转体施工法根据其转动方位的不同，可分为平面转体、竖向转体及平竖结合转体三种。转体施工法具有变复杂为简单、避免水上高空作业、结构受力安全可靠、施工设备少、用料省、施工速度快、费用低等优点。

一、平面转体

平面转体施工法，是将两个半跨的拱圈（肋）的桥轴线旋转至沿岸线或台后堤岸，利用地形及支架按设计高程进行现浇或预制拼装，然后在水平面内绕拱座底部的竖轴旋转使拱圈（肋）合龙成拱（图 7.5.1）。平面转体施工法分为有平衡重转体和无平衡重转体两种。

1. 有平衡重转体

有平衡重转体是一种在旋转过程中自平衡的转体，对于单跨拱桥通常需要利用桥台背墙重量及附件平衡压重，以平衡半跨拱圈（肋）的自重力矩[图 7.5.1（a）]。

有平衡重转体的转动系统由底盘、上转盘、锚扣系统、拱体结构、拉索、桥台背墙及平衡压重组成。其特点是转动质量大、旋转稳妥安全、转动装置灵活安全可靠。有平衡重转体的主要施工步骤及内容为：

（1）底盘、转盘轴、环形滑道的制作。

（2）转盘球面磨光、涂抹润滑脂，上转盘试转。

（3）拱体结构及桥台背墙施工。

（4）布置旋转牵引或顶推驱动系统。

（5）设置锚扣系统并张拉脱架。

（6）转体、合龙成拱。

（7）放松锚扣系统，封固转盘。

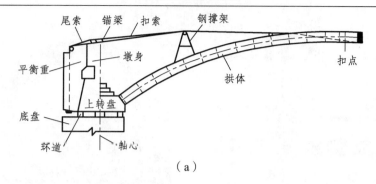

（a）

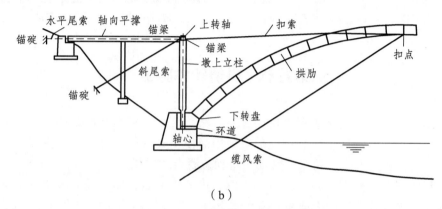

（b）

图 7.5.1　平面转体系统示意图

2. 无平衡重转体

无平衡重转体，是指以两岸山体岩石的锚碇锚固半跨拱在悬臂状态平衡时所产生的水平拉力，借助拱脚处立柱下端转盘和上端转轴使拱体实现平面转动[图 7.5.1（b）]。本方法适合用于建在地质条件好的深谷形河床上的大跨度拱桥。无平衡重转体的主要施工步骤及内容为：

（1）下转盘、下转盘轴、环形滑道的制作。

（2）旋转拱座制作、转盘试转。

（3）立柱、拱体结构施工。

（4）上转轴安装。

（5）锚固体系施工。

（6）转体、合龙成拱。

（7）放松锚扣系统，封固转盘。

二、竖向转体

竖向转体施工法，是在河岸或浅滩上将两个半跨的拱圈（肋）在桥轴平面内预制，然后通过在竖平面内绕拱脚旋转使拱圈（肋）合龙成拱。

竖向转体施工法较拱架施工可节省投资和材料，但如果跨度过大，拱圈（肋）过长，则竖向转动不易控制，故一般只宜在中、小跨径拱桥中使用。

三、平竖结合转体

由于受到河岸地形条件的限制，拱桥采用转体施工时，可能遇到既不能按设计标高预制半拱，也不可能在桥位竖平面内预制半拱的情况。此时，拱体只能在适当位置预制后既需平转，又需竖转才能就位，这种平竖结合转体基本方法与前述相似，但其转轴构造较为复杂。

四、工程实例

北盘江大桥位于云贵高原中部北盘江大峡谷上，山高路险，交通不便，地质地形复杂，施工环境极为恶劣。该桥系贵州水柏铁路线上一座结构新颖又复杂、技术要求高、施工难度大的单线铁路桥。大桥桥跨布置：3×24 m 预应力混凝土梁 + 236 m 提篮上承式钢管混凝土拱 + 5×24 m 预应力混凝土梁。桥长 468.20 m，桥高 280 m。大桥主跨结构：主跨 236 m，其拱轴线为悬链线，矢高为 59 m；每侧拱桁管中心高为 4.4 m、宽 1.5 m，由 4 根 $\phi 1000 \times 16$ 的 Q345D 钢管及 H 腹杆、腹板以栓焊连接而成；上下游拱肋之间则以 $\phi 800 \times 14$ 及 $\phi 600 \times 14$ 钢管组成 K 字型构件，管管相贯焊接；拱肋拱顶中心距为 6.16 m，拱趾中心距为 19.6 m。拱肋钢管内灌注 500# 微膨胀混凝土。拱上结构为 5×16 m 预制钢筋混凝土简支梁+82 m 拱顶现浇 Ⅱ 型混凝土梁+5×16 m 预制钢筋混凝土简支梁，拱上桥墩为钢筋混凝土刚架墩。

大桥施工方案：236 m 主跨钢管桁架拱采用工厂内分单元制造，铁路、公路运输，在大桥南北两岸陡峭峡谷的工地支架上进行栓焊连接成两个半拱，单铰水平转体合龙（南岸水平逆转 180°，北岸水平逆转 135°），钢管内混凝土以泵送顶升法施工；拱上结构用吊重 60 t、跨度为 480 m 的缆索吊机施工。

大桥特点：

（1）本桥轨底到峡谷底深达 280 m，为国内最高的铁路桥梁。

（2）本桥主跨为 236 m 上承提篮式钢管混凝土推力铁路拱桥，是世界同类型桥梁第一。

（3）本桥主跨达 236 m，为国内第二大跨度铁路钢桥。

（4）本桥单铰转体质量达 10 400 t，居世界同类转体首位。

北盘江大桥转体施工的主要过程如图 7.5.2 ~ 图 7.5.17。

图 7.5.2　拱肋

图 7.5.3　底盘、上转盘

图 7.5.4　半跨拱结构

图 7.5.5　安装下球铰

图 7.5.6　安装转体中心轴

图 7.5.7　安装转体上球铰

图 7.5.8　拱肋拼装

图 7.5.9　两个半跨拱圈

图 7.5.10　南岸水平逆转 180°

图 7.5.11　北岸水平逆转 135°

图 7.5.12 即将合龙

图 7.5.13 转体到位

图 7.5.14 跨中合龙

图 7.5.15 拆除扣索

图 7.5.16 灌注拱肋微膨胀混凝土

图 7.5.17 形成钢管混凝土拱结构

第六节 钢管混凝土拱桥的施工

钢管混凝土拱桥是以钢管为拱圈外壁，在钢管内浇筑混凝土，使其形成由钢管和混凝土组成的拱圈结构。由于管壁内填满混凝土，提高了钢管壁受压的稳定性，钢管内的混凝土受钢管的约束，提高了混凝土的抗压强度和延性。钢管的重量轻、刚度大、吊装方便，同时钢管的较大刚度可以作为拱圈施工的劲性支架。钢管本身就是模板，钢管混凝土拱桥断面尺寸较小，使结构感到很轻巧，钢管外壁涂以色彩美丽的油漆，使拱桥建筑造型极佳。由于有上述这些优点，钢管混凝土拱桥得到了广泛应用。

一、钢管混凝土拱桥构造特点

1. 截面形式

钢管混凝土结构中钢管对混凝土的套箍作用使钢管内混凝土处于三向受力状态，提高了混凝土的抗压强度和变形能力。由于上述原因，目前钢管混凝土拱桥基本上均采用圆形钢管组成。跨度较小时采用单圆管，如图7.6.1（a）所示。跨度在150 m以内时，一般采用两根圆形钢管上下叠置的哑铃形截面，如图7.6.1（b）所示，这是已建成拱桥中采用最多的截面形式。当跨度超过150 m时，采用桁式截面较合理，如图7.6.1（c）所示。在劲性骨架的钢筋混凝土拱桥中多采用桁式截面。

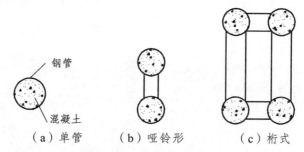

（a）单管   （b）哑铃形   （c）桁式

图7.6.1 截面形式示意图

2. 结构形式

钢管混凝土拱桥根据结构的受力体系和施工方法的不同可以归纳为以下几种，如图7.6.2。

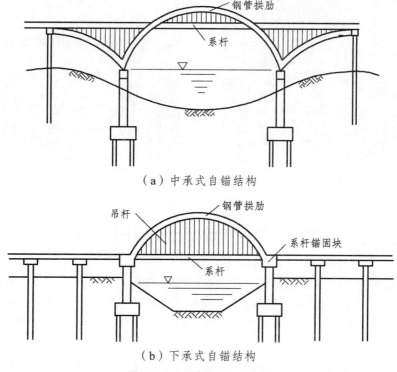

（a）中承式自锚结构

（b）下承式自锚结构

图7.6.2 结构形式示意图

（1）中承式肋拱桥。

这是目前钢管混凝土拱桥中应用最多的一种，由于桥面位置在拱的中部穿过，可以随引桥两端接线所需的高度上下调整，所以适应性强。当地质条件较好时，一般均采用有推力的中承式拱桥，如浙江新安江大桥即为有推力中承式钢管混凝土拱桥。当地质条件较差时，桥墩不能承受较大水平推力，或受地形条件限制时，可以采用中承式带两个半跨的自锚结构形式。广东三山西大桥和三峡莲沱大桥均为中承式自锚结构形式[图 7.6.2（a）]。

（2）下承式系杆拱桥。

当地质条件较差或受城市道路接线高度的限制时，往往采用下承式系杆拱结构形式，拱脚的推力由系杆承受。目前，下承式钢管混凝土系杆拱桥的系杆形式有两种：一种是上下部结构采用的刚接联结，系杆仅用体外预应力钢束组成的柔性系杆形式；另一种是上部结构简支支承于桥墩的刚性系杆形式。柔性系杆结构简单、施工方便，能节省一根较大尺寸的系梁。刚性系杆形式由于有一根刚度较大的系梁联系着两端拱脚，系梁能承受较大压力，对系梁内预应力钢束的张拉较柔性系杆安全。

（3）上承式拱桥。

当桥梁两岸地形较高或桥梁要跨过深谷时，采用上承式钢管混凝土拱桥是较为合理的桥型方案。上承式钢管混凝土拱桥的桥面系在拱圈的顶面，拱肋可以采用多片，在多片拱肋之间和拱肋顶面的立柱排架之间可以进行纵横向联系，加强了大跨度拱桥施工中的稳定性，保证了施工的安全。

3. 钢管的制造与安装

钢管由钢板卷管成型，管节的长度由钢板宽度确定，一般管节长度为 120～180 cm。管节一般为直管，钢板厚度一般为 10～20 mm。采用桁式截面时，上下弦之间的腹杆由于直径较小，可以直接采用无缝钢管。拱肋制作的关键在于拱肋在放样平台上的放样精度和焊接质量，应尽量减少工地高空焊接。严格控制钢管拱肋的制作质量，为拱肋的安装和拱肋内混凝土浇筑提供安全保证。

（1）钢管卷制和焊接。

钢板利用焰割机切割，但应将热力影响宽度 3～5 mm 去掉。拱肋及横撑结构外表面均应先喷漆除锈，按一级表面清理。钢板卷制前，应根据要求将板端开好坡口，然后将钢板送入卷板机卷成直筒体，卷管方向应与钢板压延方向一致，轧制的管筒失圆度和对口错边偏差应满足相应施工规范要求。对卷成的钢管纵向缝施焊形成直管。对焊成的直钢管应进行检查和校正，以确保组装的精度。

（2）拱肋放样和拱肋段的拼装。

将半跨拱肋在混凝土地面上按 1∶1 进行放样。沿放样的拱肋轴线设置胎架，在大样上放出吊杆位置及段间接头位置以及混凝土灌注孔位置。拱肋钢管的纵向焊缝各管节应互相错开，而且应将纵向焊缝全部置于两肋板中间，以免影响美观。拱肋分段的长度主要考虑从工厂到工地的运输能力，主要分段接头应避开吊杆孔和混凝土灌注孔位置。当采用汽车运输时，管段长度约 10 m 为宜。对拱肋的平面内和平面外的安装偏差进行检查校正。在拱肋上部钢管内施焊吊杆垫板、支架及吊杆套管和弹簧钢筋，对管段焊接质量进行超声探伤和 X 光拍片检查。对管段涂刷油漆防锈。对拱肋安装用的吊扣点位置进行布置，并在吊扣点位置增设加劲板，以防圆管受荷时变形。对各段端接头进行必要的加劲，防止吊装时拱肋端头碰撞，局部变形而难于对接施焊。段间接头外部增设法兰块螺栓连接，以便就位后作临时连接用。横向风撑等杆件与拱肋的焊接，应根据拱肋安装方法而定。当整孔安装或半孔安装时，风撑应在工地安装前焊完；当采用缆索安装时，风撑可在拱肋吊装完成后焊接。分段拱肋运至工地后，再在工地进行放样，将几段拱肋拼成安装的长度。在拱肋安装前应对拱肋尺寸和焊缝质量进行检查。

二、拱肋安装和拱肋混凝土浇筑

1. 拱肋安装

钢管拱肋的安装，我国已建成的钢管混凝土拱桥中采用最多的施工方法为少支架或无支架缆索吊装、转体施工或斜拉扣索悬拼法施工。缆索吊装施工方法、转体施工方法在前面第四节、第五节中已经作了详细叙述，在此不再赘述。如图 7.6.3 为钢管拱肋拼装流程示意图。

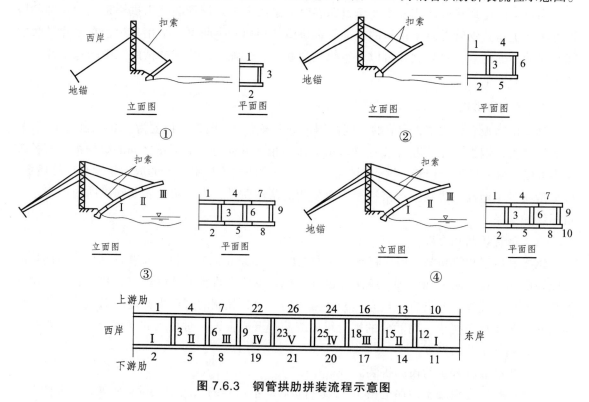

图 7.6.3　钢管拱肋拼装流程示意图

注：图中阿拉伯数字表示吊装就位顺序；罗马数字表示钢骨架分段。

2. 拱肋混凝土浇筑

根据钢管拱肋的截面形式及施工设备，钢管混凝土的浇筑可采用以下两种浇筑方法。

（1）人工浇筑法。这种方法是用索道吊点悬吊活动平台，在钢管拱肋顶部每隔 4 m 开孔作为灌注孔和振捣孔。混凝土由吊斗运至拱肋灌注孔，混凝土由人工铲进，插入式和附着式振捣器振捣。

（2）泵送顶升浇筑法。这种方法适用于桁架式钢管拱肋内混凝土的浇筑，也可用于单管、哑铃形等实体形拱肋截面的混凝土浇筑。一般输送泵设于两岸拱脚，对称均衡地一次压注混凝土。在钢管上应每隔一定距离开设气孔，以减少管内空气压力，泵送之前，应先用压力水冲洗钢管内壁，再使水泥砂浆通过，然后连续泵送混凝土。图 7.6.4 为泵送混凝土浇筑管内混凝土示例。

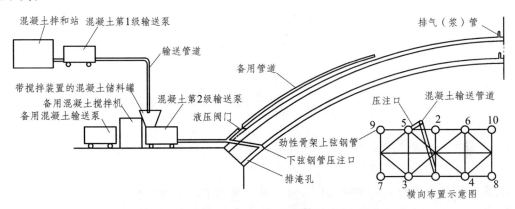

图 7.6.4　泵送混凝土浇筑管内混凝土示例

灌注混凝土的配合比除满足强度指标外，尚应注意混凝土坍落度的选择。对于泵送顶升浇灌法粗集料粒径可采用 0.5～3 cm，水灰比不大于 0.45，坍落度不小于 15 cm；对于吊斗浇捣法粗集料粒径可采用 1～4 cm。为满足上述坍落度的要求，应掺入适量减水剂。为减少收缩量，可掺入适量的混凝土微膨胀剂。

3. 浇筑混凝土注意事项

钢管混凝土填充的密实度是保证钢管混凝土拱桥承载能力的关键。钢管内混凝土是否灌满、混凝土收缩后与钢管壁形成空隙往往是问题关键所在。质量检测办法以超声波检测为主，人工敲击为辅。当然，采用小铁锤敲击钢管听声音的方法是十分简单和有效的，通过检测，有空隙部位必须进行钻孔压浆补强。施工中除应按设计要求进行外，还应注意以下几点：

（1）每根钢管的混凝土须由拱脚至拱顶一次连续浇筑完成，不得中断，且浇筑完成时间不宜超过第一根钢管混凝土的初凝时间，当钢管直径较大，混凝土初凝时间内不能浇完一根钢管时，可设隔板把钢管分为 3 段或 5 段，分段灌注。隔板钢板厚度应大于 1.5 倍钢管壁厚。下一段开口应紧靠隔板，使两段混凝土通过隔板严密结合。隔板周边应与钢管内壁焊接。

（2）浇筑入口应设在浇筑段根部，应从两拱脚向拱顶对称浇筑。用顶升法浇筑时，严禁从中部或顶部抛灌。

（3）浇筑混凝土的前进方向，应每隔 30 m 左右设一个排气孔，有助于排出空气，加强管内混凝土的密实度。

（4）桁式钢管拱肋混凝土的浇筑顺序，一般为先下管、后上管或上、下管和相邻管的混凝土浇筑按一定程度交错进行或按设计要求进行。

（5）浇筑时环境气温应大于 5 ℃。当环境气温高于 40 ℃，钢管温度高于 60 ℃ 时，应采取措施降低钢管温度。

（6）因浇筑管道较小，要求混凝土有较高的和易性，为减小混凝土凝结时收缩，施工时应加入适量的减水剂和微膨胀剂，并注意振捣密实。

（7）管内混凝土的配合比及外掺剂等，应通过设计、试验来确定。施工中须严格管理，以确保钢管混凝土的质量。

大跨径钢管混凝土拱桥，混凝土灌注可以分环或分段浇筑，灌注时应从拱脚向拱顶对称进行。大跨径拱肋灌注混凝土时应对拱肋变形和应力进行观测，并在拱顶附近配置压重，以保证施工安全。

思考题

1. 在拱架上浇筑混凝土拱圈应注意哪些事项？
2. 劲性骨架法施工拱圈的控制方法有哪些？
3. 缆索吊装合龙的方式有哪几种？缆索吊装施工中，观测的项目有哪些？
4. 转体施工方法有哪几种？转体施工拱顶合龙的施工要点是什么？
5. 设置风缆时应注意哪些问题？

第八章 斜拉桥施工

第一节 认识斜拉桥

斜拉桥是由主梁、拉索和索塔三种构件组成的，见图 8.1.1。

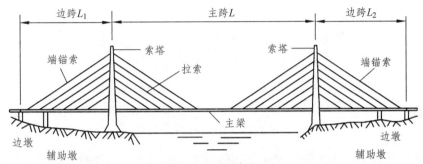

图 8.1.1 斜拉桥的组成

斜拉桥是一种桥面体系以主梁承受轴向力（密索体系）或承受弯矩（稀索体系）为主，支撑体系以拉索受拉和索塔受压为主的桥梁。拉索的作用相当于在主梁跨内增加了若干弹性支承，使主梁跨径显著减小，从而大大减少了梁内弯矩、梁体尺寸和梁体重力，使桥梁的跨越能力显著增大。与悬索桥相比，斜拉桥不需要笨重的锚固装置，抗风性能又优于悬索桥。通过调整拉索的预拉力可以调整主梁的内力，使主梁的内力分布更均匀合理。

一、总体布置

斜拉桥的总体布置主要解决塔索布置、跨径布置、拉索及主梁的关系、塔高与跨径关系。

1. 孔跨布置

现代斜拉桥最典型的跨径布置（图 8.1.2）有两种：双塔三跨式和单塔双跨式。特殊情况下也可以布置成独塔单跨式、双塔单跨式及多塔多跨式。

双塔三跨式是斜拉桥最常见的一种布置方式。主跨跨径根据通航要求、水文、地形、地质和施工条件确定。考虑简化设计、方便施工，边跨常设计成相等的对称布置，也可采用不对称布置，边跨和中跨经济跨径之比通常为 0.4。另外，应考虑全桥的刚度、拉索的疲劳度、锚固墩承载能力多种因素。如：主跨有荷载会增加端锚索的应力，而边跨上有活载时，端锚索应力会减少。拉索的疲劳强度是边跨与主跨跨径允许比值的判断标准。当跨径比为 0.5 时，可对称悬臂施工到跨中进行合龙；小于 0.5 时，一段悬臂是在后锚的情况下施工的。

独塔双跨式是另一种常见的斜拉桥孔跨布置方式之一，通常可采用两跨对称布置或两跨不对称布置。两跨对称布置，由于一般没有端锚索，不能有效约束塔顶位移，故在受力和变形方面不能充分发挥斜拉桥的优势，而如果用增大桥塔的刚度来减少塔顶变位则不经济。采用两跨不对称布置则可设置端锚索控制桥塔顶的位移，受力比较合理，采用不对称布置时，要注意悬臂端部的压重和锚固。

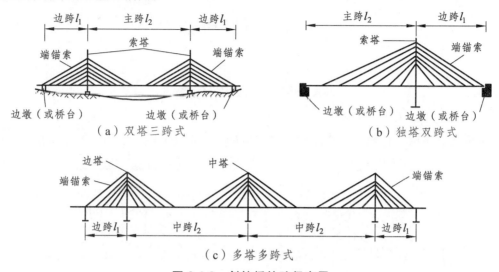

（a）双塔三跨式　　　　　　　　　　（b）独塔双跨式

（c）多塔多跨式

图 8.1.2　斜拉桥的跨径布置

　　当斜拉桥的边孔设在岸上或浅滩上，边孔高度不大或不影响通航时，在边孔设置辅助墩，可以改善结构的受力状态。辅助墩受压可减少边孔主梁弯矩，而受拉则可减少中跨主梁的弯矩和挠度，从而大大提高全桥的刚度。边孔设置一个辅助墩后，塔顶水平位移、主梁跨中挠度、塔根弯矩和边跨主梁弯矩都大大减少；加两个辅助墩，内力和位移虽然下降，但幅度减少；加三个辅助墩，内力和弯矩都没有明显变化。

　　当设置辅助墩困难或造价较高时，可采用外边孔的构造形式，将斜拉桥的主梁向前后两侧再连续延伸一孔或数孔，使斜拉桥的主梁与引桥的上部结构形成连续梁形式。但主梁与引桥的上部结构相连，地震时将增加斜拉桥的水平惯性力。

　　2. 索塔构造

　　（1）索塔类型。

　　组成桥塔的主要构件是塔柱，另外还有塔柱之间的横梁或其他联结构件。塔柱之间的横梁一般分为非承重横梁和承重横梁，前者有塔顶横梁与直柱之间的中间横梁，后者有放置在主梁支座的受弯横梁、竖塔柱与斜塔柱相交（折角）点处的压杆横梁以及反向斜塔柱相交点处的拉杆横梁。当然，所有的承重与非承重横梁都必须首先承受自重引起的内力，另外还要作为塔架面内的组成构件参与抵抗风力、地震及偏心活载。

　　塔柱按照材料可以分为钢塔柱和混凝土塔柱。大多数钢塔柱的截面做成矩形空心箱式、箱室四周各主壁板上均分布有竖向加劲肋。箱室内上下相隔一定的距离设有水平横隔板。少数钢塔柱的截面做成丁字形或准十字形的空心箱式。斜拉桥的混凝土塔柱可以分为实心柱和空心柱。无论是实体塔柱还是空心塔柱，其截面基本上都采用矩形，并且一般是长边与桥轴线平行，短边与塔轴线平行。实心塔柱一般适用于中小跨径的斜拉桥，小跨径时用等截面，中等跨径时可用变截面。空心箱形塔柱一般用于较大跨径的斜拉桥，一般采用变截面，并且通常只是改变长边的尺寸。

（2）索塔布置。

索塔高度不仅与斜拉桥的主跨径有关，还与拉索的索面形式（辐射式、竖琴式或扇式）、拉锁的索距和拉索的水平倾角有关。一般在主跨相同的情况下，索塔高度低，拉索的水平倾角就小，则拉索的垂直分力对主梁的支承效果小，导致拉索的钢材用量增加。拉索的高度应由经济比较来确定。

桥塔的有效高度应该从桥面以上算起，因为它与斜拉索的倾角有关。桥塔的有效高度越高，斜拉索的倾角越大，斜拉索垂直分力对主梁的支承效果也越大，但桥塔与斜拉索的材料数量也要增加。因此，桥塔的适宜高度要考虑经济因素。

从桥梁行车方向看，塔柱（图 8.1.3）可做成独柱式、双柱式、门式、斜腿门式、倒 V 式、宝石式和倒 Y 式等多种形式。单柱型都用于单索面；门形或 H 形索塔一般用于桥面宽度不大的双索面斜拉桥；花瓶形和钻石形多用于大跨径斜拉桥中。近些年斜拉桥桥塔形式也有不少创新，如港珠澳大桥的中国结样式的桥塔极具中国特色。各种桥塔形式见图 8.1.4 ~ 图 8.1.6。

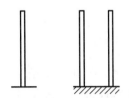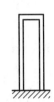

图 8.1.3　斜拉桥桥塔类型

图 8.1.4　单柱式

图 8.1.5　钻石形

图 8.1.6　A 形

3. 斜拉索布置

斜拉索对主梁有弹性支承作用，对整个斜拉桥的结构刚度和经济合理性起着重要的作用。斜拉索一般采用抗拉强度高、疲劳强度好和弹性模量较大的高强钢丝、钢绞线及高强粗钢筋等。

（1）斜拉索在空间上的布置形式。

斜拉索在空间上的布置形式（图 8.1.7），即索面的位置和数量，通常可布置成单索面和双索面。双索面又分为竖直双索面和倾斜双索面两种形式。

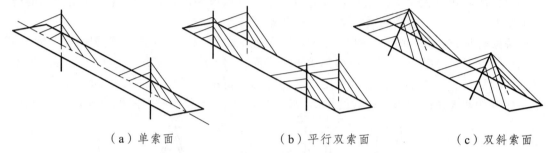

|　（a）单索面　　　　　　（b）平行双索面　　　　　　（c）双斜索面|

图 8.1.7　斜拉索索面在空间上的布置

从力学角度上来看，单索面、双索面和多索面与主梁的抗扭问题有密切关联。采用单索面对抗扭不起作用，因此要求主梁应采用抗扭刚度较大的截面，跨度也不宜过大。较窄的双车道桥梁不宜采用单索面布置，中央要设中央分隔带。由于铁路桥梁承受的荷载较大，在目前建成的斜拉桥中，均没有采用单索面结构的。采用双索面时，两个拉索面能加强结构的抗扭刚度，斜拉索的轴力也可以抵抗作用于桥梁的扭矩，不需要强调主梁采用抗扭刚度大的箱形截面。倾斜双索面对桥面梁体抗风力扭振比较有利。

（2）斜拉索在索面内的布置形式。

斜拉索在索面内的布置形式（图 8.1.8）具体有辐射式、竖琴式、扇形式。究竟采用哪种形式，除了分析各种形式的受力特点之外，一个很重要的考虑因素是景观问题。总的来说，现代斜拉桥采用扇形索面的最多，其次是竖琴形。

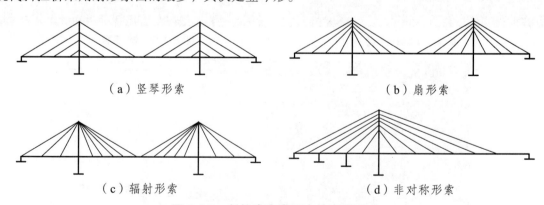

|　（a）竖琴形索　　　　　　　　　　　　（b）扇形索|
|　（c）辐射形索　　　　　　　　　　　　（d）非对称形索|

图 8.1.8　斜拉索在索面内的布置形式

① 辐射式。

从力学角度来看，辐射形较优于其他两种。因为采用辐射式布置的斜拉索，拉索与水平面的平均交角较大，斜拉索垂直分力对梁的支承作用较大，而对主梁产生的轴力较小；其次因为斜拉索的水平分力在塔顶基本平衡，使得塔的弯矩较小，塔的高度也可以比别的形式做得相对小。但是辐射式所有拉索锚固于塔顶，使塔顶的构造细节比较复杂，局部应力集中现象突出，目前应用较少。

② 竖琴式。

由于竖琴式所有斜拉索的倾角相同，拉索和桥塔的锚固点分散布置，连接构造简单，这是一个很大的优点。这种布置形式也加强了索塔的顺桥向刚度，对减少索塔的弯矩和提高稳定性有帮助。另外，如若将中间拉索用边孔内设置的辅助墩锚固，可大大减少索塔的弯矩和变形。竖琴式布置使得拉索倾角小，拉索对主梁的支承效果差，拉索用量大，并且此种布置形式无法形成漂浮体系，于抗风、抗震不利，难于控制跨中弯矩，一般用于中小跨径的斜拉桥。

③ 扇形。

扇形斜拉索兼有辐射形和竖琴形的优点，是采用得最多的一种布置形式。它具有很好的抗扭刚度以及抗风振动稳定性和抗地震稳定性，但对拉索的锚固位置、构造要求及施工工艺要求高。

（3）拉索间距。

早期采用拉索很少而刚性大的稀索布置，索距在 15～30 m（混凝土主梁）、30～50 m（钢主梁），拉索索力容易控制在设计预期值。索距大，主梁的弯矩和剪力大，要求具有较高的主梁高度。拉索内力大，锚固区需要进行补强，施工困难。

现代拉索采用密索布置，使主梁弯矩减小，轴力增大。梁高降低，可做成梁板式截面，改善了动力性能，提高了结构的抗风、抗震能力。多索布置与悬臂平衡施工方法相似，有利于施工控制，可在行车时更换拉索。但密索布置可能产生分振问题，边跨主梁可能产生较大负弯矩及端锚索刚度较小问题。索距：混凝土在 4～12 m，钢斜拉桥在 8～24 m。

（4）斜拉索构造。

斜拉索在构造上可分为刚性索和柔性索两大类。刚性索是由钢索外包预应力混凝土而形成的刚性构件。拉索数量少而集中，提高主梁刚度，其优点是减少高强度钢材用量。柔性索施工、安装方便，目前采用的主要是平行钢丝索和平行钢绞线索，见图 8.1.9 和图 8.1.10。

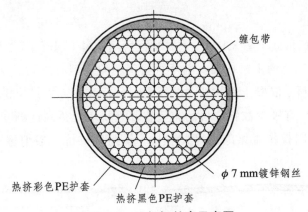

缠包带

ϕ 7 mm镀锌钢丝

热挤彩色PE护套

热挤黑色PE护套

图 8.1.9　平行钢丝索示意图

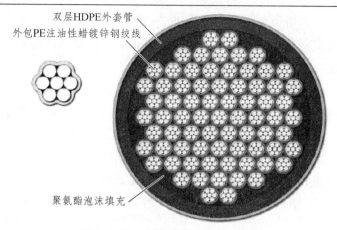

双层HDPE外套管
外包PE注油性蜡镀锌钢绞线

聚氨酯泡沫填充

图 8.1.10　平行钢绞线索示意图

平行钢丝索是用几十根到几百根的圆截面钢丝紧密而平行地组成六角形截面。平行钢丝斜拉索一般由多根 $\phi 5$ mm、$\phi 7$ mm 高强钢丝组合并外包 PE 保护层加工形成的成品斜拉索，整根平行钢丝斜拉索主要包括锚杯、锚板、连接筒、锚杯螺母、PE 护套、平行钢丝、后盖板、密封盖、环氧铁砂。平行钢丝索的抗拉强度和弹性模量均较大，抗疲劳性能也较好，但其缺点是由于刚度大而引起的二次应力以及长索重量太大。

平行钢绞线索采用若干根钢绞线平行排列组成拉索，架设时可单根钢绞线架设，进行初张拉，待所有钢绞线都安装完成，再进行张拉。在平行钢绞线中，采用四层甚至更多的防护层，以解决平行钢绞线索的施工和防护的问题。平行钢绞线斜拉索是以单根钢绞线作为现场安装单元的斜拉索，因其散件上桥在现场组装，所需牵引、张拉设备较小，所需张拉净空也较小，所以特别适应于长大斜拉索。平行钢绞线斜拉索体系由索体及其两端的锚固体组成。索体由涂防腐油脂、镀锌、外包聚乙烯皮的钢绞线、外套的高密度聚乙烯（HDPE）管、在钢绞线和 HDPE 管之间填充的聚氨酯泡沫填充料等组成。锚固体主要由锚头、减震器、锚头保护装置等组成。

4. 主　梁

（1）主梁截面类型。

斜拉桥的主梁截面形式（图 8.1.11）主要根据所用材料（混凝土、钢或两者）及索面的布置位置有所不同。斜拉桥的主梁按照材料不同分为钢梁、混凝土梁、结合梁和混合梁四类，对应的分别是钢斜拉桥、混凝土斜拉桥、结合梁斜拉桥和混合梁斜拉桥。绝大部分斜拉桥的主梁高度是不变的，只有极少数斜拉桥的主梁在邻近桥塔处梁高逐渐变大。铁路斜拉桥的梁高一般较大，与公路斜拉桥主梁的高跨比相比，铁路斜拉桥在柔细感这个问题上已无特色可言。

　　　　（a）　　　　　　　　　　　　　　　　　　　（b）

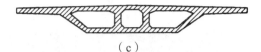

（c）

图 8.1.11　斜拉桥的混凝土主梁截面形式

一般来说，在主梁的横截面形式上，梁式桥主梁的一些截面形式都可以用于斜拉桥，比如板式截面和箱形截面，因为要求横截面的抗扭刚度比较大，而且便于斜拉索和主梁的连接，所以一般不采用 T 形截面。图 8.1.11 所示即为斜拉桥混凝土梁常见截面。

斜拉桥的钢主梁常采用的横截面形式主要有双主梁（图 8.1.12）、钢箱梁（图 8.1.13）、桁架梁（图 8.1.14）等。双主梁一般采用两根工字形钢主梁，上置钢桥面板，主梁之间用钢横梁连接。钢箱梁截面多用于大跨度钢斜拉桥中，为了提高抗风性能，多将箱梁做成扁平钢箱梁的形式。钢桁架梁则是为了满足布置双层桥面的需要，比如公铁两用斜拉桥。

图 8.1.12　斜拉桥的钢主梁截面形式——双主梁

图 8.1.13　斜拉桥的钢主梁截面形式——钢箱梁

图 8.1.14　斜拉桥的钢主梁截面形式——钢桁梁

钢梁按其结构形式分为钢箱梁和钢桁梁（图 8.1.14）两大类，我国苏通大桥的主梁采用的是钢箱梁结构，我国铁路斜拉桥则大多采用钢桁主梁结构。铁路行车固定的轨道位置、更高的整体刚度要求、更重的轮轴压力以及更严格的疲劳性能要求，对大跨度铁路斜拉桥的主梁提出了更高的要求。我国湖北荆州长江公铁两用大桥为主跨 518 m 的双塔钢桁梁斜拉桥，是我国长江干流上的第 7 座长江公铁两用桥，位于蒙西至华中地区铁路煤运通道上，是国内首条跨越长江的重载铁路桥梁。

武汉二七长江大桥是武汉市二环线上的特大型桥梁，为三塔斜拉桥。该桥除了汉口侧及武昌岸边跨 90 m 为混凝土主梁外，其余梁段均为钢-混结合梁。结合梁受拉区为 2 片工字形钢梁，梁高 1.935 m，钢梁间距 30.5 m，钢梁间设置横梁，横梁中部设置全桥通长的小纵梁，结合梁受压区为预制 C60 混凝土桥面板，板厚 26 cm。桥面板通过布置在钢主梁、横梁以及小纵梁顶端的剪力钉与钢梁结合。混凝土桥面板与正交异性钢桥面板相比，混凝土桥面板耐磨耗、造价低。

由中国铁建铁四院总体设计、世界最大跨度钢箱混合梁铁路斜拉桥——宁波铁路枢纽北环线甬江特大桥主桥采用的是钢箱混合梁。钢箱混合梁斜拉桥的主梁由两种不同材料组成，边跨的梁体为混凝土梁，其他部分梁体为钢梁。这种结构结合了混凝土"梁自重大、锚固作用强、经济性优良"和钢梁"跨越能力大"的优势，自 20 世纪 70 年代问世以来，成为大跨度斜拉桥的主要桥型，广泛应用于国内外公路桥梁。

结合梁（又称叠合梁）即在钢主梁（图 8.1.15）上用预制或现浇混凝土桥面板代替正交异性钢桥面板，二者的共同作用是用焊于钢梁顶面深入混凝土板中的剪力键来保证的。它除具有与钢主梁相同的优缺点外，还能节约钢材用量且其刚度及抗风稳定性均优于钢主梁。结合梁一般采用钢双主梁，其断面形式常采用实腹开口 I 字形、箱形、Ⅱ形等，见图 8.1.16。

图 8.1.15　斜拉桥结合梁钢梁图示

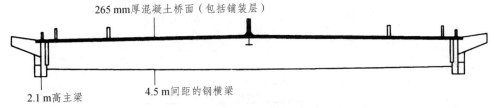

（a）I 形梁主梁（安纳西斯桥）

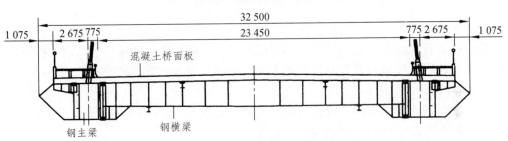

（b）箱形梁主梁（杨浦大桥，单位：mm）

图 8.1.16　结合梁主梁的横截面

混合梁斜拉桥是指主梁部分用混凝土（通常布置在边跨，有的还从边跨延长至中跨的一部分），部分用钢梁（通常在中跨或中跨的大部分）。这种桥型特别适合于边跨与主跨比值较小的情况。预应力混凝土梁与钢梁的连接位置宜选择在弯矩和剪力较小的地方。混合梁的典型断面如图 8.1.17 所示，图 8.1.18 给出了结合部的构造图。这种结构的优点是：

① 加大了边跨主梁的刚度和重量，减少了主跨内力和变形。

② 可减少或避免边跨端支点出现负反力。

③ 边跨预应力混凝土梁容易架设，主跨钢梁也可较容易地从主塔开始用悬伸法连续架设。

④ 减少全桥钢梁长度，节约造价。

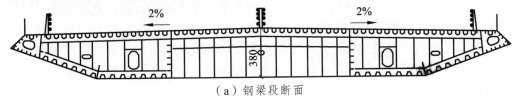

（a）钢梁段断面

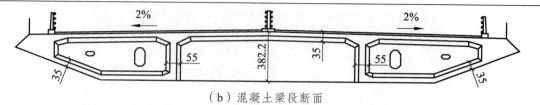

（b）混凝土梁段断面

图 8.1.17　混合梁典型断面（单位：cm）

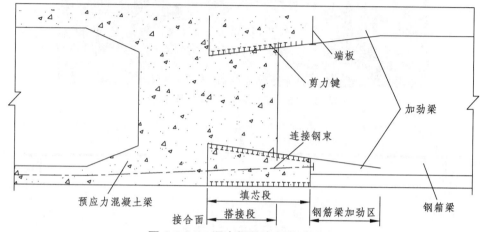

图 8.1.18　混合梁结合部构造立面

（2）主梁布置。

主梁可以布置成连续体系或非连续体系的形式。铁路斜拉桥的梁体，无论支撑体系如何，在斜拉桥全长范围（独塔双跨或双塔三跨）内，梁体均布置成连续的形式。

① 连续体系。

主梁为连续梁或连续刚构（拉索为跨内的弹性支承），为改善受力布置外边孔时，斜拉桥主梁梁体还与边跨或引桥的上部结构主梁相连续。

② 非连续体系。

在双塔三跨式斜拉桥的主跨中央部分，带有一个简支挂孔或剪力铰。

ⅰ．带有挂孔。

带有挂孔的主梁布置形式简化了结构体系，减少了结构的超静定次数，较好地解决了两个塔柱的不均匀沉降，但主梁的非连续破坏了桥梁的整体性。

ⅱ．带有剪力铰。

剪力铰可以只传递剪力和轴向力，不传递弯矩。剪力铰可以缓解温度内力的影响，但也破坏了桥面的整体稳定。剪力铰设计、施工和养护困难，尽量避免采用。

（3）主梁主要尺寸。

主梁主要尺寸包括梁高、主梁截面、横梁尺寸、桥面板尺寸等。

斜拉桥的梁高除少数在索塔附近变化外，通常采用等高度梁。前面已经叙述了斜拉桥的高跨比，它与主梁的结构体系、截面形式和索距等有关。其宽度取决于行车道、人行道宽度、拉索的布置、横截面布置及抗风稳定性等因素。横梁和桥面板的尺寸可以根据桥面局部荷载按常规的方法确定，由主梁所承受的轴向力及构造要求确定主梁截面积的大小，进而确定主梁截面的各细部尺寸。

（4）斜拉索在主梁上的锚固构造。

① 在钢梁上的锚固。

常见的斜拉索在钢梁上的锚固形式如图8.1.19所示。其中图 8.1.19（a）是用一钢管穿过顶板、腹板，端头设一承压板固定在底板上，斜拉索通过钢管，其锚头紧压（兜底）承压板。图8.1.19（b）为锚拉板式索梁锚固结构。图 8.1.19（c）为锚箱方案，是在梁的腹板上设一和斜拉索轴线一致的斜向钢箱，斜拉索穿过钢箱锚固在钢箱的端板上。不管是哪一种锚固方式，锚节点附近梁的各构件，特别是其腹板常要加厚且加肋，以满足传力的要求。图8.1.19（d）为耳板式锚固结构，该结构有一上端带耳板的矩形板，耳板上开孔，用销子和拉索的U形锚头相连，矩形板紧贴梁的腹板，二者用数列竖排高强螺栓相连。

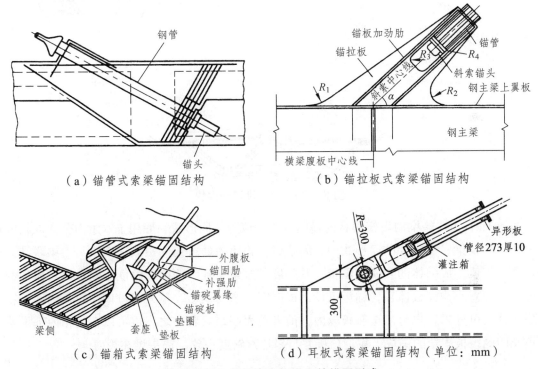

（a）锚管式索梁锚固结构

（b）锚拉板式索梁锚固结构

（c）锚箱式索梁锚固结构

（d）耳板式索梁锚固结构（单位：mm）

图 8.1.19　斜拉索在钢梁上的锚固形式

② 斜拉索在混凝土梁上的锚固。

斜拉索在混凝土主梁上锚固的梁段，习惯地称为锚固梁段。斜拉索在锚固梁段上的锚固方式，根据索面和截面形状的不同而不同。选择锚固方式时，要考虑以下几个因素：

确保连接可靠；

能简洁地把索力传递到全截面；

如需在梁端张拉，应具有足够的操作空间；要有防锈蚀能力和避免拉索产生颤振应力腐蚀；

便于拉索养护和更换。斜拉索的锚固方式如图8.1.20～图8.1.24所示。图8.1.20所示的锚固方式一般用于单索面整体箱的锚固构造，斜拉索直接锚固在截面中部箱梁顶板上，并与一对斜撑连接，斜撑作为受拉杆件将索力传递到整个截面。斜拉索在锚固点通过锚固块与主梁截面连接，锚固块构造根据张拉设备与施工要求进行设计。如法国的柏老东纳桥，斜拉索直接锚固在箱梁顶板与一对斜拉杆交叉点处的锚固块上。采用这种锚固方式，局部受力非常复杂，在锚固块内设一对交叉布置的箍筋是非常必要的。

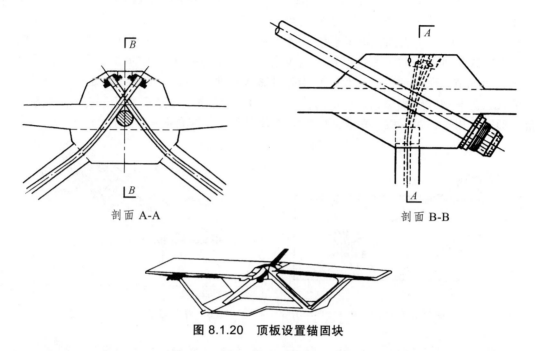

剖面 A-A　　　　　　　　　　　　　剖面 B-B

图 8.1.20　顶板设置锚固块

图 8.1.21 为在箱梁内设横隔板的锚固方式。该种锚固形式一般用于双索面分离双箱或单索面整体箱及梁、板组合断面形式中，斜拉索在箱梁内通过锚固板或锚固块与主梁联结。锚固板是与箱梁连成一体的斜向横隔板，其斜度与拉索一致。锚固板厚度应满足锚具排列的构造要求。为减小锚固板体积，锚板可设计成底宽上窄的楔形，拉索通过该锚固板锚固于箱梁底板，锚头可外露，也可缩至底板以内，前者受力好，后者反之。也可以在边箱内部设置与顶板及两侧腹板固结的锚块，靠近顶板并与斜拉索斜度一致，锚头设在箱内。

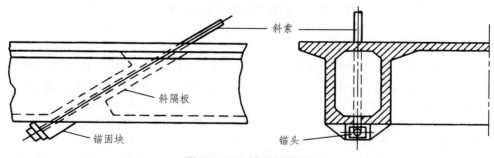

图 8.1.21　横隔板锚固

图 8.1.22 为在主梁横截面两侧实体边缘的锚固方式。图 8.1.23 为在箱梁两侧的挑边处锚固，拉索通过预埋于梁中的钢管，锚固在梁底的锚固块上。图 8.1.24 为在箱梁内的锚固形式。另外还有加设锚固横梁的方式。

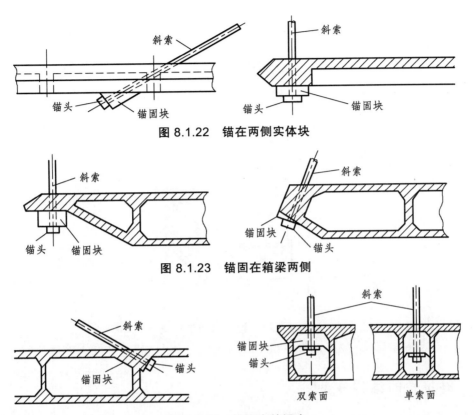

图 8.1.22　锚在两侧实体块

图 8.1.23　锚固在箱梁两侧

图 8.1.24　锚固在箱梁内

③ 斜拉索在结合梁上的锚固。

结合梁斜拉桥的拉索通常直接锚在两侧的钢主梁上，以使桥面系获得较大的抗扭刚度。拉索与结合梁的锚固构造对开口工字形钢梁的锚固有两种方式：一是将拉索的锚固构件放在钢主梁顶面（图8.1.25）；二是将锚固箱布置在工字形钢主梁腹板的侧面（图8.1.26），拉索穿过上翼板达到锚固箱，铺锚固箱与腹板可以采用高强螺栓摩擦连接或焊接连接。对其他形式的钢梁可以采用锚固梁的方式（图8.1.27）。

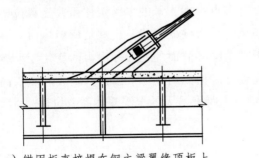
（a）锚固板直接焊在钢主梁翼缘顶板上

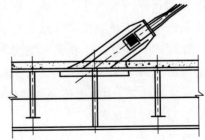
（b）锚固板与钢主梁腹板焊接

图 8.1.25　拉索与结合梁的连接

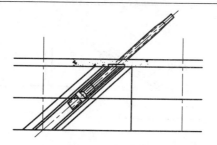

图 8.1.26　南浦大桥拉索锚固箱

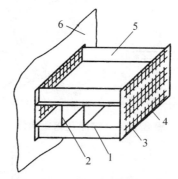

图 8.1.27　拉索锚固箱构造

1—锚板；2—支承肋；3—端板；4—高强螺栓；5—加劲肋；6—主梁腹板

二、斜拉桥的结构体系

斜拉桥在桥塔处及墩处的支撑形式对主梁的受力行为以及结构的使用性能影响较大。斜拉桥按照主梁、拉索、索塔和桥墩结合方式的不同分为漂浮体系、半漂浮体系、塔梁固结体系和刚构体系 4 种结构体系，按照拉索的锚拉体系的不同分为自锚式斜拉桥、地锚式斜拉桥和部分地锚式斜拉桥。

1. 由主梁、拉索、索塔和桥墩的不同结合方式形成的四种体系

（1）漂浮体系。

塔墩固结、塔梁分离——漂浮体系[图 8.1.28（a）]，即主梁除两端有支承外，其余部件全部用缆索吊起而在纵向可稍作浮动的一根具有多点弹性支承的单跨梁体系，是斜拉桥采用较多的结构体系。漂浮体系的主要优点是：满载时，塔柱处主梁不出现负弯矩峰值，温度及混凝土收缩、徐变内力均较小。在密索情况下，主梁各截面的变形和内力的变化较平缓，受力较均匀。地震时允许全梁纵向摆动，从而起到抗震消能的作用。因此，地震烈度较高地区应优先考虑选择这种体系。中铁大桥局承建的世界上跨度最大的全漂浮体系斜拉桥——武汉青山长江大桥就采用了这种体系。

（2）半漂浮体系。

塔墩固结、塔梁分离、在塔墩处主梁下设置竖向支承——半漂浮体系[图 8.1.28（b）]，即在跨内形成具有多点弹性支承的连续梁或悬臂梁。半漂浮体系的主梁内力在塔墩支承处出现负弯矩峰值，通常需加强支承区段的主梁截面，其温度及混凝土收缩、徐变内力也较大。由

此可见，这种体系不比悬浮体系有优越性。

但是，如果在墩顶设置可调节高度的支座或弹簧支承来代替从塔柱中心悬吊下来的拉索（一般称为 0 号拉索），并在成桥时调整支座反力，以消除大部分收缩、徐变等不利影响，这样与漂浮体系相比，无论在经济上还是在美观上都优于漂浮体系。此时，主梁通过支座支承在桥墩上。

（3）塔梁固结体系。

塔梁固结、塔墩分离——塔梁固结体系[图 8.1.28（c）]是将塔梁固结并支承在桥墩上，这时主梁相当于顶面用拉索加强的一根连续梁或悬臂梁。主梁和塔柱内的内力和挠度直接与主梁和塔柱的弯曲刚度比值相关。塔梁固结体系的主要优点是取消了承受很大弯矩的梁下塔柱部分，而以一般桥墩代之，使塔柱和主梁的温度内力极小，并可显著减少主梁中央段承受的轴向拉力。这种体系常用于小跨径的斜拉桥。塔柱和主梁固结，主梁通过支座支承在桥墩上，因此需解决大吨位支座问题。

（4）刚构体系。

塔柱、主梁和柱墩相互固结——刚构体系[图 8.1.28（d）]，其主梁成为在跨中有多点支承的刚构。这种体系的刚度较大，主梁和塔柱的挠度均较小，不需要大吨位支座，最适合用悬臂法施工。但刚构体系动力性能差，温度应力极大，因此该体系用于地震区或风荷载较大的地区时，应认真进行动力分析研究。而且在固结处主梁负弯矩极大，此区段主梁截面必须加大。刚构体系一般比较适合于独塔双跨式斜拉桥。福州长门特大桥是目前世界第二长、中国最长、采用"塔梁墩"固结体系的跨径混合梁斜拉桥，是中国近海大跨度斜拉桥该结构体系的首次尝试，对沿海地区斜拉桥抗风设计有着突破性的意义。

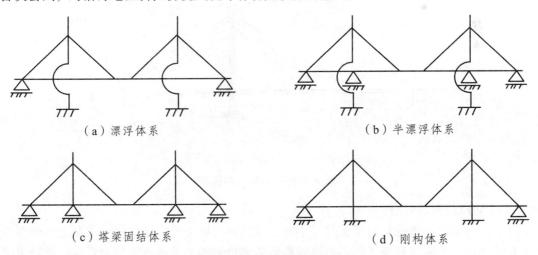

（a）漂浮体系　　　　　　　　　　　　　（b）半漂浮体系

（c）塔梁固结体系　　　　　　　　　　　（d）刚构体系

图 8.1.28　斜拉桥结构体系

2. 由拉索锚拉体系的不同形成的三种体系

（1）自锚式斜拉桥。

自锚式斜拉桥（图 8.1.29）的桥塔前侧拉索分散锚固在主梁梁体上，塔后侧的拉索除了最后的锚固在主梁端支点处以外，其余的拉索都分散锚固在边跨主梁上或将一部分拉索集中锚固在端支点附近的主梁上。自锚体系的水平分力由主梁的轴力来平衡。自锚体系中锚固在端支点处的拉索索力最大，一般需要较大的截面，并且它对塔顶的变位起重要作用，是最重要的一根拉索，被称为端锚索或背索。

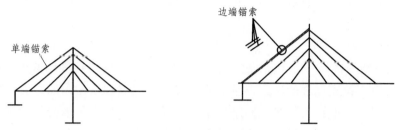

图 8.1.29　自锚式斜拉桥

（2）地锚式斜拉桥。

单跨式斜拉桥一般采用地锚式（图 8.1.30），这时全桥只需一个索塔。由于不存在边跨问题，塔后拉索只能采用地锚形式，这时，由拉索的水平分力引起的梁内水平轴力必须由相应的下部结构即地貌来承担。贵州遵义芙蓉江大桥为亚洲首座地锚式单塔斜塔混凝土斜拉桥，与其他塔身垂直于地面的大桥不同的是，芙蓉江大桥的塔身是倒 Y 形钢筋混凝土斜塔，倾向地锚箱侧，而且倾斜角达到了 18.4°。下塔分两肢，在承台平面上，两塔肢中心距为 18 m，两肢轴线在距承台 55 m 高程处相交。这种塔身倾斜，采用塔、墩、梁固结的体系，居国内同型桥梁首创。

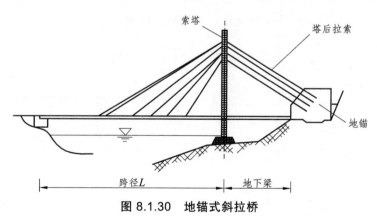

图 8.1.30　地锚式斜拉桥

（3）部分地锚式斜拉桥。

由于某种原因，边跨相对于主跨很小时，可以将边跨部分拉索锚固在主梁上，而部分拉索布置成地锚式。部分地锚式体系斜拉桥桥塔两侧拉索的不平衡水平分力直接由边跨主梁传递给地锚。

目前国内外建成的斜拉桥绝大部分都采用自锚体系。这种体系主梁处于完全受压状态，对抗压能力高、抗拉性能差的混凝土主梁而言，相当于施加了一定预应力，既能充分发挥高强材料的特性，又提高了梁的抗裂性，对混凝土斜拉桥很是有利。而地锚式斜拉桥对抗拉能力较高的钢主梁较为有利，但不适合于混凝土主梁。部分地锚式斜拉桥主梁材料用量省，随着跨径的增大，上部结构材料用量的节省，有可能抵消下部结构地锚材料的额外增加量，从而具有一定的竞争力。

第二节　斜拉桥的施工

斜拉桥的施工，一般可分为基础、墩塔、梁、索等 4 部分，其中基础施工与其他类型的桥梁没有什么两样，墩塔和梁的施工也可在本书其他各章找到适当的方法。只有索的施工，包括索的制造、架设和张拉具有其特殊性。

但是斜拉桥作为一个整体，它的塔、梁、索的施工必须互相配合，服从工程设计意图。因此本章的讲述只将基础施工除外，对于塔和梁的施工不能不有所涉及，而以梁、索和各种具有代表性的斜拉桥上部结构的施工为本章叙述的主线。

一、索塔的施工

索塔的材料可用钢、钢筋混凝土或预应力混凝土。索塔的构造远比一般桥墩复杂，塔柱可以是倾斜的，塔柱之间可能有横梁，塔内须设置前后交叉的管道以备斜拉索穿过锚固，塔顶有塔冠并须设置航空标志灯及避雷器，沿塔壁须设置检修攀登步梯，塔内还可能建设观光电梯。因此塔的施工必须根据设计、构造要求统筹兼顾。钢索塔具有造价高、施工进度要求高、抗震性能好、维护要求高等特点。混凝土索塔则有价格低廉、整体刚度大、施工简便，成桥后一般无须养护和维修的特点。

常用的施工设施有：塔吊，负责塔柱施工范围材料设备吊装，通过与塔柱间附墙保证其稳定；施工电梯，人员通道（塔柱较高时使用）；混凝土泵送设备，如泵管、高压泵等，一般将泵管附着在塔柱上，随塔柱施工接高。

塔柱支架一般在塔柱高度不高、塔柱倾斜角度较大需要其承受侧向荷载、不适合采用自升式液压爬模等情况下采用，大多情况下主要起到施工脚手架的作用。在整个塔柱或局部范围使用时，根据塔柱高度，塔柱支架较多采用钢管脚手架和万能杆件支架。塔柱支架的安装随着塔柱向上施工接高，并需要及时与已施工塔柱附着，以保证支架的稳定性。在塔柱倾斜角度较大时，通常设置外部支撑或对撑。塔柱钢筋和预埋件主要包括塔柱钢筋、预应力钢筋、索道管、钢锚梁、钢锚箱、塔内管道、平台等，以及施工辅助结构预埋件。

钢筋安装：塔柱钢筋安装与墩身钢筋基本类似，要求满足接头错开、搭接长度的基本要求，塔柱主筋一般采用 9～12 m 定尺长度，接头采用直螺纹、冷挤压等连接方式；主筋依靠塔内劲性骨架定位并固定。

预应力钢筋安装：大多空心截面塔柱在拉索锚固区设置环向预应力筋，预应力多采用精轧螺纹钢，也有采用钢绞线的。在钢筋骨架成型的同时，安装并固定预应力孔道及锚板。

1. 钢索塔施工

钢索塔一般采用预制拼装的施工方法，分为工厂分段预制加工和现场吊装安装两个大的施工阶段。钢索塔施工，应对垂直运输、吊装高度、起吊吨位等施工方法进行充分考虑。钢索塔应在工厂分段焊接加工，事先进行多段立体试拼装，合格后方可出厂。主塔在现场安装，常常采用现场焊接头，高强度螺栓连接、焊接和螺栓混合连接的方式。

对于钢索塔，根据钢索塔的规模、形状、施工地点的地形条件，以及经济性，可以采用浮吊施工、塔式吊机施工、爬升式吊机施工法等。

对于高度较小的索塔（一般在 80 m 以下）或较高桥塔的底部节段，可以采用陆上或海上的起重设备架设。20 世纪 70 年代以来，大型起重机和浮吊的发展，使得索塔可以分少数节段进行吊装。

而采用塔式吊机施工法，是在桥塔侧旁预先安装塔式吊机，进行桥塔节段的起吊架设施工。由于施工机具设备与桥塔相对独立，所以桥塔施工的垂直度容易得到控制。

采用爬升式吊机施工，是在桥塔塔柱上安装爬升导轨，爬升式吊机沿此导轨随着桥塔的施工增高而向上爬升的施工方法。由于施工中吊机的重量和吊机的爬升是靠塔柱支撑的，所以塔柱施工中的垂度要严格控制。目前，对很高的桥塔，斜拉桥多采用塔式吊机起重法，悬索桥多采用爬升式吊机施工法施工。

钢主塔的防锈蚀措施，可以采用耐候钢材，也可采用喷锌层。但国内外绝大部分钢塔仍采用油漆涂料，一般可使用保持的年限为 10 年。油漆涂料常采用两层底漆、两层面漆，其中三层由加工厂涂装，最后一道面漆由施工安装单位最终完成。

2. 混凝土索塔施工

混凝土索塔通常由基础、承台、下塔柱、下横梁、中塔柱、上横梁、上塔柱拉索锚固区段及塔顶建筑等几部分组成。混凝土索塔的塔柱分为下塔柱、中塔柱和上塔柱，一般可以采用滑模法、爬模法和翻转模板法分节段施工，常用的施工节段大小划分为 1～6 m 不等。在塔柱内，常常设有劲性骨架，劲性骨架在加工厂加工，在现场分段超前拼装，精确定位。劲性骨架安装定位后，可供测量放样、立模、钢筋绑扎、拉索钢套管定位用，也可供施工受力用。空心塔柱内模则一般采用钢木组合模板，便于拆除、改制及倒用。

（1）翻模法。

翻转模板法是利用多节模板交替提升进行节段施工的方法。其步骤是在两塔柱外侧的塔座上安装附着式塔吊和电梯，用于塔身材料及设备的垂直运输以及人员的自由上下。翻模每节段高 5 m 左右，通过预留螺栓与塔柱相锚固。塔柱内竖向钢筋的绑扎，也可在塔内埋设劲性骨架。塔柱内混凝土采用泵送运输，泵管分别布置在两塔柱内侧，随着浇筑高度增长而接长，混凝土直接泵送入模。泵送浇筑后，由插入式振捣器振捣密实。每节段混凝土浇筑完成后，应洒水保湿养生。

（2）爬模法。

爬模系统由模板、爬升架、工作架、附着架组成。爬模系统通过附着架，附在已灌注完毕并具有足够强度的塔柱混凝土节段上，为下一节塔柱灌注提供空中作业面。当爬模遇横梁时应暂停爬升，待施工完横梁后再继续爬升。其他工艺同翻模法要求。

（3）滑模法。

滑模法是利用混凝土随时间硬化的性质，将混凝土浇入模板内，经一定时间待混凝土强度达到要求时，利用油压千斤顶使模板上滑，进行连续混凝土施工。

塔柱混凝土灌注输送垂直高度大、距离远，对于塔柱混凝土性能及输送、灌注设备要求高。一般要求如下：

① 混凝土配合比应满足设计要求，为适应泵送，混凝土坍落度应在 18～22 mm，初凝时间大于一次浇筑所需时间等。

② 混凝土生产必须采用机械拌和，采用高压输送泵送至塔柱灌注点，如输送高度过高，则需多台输送泵接力，保证混凝土输送到位。泵管一般附着在塔柱或塔吊上，沿塔柱上升，泵管接头应严密，并注意清理和润滑泵管。水平管和垂直管路交接处设置液压截止阀，便于清洗泵管及泵送堵管等事故处理。

③ 混凝土分层灌注，采用插入式振动棒振捣，局部可采用附着振动器辅助振捣；混凝土初凝后按要求养护，并在混凝土表面泛白后对混凝土顶面作凿毛处理。

混凝土浇筑期间，安排专人检查预埋钢筋、预埋件的稳固情况，对松动、变形、移位等情况，及时将其复位并固定好。

3. 塔柱劲性骨架

劲性骨架（图 8.2.1）是塔柱施工时钢筋、索道管定位，内外模调整的支承架，有时还可作为斜塔柱侧向不平衡力的支承。劲性骨架一般设计为格构式杆件经过焊接拼装成具有足够刚性的钢结构骨架，根据吊重能力及安装方便，一般加工高度与施工节段高度一致，锚固区劲性骨架加工高度还要考虑方便索道管安装。

劲性骨架安装一般按照加工节段高度逐段吊装对接，骨架调节就位后将接头处焊接；但骨架尺寸较大或不方便整节段安装时，可分片吊装对接，并连接成整体。劲性骨架是钢筋骨架及索道管等定位的依托支架，焊接前应经过测量精度满足要求。

图 8.2.1　塔柱劲性骨架

4. 塔柱钢筋和预埋件

此处塔柱钢筋和预埋件主要包括塔柱钢筋、预应力钢筋、索道管、钢锚梁、钢锚箱、塔内管道、平台等，以及施工辅助结构预埋件。

（1）钢筋安装：塔柱钢筋安装与墩身钢筋基本类似，要求满足接头错开、搭接长度的基本要求。塔柱主筋一般采用 9 m/12 m 定尺长度，接头采用直螺纹、冷挤压等连接方式；主筋依靠塔内劲性骨架定位并固定。

（2）预应力钢筋安装：大多空心截面塔柱在拉索锚固区设置环向预应力筋，预应力多采用精轧螺纹钢，也有采用钢绞线的。在钢筋骨架成型的同时，安装并固定预应力孔道及锚板。

（3）索道管、钢锚梁、钢锚箱安装：

索道管由钢管和锚垫板组成，埋置在塔柱混凝土中，其安装一般随劲性骨架安装，即先在地面与劲性骨架初定位，随劲性骨架安装到位后再精确调整就位。索道管安装精度也是塔柱施工的关键。

钢锚梁（箱）是为了将斜拉索对空心塔柱的水平作用力尽量抵消而设置的结构，对拉斜拉索大部分水平分力由其承担，不再作用到塔柱上。钢锚梁（箱）安装一般采用塔吊整体吊装方案，也可将钢锚梁与钢牛腿分开安装。

5. 横系梁的施工

除独柱外，塔柱一般设有横梁（图 8.2.2），横梁与塔柱连接部位受力复杂，横梁中间部分一般采用箱形断面，并布置有预应力钢束。横梁一般与同高度塔柱同时施工，也可在塔柱与横梁间设施工缝。

横梁施工一般采用落地支架法浇筑，横梁支撑体系要求强度高，压缩沉降小，一般采用临时管柱群桩或军用梁、万能杆件支架支撑。支架系统变形超过 2 cm 时必须考虑设置预拱度。支架系统还应根据底模拆除空间大小而设置楔块、砂箱、顶托等。

横梁混凝土灌注可整体或水平分层分次。分次灌注时，应对先前已完成结构进行检算，避免支撑系统变形造成混凝土开裂。横梁预应力张拉后方可拆除底模及支架。

横梁

图 8.2.2　索塔横梁

索塔在施工过程中，受施工偏差，混凝土收缩、徐变，基础沉降，风荷载和温度变化等因素影响，其几何尺寸及平面位置可能发生变化，对结构受力产生不利影响。因此，在施工的全过程中，应采取严格的施工测量控制措施和索塔施工方法进行定位指导和监控。索塔局部测量控制的时间一般选择晚上 22：00 至早上 7：00 日照之前的时段内，以减少日照对主塔造成的变形影响。此外，随着主塔高度不断升高，也应选择在风力较小的时机进行测量，并对日照和风力影响予以修正。

6. 塔柱施工注意事项

（1）塔柱线形控制应准确，索道管、钢锚箱位置及锚固面与水平面、竖直面交角应控制准确。应充分考虑到气温、日照、外加荷载等影响，要求在施工过程中进行复核、调整。

（2）塔柱混凝土质量满足要求，并应保证满足长距离垂直输送的工作性能要求；混凝土应做好覆盖、保湿养护，表面不得出现裂纹和蜂窝等，接缝不得错台；锚固区域混凝土应格外注意振捣密实。

（3）塔柱模板支架安装高度高，使用时严格按照要求设置封闭的安全围护，不得超负荷堆载，不得在大风等情况下安装作业，及时将支架模板附着固定，并不得将泵管固定在支架模板上。液压爬模爬架是利用预埋的 H 形螺栓锚固附壁的，其 H 形螺栓的安装必须准确，连接丝扣必须上满并便于检查。横梁施工中不得因支架变形、温度或预应力而出现裂纹。塔柱施工为高空作业，必须按照高空作业规程施工。

二、主梁施工

斜拉桥与其他梁桥相比，主梁高跨比很小，梁体十分纤细，抗弯能力差。所以其施工方法，必须充分利用斜拉桥结构本身特点，在施工阶段就充分发挥斜拉索的效用，尽量减少施工荷载，使恒载在施工阶段和成桥阶段的内力状态大体相当。

斜拉桥混凝土主梁施工方法主要有挂篮悬浇、支架现浇和预制件拼装，也可以采用顶推法和平转法等。挂篮悬浇方法即利用普通挂篮和牵索挂篮分节段悬臂浇筑，后面主要讲述牵索挂篮悬浇斜拉桥主梁的方法。支架现浇法较多用于边跨施工和较小跨度、净高的主梁施工。预制件拼装法简单地说就是将主梁分节段在梁场利用长线台座或部分长线台座预制，保证梁段拼装线形及相邻梁段接触面匹配，然后在桥位处将各节段梁按顺序拼装成型。斜拉桥钢梁的安装也类似于此方法。

1. 牵索挂篮分节段悬臂浇筑

牵索挂篮一般由挂篮承重平台，牵索及其锚碇系统，吊挂、升降及走行系统，抗剪系统，及锁定微调系统以及必要的压重、安全脚手等基本系统组成，其总重通常控制在灌注节段重量的 0.3 ~ 0.5 倍，见图 8.2.3。

（1）挂篮承重平台。

挂篮承重平台由两侧的主受力纵梁及其间的纵横梁组成，作为混凝土箱梁现浇施工的平台；平台后端与已浇梁体锚固传力。因挂篮承重平台与已灌注梁体的固接形式不同，挂篮一般可分为两大类，见图 8.2.4。

图 8.2.3　牵索挂篮

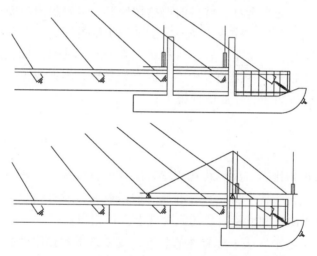

图 8.2.4　长平台牵索挂篮与短平台牵索挂篮

第一类为长平台牵索挂篮，其原理是挂篮两侧的主纵梁在已浇梁体下侧向后延长一个节段，并使主受力纵梁与已浇梁段锚固，以传递牵索水平分力、弯矩。纵梁前端做成弧形，使之适应牵索角度的变化。

第二类为短平台牵索挂篮，其原理是在已灌注的梁体顶面上安装有两个节间以上长度的受力主梁。主梁后方锚固在已灌注的梁体上，挂篮底平台通过前后吊挂悬吊在已浇梁段及挂篮主梁的前端，挂篮梁顶主梁承受节段混凝土悬浇弯矩，底平台主纵梁后端抗剪装置承受牵索水平分力。

（2）牵索锚碇系统。

利用各节段对应的斜拉索，以特制的加长连接设备锚固在挂篮前端成为牵索。在主纵梁前端设计为一个弧形的叉型钢结构，以适应斜拉索倾角的不断变化。

（3）吊挂、升降及走行系统。

在长平台牵索挂篮主纵梁的后端及已浇梁段的前端分别设有前后吊挂系统，利用它可进行挂篮的固接、下降脱模及上升等功能。挂篮的走行方式相对比较灵活，可以通过底平台前后横梁两端设置的前后挂钩，在混凝土梁体的外侧翼板上纵向滑移；也可以通过在梁顶上设置辅助走行纵梁及在前一节段混凝土箱梁底板下方反锚后走行框，底平台的前后点分别在梁顶走行纵梁及后走行框上滑行。

在短平台牵索挂篮中，挂篮主梁既作为浇筑混凝土时的前端支点，又作为挂篮底平台向前滑移的前端导梁。在节段灌注完毕，解除牵索后，先走行挂篮主梁，然后走行挂篮底平台。

（4）抗剪系统及锁定微调系统。

临时牵索在张拉后产生的水平力，必须在挂篮的底纵梁或承重平台后方设置水平抗剪装置将此水平分力直接传至已灌注的梁体上。

（5）挂篮悬浇施工工艺流程。

挂篮试验：挂篮在0号块段施工完成，进行挂篮安装、称重、静载试验。

挂篮荷载试验的目的：测定挂篮的自重，为施工控制积累数据，模拟节段施工各工况下的加载过程，检验牵索挂篮结构的安全性，测量挂篮各工况下的各关键部位的变形，以作为挂篮底模标高调整的基准。

标准段施工工序为：挂篮就位调整→挂索、第一次调索→绑扎钢筋、安装内模及预应力系统→浇筑部分混凝土→分次中间调索→浇筑100%混凝土→混凝土养生、张拉预应力及压浆→体系转换、索力终拉。

悬浇块段完成后进行全桥调索，然后施工斜拉桥主梁边跨合龙段。边跨合龙段施工时可采用中跨挂篮前移进行平衡压重。边跨挂篮拆除后，中跨挂篮前移施工中跨单悬臂块段。最后悬浇块段施工完成后，进行全桥调索，线形符合要求后，浇筑斜拉桥中跨合龙段，全桥合龙后拆除挂篮。

（6）主梁线性控制。

斜拉桥工程本身可以看作一个系统工程，斜拉桥的建设过程是设计与施工高度耦合的过程。在施工过程中我们不仅要控制好挂篮标高、节段混凝土灌注方量、立模及拉索时间、施工荷载，减小混凝土离散性，而且要做好主梁标高测量、塔偏及日照影响观测，同时密切配合监控及监理，准确及时地采集原始数据，以实现大跨度单索面斜拉桥的精确合龙。斜拉桥主梁前端变位幅度大，采取牵索挂篮浇筑节段混凝土，在浇筑一定节段混凝土量时调整一次或几次牵索索力，早上日出前上报测量资料。其中已浇节段主梁和待浇节段主梁混凝土浇筑后的高程以绝对高程进行监测，原始点应从墩塔上传递，并定期复测塔上高程原点；节段主梁里程以水平线长度控制，以墩中心线里程为原点，并定期复测；节段主梁中线以相邻桥墩中心点测量，并定期进行全桥中心线联测。特别是至合龙块前几个节段必须与已浇梁体中心线联测。监控单位给各施工节段下达的索力与高程理论值，在各节段施工前均根据前一节段的施工测试结果进行修正。

（7）施工注意事项。

混凝土裂纹的预防和控制，模板拼接应密贴、预紧；接缝处凿毛应彻底并清洗干净；混凝土灌注应按斜向分段、水平分层、连续灌注。纵向应从悬臂端向墩中心线方向分层浇筑振捣，以克服挂篮变形引起主梁开裂。

　　加强对梁体混凝土养护，拆模时间应控制，索道管安装应严格按索道管的三维坐标值及三向角度精确测量定位。施工中还应考虑控制主梁线形设定的挂篮底模标高、挂篮弹性变形、温差变化、塔柱变位等因素的影响。总的原则是先调索道管，再挂牵索，索道管调整按索工作点平面位置实测，索工作点高程按各节段底模高程测量，并适当考虑斜缆索的垂度影响，实测中将温差影响消除。

2. 主梁节段预制拼装施工

　　在斜拉桥施工中，主梁采用梁场预制、吊装悬拼的施工工艺，容易保证主梁梁块施工质量。

　　（1）主梁节段预制。

　　用于预制悬拼的主梁应提前预制，在预制梁场的存放时间应满足设计要求。预制梁段在条件许可时应尽可能整跨、半跨或划分成若干段采用长线法制造。预制悬拼的桥梁应按设计要求设置湿接缝以便更好地调整线形。预制梁场应合理布置预制梁台座、存梁台座、起吊设备、称重设备、混凝土工厂、钢筋加工场等。

　　（2）制梁台座。

　　制梁台座的设置数量由预制梁场大小、制梁周期、存梁周期、吊装进度等结合经济因素综合考虑确定。制梁台座应坚实，设计应考虑地基下沉对台座的影响，台座表面应光滑平整，并与梁底平面相一致；台座表面应考虑预制时台座与底模的压缩对设计图纸要求的拼装成桥后梁体线形的影响。

　　（3）制梁模板。

　　预制梁块模板宜采用钢模板，内模宜优先考虑采用钢模板，在计算荷载作用下，对模板及其支架按受力程序分别验算其强度、刚度和稳定性。斜腹板和横隔板下宜布设附着式振动器，以弥补这些部位插入式振动器振动困难的不足。

　　（4）梁体混凝土。

　　混凝土浇筑顺序：先底板，后轮流浇筑竖腹板、斜腹板、横隔板，再浇筑顶板。浇筑竖斜腹板和横隔板时，采取水平分层方法，分层厚度为 35～40 cm，从一端向另一端交替进行。整个梁块应一次浇筑完成，并在混凝土初凝前浇筑完毕。混凝土初凝后，及时覆盖洒水养护，养护时间一般不少于 7 d；当平均气温低于 5 ℃ 时，按照冬季施工方法进行养护，并应覆盖保温。

　　不承受竖向荷载的端模可在混凝土强度达 5 MPa 时拆除，外侧模和顶板底模在混凝土强度能承受自重力及其他可能的叠加荷载或按要求张拉一定的预应力后方可拆除。拆模后，对梁块进行编号，并注明浇筑日期。

　　（5）匹配面。

　　梁块匹配预制时，将前一块梁的端面（贴隔离层或涂隔离剂）作为后一梁块的端模，使梁的接缝面完全吻合，此接缝的两个梁端面称为匹配面。

　　在匹配面间设置隔离层前，应先模拟施工条件，在现场作工艺性实验，观察隔离和清洗效果。前一梁块匹配面端模与外侧模的接缝，以及与预留管道间的间隙要求密贴不得漏浆。端模安装前应涂刷脱模剂。一般情况下匹配面应保持原状，表面清理可用电动钢刷、轻喷砂或清洗。

（6）梁块称重与标记。

在称重台座的 4 个支点处设置称重传感器，对每一个预制梁块进行称重。预制梁块的重量不仅是梁块吊装的重要数据，也是主梁悬拼监控时的重要基础资料；预制梁块的称重应认真对待，确保数据真实可靠。

在预制梁块箱梁内侧适当位置用红油漆对本梁块的参数进行标记，主要记录以下数据：梁块编号、混凝土浇筑日期、预应力张拉日期、预应力孔道压浆日期、梁块重量。

3. 主梁吊装悬拼

主梁吊装悬拼工作是在主梁 0 号块（一般为支架法现浇施工）施工完成后进行的。为保证斜拉桥在主梁吊装悬拼施工状态下的稳定性，在主梁吊装悬拼前应将塔、梁间在竖向、纵向、横向临时锁定。主梁悬拼后合龙段临时锁定施工时同时进行塔、梁间临时锁定的解除，并做好临时锁定解除前后主梁、塔柱位移变化的观测记录工作。

（1）架梁吊机结构。

架梁吊机主要结构由构架、可移式定滑轮组及其平移机构、液压站、吊具、液压卷扬机、滑道及整体前移机构、锚固结构、司机室、电气系统、整机水平调节千斤顶、环链手拉葫芦组成。

（2）主梁悬拼。

起吊梁块试拼合格后，通过吊架上的纵推油缸使起吊梁块与已拼梁块之间有 400～500 mm 的顺桥向距离（满足梁块间涂胶以及涂胶后对位拼接的空间要求）。涂胶完成后，将起吊梁块退回到预拼的位置，精确对位后张拉主梁纵向预应力，使胶拼材料在压力状态下固化（固化压力应不小于 0.2 MPa 或根据设计要求执行，挤压应在 3 h 以内完成）。

可以通过以下手段实现梁块的全方位位置调整：通过吊架两侧提升设备的同步升降调整梁块的高程位置，通过两侧提升设备的不同步升降调整梁块的横桥向高差，通过吊挂在吊架和梁块之间的倒链调整梁块顺桥向的扭角，通过在起吊梁和已拼梁块之间设置千斤顶调整起吊梁块的顺桥向位置。

（3）湿接缝施工。

在干拼梁块一定距离后需用现场浇筑的湿接缝对梁块进行拼接。采用湿接缝的主要目的为调整梁体线形。因此，湿接缝后的第一个梁块定位显得十分重要。其高度、纵轴线、仰角、水平扭角应符合监控部门的要求。

测量调整吊装梁块的三维坐标，满足中线和里程要求后通过接头短筋焊接与设置剪刀支撑临时固定。全部过程必须有测量跟踪监控。

（4）匹配面涂胶。

需胶拼的梁块在试拼时按湿接缝梁块的测量定位方法进行准确定位，满足精度要求后方可移开梁块。胶拼材料的配方应通过实验确定，不同的固化温度应选用不同的配方，以满足现场操作要求。

采用先上后下的涂刷办法。为加快进度可分两个或多个工作面同时进行配胶涂刷，涂刷工作宜在 30 min 内完成。涂胶厚度以 1 mm 为宜，最厚不得大于 1.5 mm。

环氧树脂涂刷完毕后移动吊架平移机构使匹配面对接。张拉预应力筋使匹配面形成不小于 0.2 MPa 的压力，胶结料在均匀压力作用下固化。

（5）挂索、调索及吊机走行。

4. 主梁合龙

主梁合龙为梁部施工的关键工序，施工时应将全桥作为整体，结合外部的施工环境综合考虑，克服梁段混凝土的收缩徐变、梁体温差效应及风荷载或外力冲击等因素所带来的不利影响，选择合适的施工方案。该工作应按照以下各条原则进行：

（1）按设计部门的要求选择合适的时间拆除架梁、挂篮设备。

（2）合龙前两悬臂端高差需严格控制，高差过大时可根据设计监控要求的调整办法使高差调整到允许范围。

（3）用临时钢支撑（必要时加临时预应力）进行临时锁定，随即解除塔、梁间临时约束，进行体系转换。

（4）采用补偿收缩混凝土浇筑，浇筑时应按照设计合龙温度进行。

（5）浇筑合龙段混凝土时应选择良好天气进行，风力不得大于 3 级。应采取措施避免大型机械荷载和斜拉索产生振动影响混凝土浇筑。

（6）合龙段混凝土达到设计要求强度后张拉主梁预应力，然后解除合龙段临时锁定结构。

三、斜拉索施工

1. 斜拉索的施工工艺（图 8.2.5）

图 8.2.5　斜拉索施工工序

斜拉索一般采用高强钢筋、钢丝或钢绞线制作。在我国，大跨度斜拉桥中多采用平行钢丝索和平行钢绞线索。斜拉索的架设包括设置锚固部件、架设斜拉索、斜拉索张拉和调整以及斜拉索防护等施工工序。斜拉索的架设方法要考虑桥梁规模（斜拉索长度）、桥塔形状、斜索的布置形状和斜索的材料和防锈蚀方法等因素，进行综合研究决定。

锚固部件的设置最主要的要求就是安装应保证精确度，此处不详述。梁上锚具的安装采用在箱梁上设置滑道，用小车运送锚具至索道管位置。对于预制梁，采用在梁场内将锚具安装在相应的梁块上随梁块吊运的方式就位。塔上张拉端锚具的安装用塔顶卷扬机将锚具吊至塔顶，通过塔顶洞口放入塔内安装。

2. 平行钢丝斜拉索

（1）架设斜拉索。

斜拉索架设即挂索，就是将拉索架设到索塔锚固点和主梁锚固点之间的位置上。斜拉桥中使用的拉索可以分为两大类：一类是在工厂内制造后，运到现场的"预制索"，也叫成品索，如平行钢丝索；另一类是与主梁施工同时进行的，在现场直接制造的"现场制索"，也叫现制索，如平行钢绞线索。成品索和现制索的挂索方式有所不同。但不管是哪种索，都是先挂短索再挂长索。

成品索通常利用吊机将拉索吊起，借助卷扬机将拉索两端分别穿入主梁上和索塔上的预留索孔，并初步固定在索孔端面的锚板上完成挂索，或者设置临时钢索作为导向缆绳，并用滑轮牵引完成挂索。

现制索即拉索是在挂索过程中完成制索的。其方法是先在拉索上方设置一根粗大的钢缆作为导向索，将拉索的聚乙烯防护套管悬挂在导向索上，然后逐根穿入钢绞线，用单根张拉的小型千斤顶调整好每根钢绞线的初应力，最后用群锚千斤顶整体张拉，完成制索、挂索和张拉全过程。

（2）斜拉索的张拉。

拉索的张拉形式分为三种：塔端张拉梁端锚固、梁端张拉塔端锚固、塔梁两端同时张拉。

张拉程序：首先在锚杯上安装过渡套，依次安装撑脚及千斤顶、张拉杆、垫板、工具螺母，接着启动千斤顶施加5%设计索力，检查并调整安装位置，记录初始值，解除安装千斤顶的吊点或支垫点的约束，然后分级同步进行张拉，边张拉边旋锚固螺母，直到达到一次张拉所要求的拉力。

（3）索力调整。

斜拉索的索力，是斜拉桥设计的一个重要参数，必须确保准确可靠。而采用可靠的索力量测手段及工具，是确保索力准确的根本。根据国内外多座斜拉桥的施工实践，目前比较常用且成熟的索力量测方法有压力表测定法、压力传感器测定法与频率振动法等。

压力表测定法是利用张拉千斤顶的液压和张拉力之间的关系，通过测定张拉过程中的油压，而后换算成索力的一种索力测定方法。此法测量索力简单易行，是斜拉桥施工过程中最为常用的一种索力测量方法。

压力传感器测定法是在张拉连接杆上套一个穿心式压力传感器。张拉时位于千斤顶和张拉螺母之间的传感器受压发出电信号，在配套的二次仪表上读出千斤顶张拉力，从而得到索力值。此法精度较高，但价格比较昂贵，只能在特定条件下使用。

频率振动法是利用斜拉索振动频率和索力之间的关系，通过测定频率间接换算索力的办法量测索力。目前，随着科技发展，测定拉索频率的电子仪器日趋成熟化，整套仪器携带、安装都十分方便，测量结果比较可信，故采用此法量测索力比较普遍。

斜拉桥从施工到成桥状态，需要通过索力调整达到控制线形和梁内应力的目的，索力调整一般与索力张拉在同一部位进行，调整与张拉共用一套设备。

索力调整施工程序为：计算好要调整的索的索力值、延伸量、主梁标高的变化值等数据；检查并调试好张拉设备；将张拉设备、工具安装到位；开动油泵，使千斤顶活塞无负荷空伸少许；再次开动油泵按照理论计算值进行索力调整。索力调整是个多次重复的过程，直到完全满足设计要求为止。

（4）斜拉索挂设张拉注意事项。

① 斜拉索 PE 护套及锚头的防护。

大型拉索要用钢盘打盘包装运输，其盘绕内径≥20 倍拉索直径，在运输和装卸过程中，要防止碰伤锚具和聚乙烯保护层。缆索展放时极易受损伤，故须使用放索盘及缆索专用起吊牵引工具，放索时索体要在特制的滚轮上拖拉，在放索沿途铺设锚头小车限位走道和缆索三向限位橡胶滚轮滑道。在缆索变向牵引处应专门设置导向装置。不得用起重钩或易于对索体产生集中力的吊具直接挂扣拉索，可用带胶垫的管形夹具尼龙吊带或设置多点起吊。两端锚具的外表面镀锌层及螺纹不得有损伤；锚圈和锚杯完全能自由旋合。安装过程中锚头螺纹要包裹，以免被水泥渣弄脏并及时清除拉索的保护物。

② 索力张拉与调整精度的预防和控制措施。

张拉机具千斤顶与配套使用的油压表要进行标定，锚环、张拉杆、张拉杆锚固螺母等各自的旋紧程度要一致，且位置要居中，以免斜拉索、张拉杆在索力调整过程中受力不均匀。索力调整中，须同时进行梁段和索塔变位观测并与设计变位值校核，斜拉索放索架应有制动装置。

3. 平行钢绞线斜拉索

平行钢绞线斜拉索是以单根钢绞线作为现场安装单元的斜拉索，因其散件上桥在现场组装，所需牵引、张拉设备较小，所需张拉净空也较小，所以特别适应于长大斜拉索。

（1）平行钢绞线斜拉索结构组成平行钢绞线斜拉索体系由索体及其两端的锚固体组成。

① 索体由涂防腐油脂、镀锌、外包聚乙烯皮的钢绞线，外套的高密度聚乙烯（HDPE）管，在钢绞线和 HDPE 管之间填充的聚氨酯泡沫填充料等组成。

② 锚固体主要由锚头、减震器、锚头保护装置等组成。

（2）单根索张拉工艺流程，见图8.2.6。

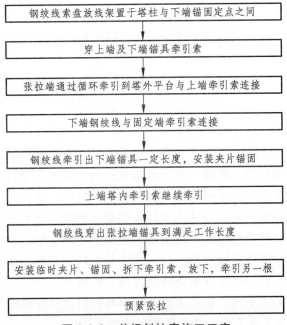

图 8.2.6　单根斜拉索施工工序

思考题

1. 斜拉桥有几种结构形式？索塔有哪几种形式？
2. 拉索如何布置？
3. 索塔施工时，如何合理布置塔吊？
4. 斜拉桥主梁分几种？主梁施工时监测内容有哪些？
5. 斜拉索锚固方式有哪些？

第九章　悬索桥施工

第一节　认识悬索桥

悬索桥（图 9.1.1）也叫吊桥，其行车和行人的桥道梁（通常叫加劲梁）挂在大缆上。它由主缆、吊索、索夹、加劲梁、桥塔、鞍座和锚碇组成。悬索桥是以主缆为主要承重结构的桥梁结构，加劲梁是由从主缆上垂吊下来的吊索扣系固定的。现在的大缆一般用许多根高强钢丝组成，大缆两端用锚碇固定。锚碇用大体积混凝土做成，也有在山体中开挖隧道，然后灌注混凝土作锚碇用的。通常还用两个高塔给大缆提供中间支承。悬索桥承重主要靠大缆，大缆的钢丝强度高且可根据需要增加钢丝数，所以悬索桥的跨越能力特别大，这说明悬索桥是一种最适合于大跨度的桥，也是目前跨越能力最大的桥型。由于其跨度大，悬链线的曲线形状能够给人以舒缓柔美的美感，相对来讲，悬索桥的构件就显得特别的柔细好看。因此，大跨度悬索桥的所在地几乎无不将其作为重要的旅游景点。

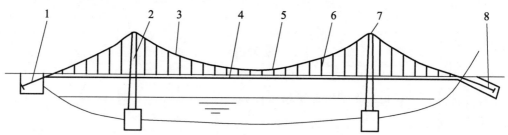

1—重力式锚碇；2—桥塔；3—主缆；4—加劲梁；5—索夹；6—吊索；7—鞍座；8—隧道式锚碇。

图 9.1.1　悬索桥的组成

从结构受力上讲，悬索桥主缆所承受的力是通过锚碇和桥塔传给地基的，主缆、塔和锚碇三者构成悬索桥受力的主体，传力途径简洁、明确。悬索桥的加劲梁承受交通活载，其作用很重要，用料也很多，但却不是主要受力构件，其自重全由主缆承担，它只是将活载传递给主缆。悬索桥是大跨桥梁的主要形式之一，具有跨越能力大、受力合理等特点，高强钢丝组成的主缆受拉最能发挥其材料性能。与其他桥型相比，悬索桥的跨径越大，材料耗费相对越少，桥的造价相对也越低。

悬索桥由主缆、吊索、索夹、加劲梁、桥塔、鞍座和锚碇组成。

一、桥　塔

桥塔也称主塔，是支撑主缆的重要构件。塔主要承受压力，不管是用混凝土还是钢材修建悬索桥的塔，跨径可以加大，塔的增高却是有限的。

1. 桥梁顺桥向（桥轴方向）的结构形式

从结构力学上来分类，悬索桥的桥塔在桥梁顺桥向的结构形式主要有以下三种：

（1）刚性塔。

所谓刚性塔，是指塔顶水平变位量相对较小的桥塔。刚性塔可做成单柱形状，也可做成 A 字形状。刚性塔一般用于多塔（桥塔数量为 3 个或 3 个以上）悬索桥，特别是位于中间的桥塔，可通过提高桥塔的纵向刚度来控制其塔顶的纵向变位，从而减小梁内的应力。

（2）柔性塔。

所谓柔性塔，是指塔顶水平变位量相对较大的桥塔，是相对刚性塔而言的。在大跨度三跨（双跨）形式的悬索桥中，桥塔几乎全是柔性的。柔性塔一般在塔柱下端做成固结的单柱形式。

（3）摇柱塔。

摇柱塔为下端做成铰接的单柱形式塔。它一般只用于跨度较小的悬索桥。

2. 桥梁横桥向的结构形式

悬索桥的桥塔在桥梁横向的结构（塔架）形式一般有以下三种：

（1）刚构式：单层（横梁）或多层（横梁）的门架式。这种形式在外观上简洁明快，既能适应钢桥塔，也能用于混凝土桥塔。（2）桁架式：在两根塔柱之间，除了有水平的横梁之外，还具有若干组交叉的斜杆，形成桁架式结构。桥塔在横向采用这种结构形式，无论在塔顶水平变位、用钢数量（经济性）及塔架内力（功能性）等方面均较为有利。但是，由于交叉斜杆的施工对混凝土桥塔来说有较大困难，因而这种形式一般只适用于钢桥塔。（3）混合式：由以上的刚构式和桁架式可以组合成混合桥塔。这种形式的桥塔一般在桥面以上不设交叉杆，以便在景观上保持刚构式的简洁明快，而在桥面以下设置少量交叉杆以改善桥塔的功能（内力）。由于具有交叉杆，一般这种形式也只宜用于钢桥塔。

二、主　缆

主缆一般为一条近似于抛物线的曲线。它是通过塔顶鞍座悬挂在主塔上并锚固于两端锚固体中的柔性承重构件。主缆本身通过索夹和吊索承受活载和加劲梁（包括桥面）的恒载，除此之外，还承担一部分横向风荷载并将它直接传递到塔顶。现代大跨悬索桥的主缆都是由高强、冷拔、镀铸钢丝组成的，见图 9.1.2。

1. 主缆的布置形式

悬索桥主缆的布置形式一般采用两根平行的主缆。迄今为止，世界上只有两座悬索桥即美国的维拉扎诺桥（图 9.1.3）和乔治·华盛顿桥，在全桥设有 4 根平行的主缆。即使采用 4 根主缆，也是在桥面左右两侧各集中布置两根主缆，而非将 4 根主缆作均匀布置（4 根主缆横向间距相等）。如果将主缆与其下面的吊索视为悬索桥的索面，而 4 根主缆虽有 4 个索面，但其外观与功能仍为双索面悬索桥，只是在每个索面中含有形成立体的双重缆索体系而已。

图 9.1.2　主缆紧缆

图 9.1.3　维拉扎诺桥

2. 主缆的截面组成与编制方法

钢丝本身可以防锈，直径大都在 5 mm 左右。视缆力大小，每根主缆可以包含几千乃至几万根钢丝。这些钢丝分成几十乃至一百多股，每股内的丝数大致相等。这是为了将主缆的力分散给各丝股，以利锚固。为了保护钢丝，并使主缆的形状明确，需要将主缆钢丝压紧成一定截面形状（圆形），然后用缠丝机将软质钢丝（圆形或 S 形）紧密地缠绕在主缆表面，并进行外部涂装防腐。

钢丝束股的组成方法有空中编丝组缆法与预制平行钢丝束股法。前者简称 AS 法，后者简称 PS 法或者 PWS 法。欧美国家使用 AS 法，我国和日本习惯使用 PS 法。

AS 法就是先在猫道上将单根钢丝编制成主缆丝股，多束丝股再组成主缆。其施工程序如下：将钢丝卷入专用卷筒运至悬索桥一端锚碇旁，并将其一头抽出，暂时固定在一梨形蹄铁上，此头称为"死头"；然后将钢丝继续外抽，套于送丝轮的槽路中，而送丝轮则连接于牵引索上；当卷扬机开动时，牵引索带动送丝轮将钢丝引送至对岸，同样套于设在锚碇处的一个梨形蹄铁上，再让送丝轮带动其返回始端。如此循环多次则可按要求数量将钢丝捆扎成束。不断从卷筒中放钢丝的一头称"活头"，当一束丝股牵引完成后，就将钢丝"活头"剪断，并与"死头"用特制的钢丝连接器相互连接（图 9.1.4）。2020 年 8 月，贵阳至黄平高速公路控制性工程阳宝山特大桥（图 9.1.5）施工完成，该项目首次率先在国内采用"空中编丝组缆法"架设主缆，而此前在国内是没有这方面的设计和施工经验可借鉴的。阳宝山特大桥 AS 法架设主缆的成功对补充和完善我国桥梁主缆施工工法，增强我国桥梁主缆架设工艺的多样化，提升山区超大跨径悬索桥建设有着十分重要的意义。

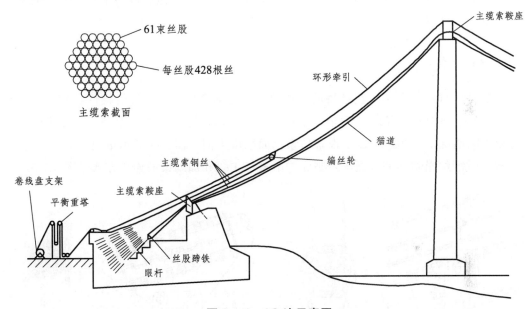

图 9.1.4　AS 法示意图

图 9.1.5　阳宝山大桥

编缆前应先放一根基准丝来确定第一批丝股的标高，基准丝在自由悬挂状态仅承受自重荷载，所呈线形为悬链线。此后牵引的每根钢丝均需调整成与基准丝相同的跨度和垂度，则其所受拉力、线形及总长就与基准丝一样。成股钢丝束经梳理调整后，用手动液压千斤顶将其挤成圆形，并每隔 2～5 m 用薄钢带捆扎。基准丝应在下半夜温度稳定时测量、设定。调股同样应在温度稳定的夜间进行。

所谓 PS 法，就是在工厂或桥址旁的预制场事先将钢丝预制成平行丝股，然后利用拽拉设施将其通过猫道拽拉架设。与 AS 法相比较，由于丝股的重量比单根钢丝要大数倍，所需牵引能力也要大很多，一般采用全液压无级调速卷扬机。在猫道上设导向滚轮，以支撑丝股并使其顺利前行。每丝股牵引完成后，即将其从滚轮上移入鞍座，然后调整主跨及边跨的垂度，调整应在夜间温度稳定时进行。

三、吊　索

吊索是将活载和加劲梁（包括桥面）的恒载通过索夹传递到主缆的构件。它的上端与索夹相连，下端与加劲梁相连。一般情况下边跨和主跨均应布置吊索，但是有时在跨度较小，或边跨较小的情况下，边跨可以不设吊索，而采用类似于简支梁的承重类型。

吊索采用钢丝绳索和平行钢丝索制成。吊索与主缆和加劲梁的连接方式见图 9.1.6。

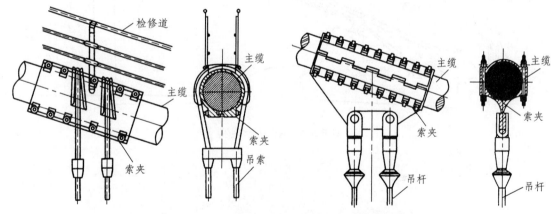

图 9.1.6　吊索与主缆和加劲梁的连接方式

1. 钢丝绳索

用于吊索的钢丝绳有两种：一是绳心式钢丝绳，它由位于中央的一股钢丝绳作绳心，在其外围再用 6 股由 7 丝或 19 丝或 37 丝扭绞组成的钢丝束股扭绞而成；二是股心式钢丝绳，它由 7 股 19 丝钢丝束股扭绞而成，位于中央的一股为股心。两种钢丝绳中的钢丝束股的扭绞方向与钢丝束股中的钢丝的扭转方向均相反。

2. 平行钢丝索

采用平行钢丝索做吊索时，其截面组成一般为几十根到百余根的 $\phi 5～7$ mm 镀锌钢丝，外加 PE 套管保护。

四、加劲梁

加劲梁（图 9.1.7）的主要功能是提供桥面和防止桥面发生过大的挠曲变形和扭曲变形。桥面上的活载及加劲梁的恒载通过吊索和索夹传至主缆。加劲梁是悬索桥承受风荷载和其他横向水平力的主要构件。加劲梁的主要形式有钢板梁、桁架梁、钢箱梁和钢筋混凝土箱梁等。钢板梁通常采用工字形截面，沿跨径设置成等高度梁；桁架梁一般也是沿跨径设置成等高度梁，杆件多采用 4 支角钢和钢板组成的 H 形截面；对于长细比控制的构件常采用箱形截面，以增加截面的惯性矩。钢箱梁抗扭刚度大，比桁架梁构造简单且用料少，易于制造，其形式为流线型扁平钢箱梁。钢筋混凝土箱梁的刚度大，构造简单，易于制造，而且与其他梁的形式相比，造价最低。由于悬索桥一般跨度比较大，因此相对而言梁就变得很薄，所以受风荷载的影响很大，将梁做成流线型，有利于抵抗风荷载，避免产生共振而使梁受到破坏。

目前，最常见的加劲梁结构主要有桁架梁和扁平钢箱梁（图9.1.7）。前者由于刚性大并方便设置双层结构，所以多见于铁路桥和公铁两用桥；后者用于公路桥。

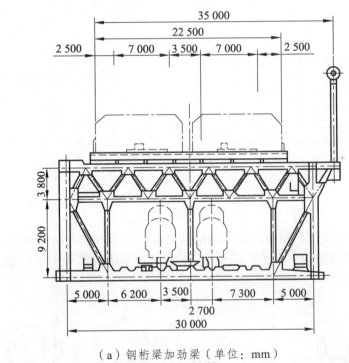

（a）钢桁梁加劲梁（单位：mm）

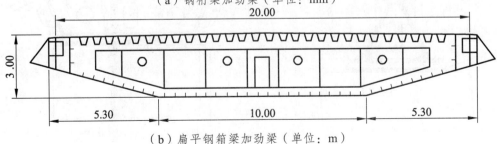

（b）扁平钢箱梁加劲梁（单位：m）

图 9.1.7 悬索桥加劲梁

五、锚 碇

悬索桥分为自锚式和地锚式。自锚式悬索桥的主缆锚于加劲梁上，不需要设置锚碇结构；而地锚式悬索桥的主缆端头则锚于重力式混凝土锚块或岩洞中的混凝土锚块上，防止其走动。

锚碇是将主缆中拉力传递给地基的构件，一般由锚块基础、锚块、钢索的锚碇架及固定装置和遮棚等构成。按照边跨的情况，锚碇可以与桥台组合设置或单独设置。

锚碇分为重力式锚碇和隧道式锚碇（图9.1.8）。重力式锚碇用得较多，它完全由大体积混凝土构成，用锚碇自重与地基的摩擦力来抵抗主缆的斜向拉力；隧道式锚碇则利用已有的坚实的岩层或岩洞，部分用混凝土浇筑来形成锚碇。锚碇最好设置在靠近地表的坚实的岩层内，并且与下面的基础形成整体，以提高锚碇的倾覆稳定性与滑动稳定性。一般来说，锚碇做得都比较大，这样才能使主缆传来的荷载通过锚碇传给地基。

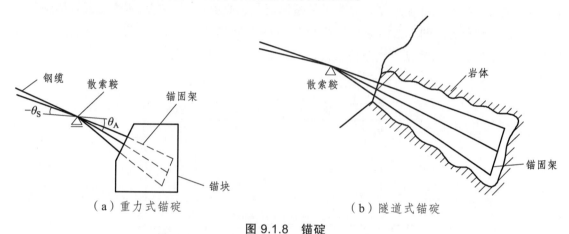

（a）重力式锚碇   （b）隧道式锚碇

图9.1.8 锚碇

六、鞍 座

鞍座是支承主缆并使其圆顺地改变方向的重要部件，布置在主缆几何线形转折点处，包括桥塔（墩）顶的主索鞍（图9.1.9）、锚碇（锚固体）前端的散索鞍（套）及副索鞍。鞍座分为塔顶鞍座（亦称主鞍座）和散索鞍座。

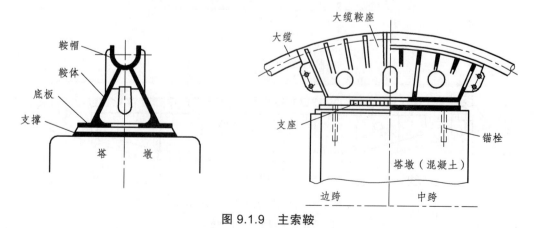

图9.1.9 主索鞍

塔顶鞍座位于主缆和塔顶之间，其上座设有索槽用以安放主缆，见图 9.1.10。刚性桥塔上的主鞍座，一般在上座下面设一排辊轴，用来调整施工中主缆在塔顶两侧的水平分力使之接近平衡。辊轴下面设下座底板。柔性塔和摇柱塔上的主鞍座仅设上座，它将通过螺栓与塔固定。

图 9.1.10　主缆通过主索鞍

散索鞍座是主缆进入锚碇之前的最后一个支承构件，置于锚碇的前墙处，起着支承转向和分散大缆束股使之便于锚固的作用，见图 9.1.11。与塔顶主鞍座不同的是，散索鞍座在主缆因活载作用或温度变化而产生长度变化时，其本身能够随主缆同步移动，以调节主缆的长度变化。其结构形式又有摇柱式和滑移式两种基本类型。散索鞍座现今一般也兼用铸焊的方法进行制造，即鞍槽部分采用铸钢件，其他部分用厚钢板焊接。

图 9.1.11　丝股通过散索鞍

索鞍有整体铸造、铸焊组合和全焊三种类型，其中整体铸造和铸焊组合两种类型较为常用。主索鞍（塔顶鞍座）的结构主要由座体（含鞍槽）和座板组成。为满足悬索桥施工过程中索鞍预偏复位滑移的需要，座板与座体之间设置有滑动装置，如辊轴、聚四氟乙烯滑板或其他减摩技术。散索鞍（套）结构形式上主要有摇柱式、平移式（滑移或滚轴）等几种基本类型。其基本构成包括底座、座体（含鞍槽）。副索鞍设置于边跨，提供主缆转折的需要，在必要时设置。其构造基本与散索鞍相同，但在主缆通过副索鞍时不散开。

第二节 地锚式悬索桥的施工

一、锚碇施工

1. 锚　碇

在悬索桥中，主悬索的全部索力必须通过强大的锚固块传至地基，这种锚固块体就是锚碇。无论何种形式的锚碇都应包括有锚碇鞍座和锚梁（承托板），使主索通过锚碇鞍座后能将力分散到锚梁上进行锚固。锚碇作为一种结构其构造特点为：

（1）要能牢固地锚固全部主缆索。

（2）承受主缆索强大的水平力和竖直向上的力。

对山洞式锚洞的开挖，需严格控制衬砌质量，尽可能使非开挖部分的岩层保持完整。在灌注钢筋混凝土承托板时，要周密考虑板内多层钢筋的布置及锚孔的设置方法，并保证其位置准确。洞顶的混凝土衬砌与岩间的空隙，要采取压浆措施使混凝土与岩层结合紧密。锚碇的工作室要做好排防水工作。

重力式锚碇的尺寸必须保证在最不利荷载作用下，有足够的抗倾覆和抗滑稳定性。重力式锚碇的特点是尺寸很大，因而要尽力用建筑处理来改善其外形。在软土地基条件下，重力式锚碇不仅可做成实体型，还可以做成箱形。

锚碇体和承托板的位置、标高、倾角，在施工前必须仔细测量，施工过程中必须经常复核，严格掌握。锚碇承托板完成后，应将锚孔按设计要求编号，并标记在锚孔侧，以便对号按次序进行主索安装。

2. 缆索与锚碇的连接

为了便于缆索在锚孔内散开，在锚碇钢杆前，要加一个导向螺纹杆以调节每根钢束的长度。若钢索根数不多可将锚板做成平行板，若钢索根数较多则将锚板做成圆弧板，让锚索借助套筒支承在活动的支承铸件上，以保证索均匀受力。若需调整索长，则可用千斤顶张拉后再插入锚板固定；若缆索是用钢绞线制成的，则其锚固可用 U 形夹头和松紧球将索卡牢。

各钢索在锚碇的倾斜内室分开，并在此内室的远端处用索靴或套筒锚住钢索，再经索靴或套筒用埋于混凝土内的钢杆将各钢索的作用力传至锚固块。鉴于倾斜夹箍处的钢索，防腐工作较困难，故整个斜内室应保持干燥。

二、索塔施工

悬索桥的索塔与斜拉桥的索塔施工完全相同，参考上一章斜拉桥索塔施工方法。钢筋混凝土索塔由于常采用等截面、直立的形式，因而更有利于采用爬模施工方法。

索塔施工时需注意：塔柱的抗风稳定、横梁温度裂缝预防、塔柱向内的稳定性、塔吊的安全性、高空作业安全，施工猫道、塔顶鞍座安装及移位设施、施工模板、安全设施、电梯、塔吊及缆载吊机、鞍座顶推装置、施工平台及栏杆等预埋件或预留孔。索塔在施工过程中，应控制好倾斜度、塔顶标高（按设计规定留压缩量）等指标，待索塔完工后，需精确测定稳定温度及其他不同温度条件下裸塔塔顶中心线里程和标高（应考虑地球曲率及日照的影响、主塔的压缩量）以及塔的倾斜度。实测数据需反馈给设计单位、监测监控单位，以作为主缆线形计算调整、施工控制计算及竣工验收的依据。

三、鞍座施工

1. 鞍座施工工艺流程

鞍座施工工艺流程见图 9.2.1。

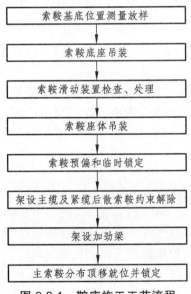

图 9.2.1　鞍座施工工艺流程

2. 鞍座安装的一般要求

安装索鞍时必须满足高空吊装重物的要求，宜选择在白天晴朗时连续完成工作。

主索鞍采用专门设计的塔顶吊机吊装，该吊机应能保证鞍座分次吊装上主塔顶并移动就位。塔顶吊机的结构部分，在主缆架设时可改装为主缆牵引系统及索股调整的设施。塔顶吊机投入使用前需进行试吊，取得使用许可证后方可投入使用。

主索鞍吊装前，需安装鞍座顶移设施，顶移设施应有一定的富余能力。

3. 主索鞍安装注意事项

（1）安装顺序：在索塔顶安装主索鞍时，先吊装座板（钢框架），座板与塔顶的联结按设计图纸进行安装；再分次吊装座体（含鞍槽），按预先标记的预偏位置在已装好的座板（钢框架）上组拼座体，装好后临时锁定。

（2）主、散索鞍安装时应根据设计提供的预偏量就位并临时锁定。其目的为通过鞍座位置调整主缆在不同工况下的平衡。

（3）索鞍吊装前，应对预留位置进行检查、清理。

4. 主索鞍安装

（1）测量放样。

精确测量裸塔顶中心线是保证主索鞍安装位置准确的前提条件。放样时以裸塔顶中心线作为索鞍的基准控制线。

（2）座板安装。

① 座板吊上塔顶后，利用塔顶吊机的纵移装置移至安装位置。

② 座板安装应设置精准微调装置，以保证安装精度。

③ 安装调整就位的座板应临时固定牢固。高程及平面位置符合要求后，即可在预留锚栓孔内安装锚栓及进行后续的填塞封闭缝隙、锚栓孔或浇筑混凝土等工作。

5. 散索鞍安装

（1）散索鞍的安装与主索鞍的安装相似；受地形限制和安装形式的不同时，应制订合理的散索鞍安装方案。

（2）散索鞍也应根据设计规定预偏量或角度进行位置预偏，并临时锁定，锁定结构应有足够强度，以保证散索鞍在整个架缆过程中，在任何条件下保持固定不动；在主缆架设完成后或架设过程中监控提出要求时，即应解除临时锁定约束；通过散索鞍摆动或滑移，随加劲梁架设自行复位。

四、牵引系统及猫道施工

猫道是重要的空中走道和作业平台，供主缆钢丝索股拖拉架设、测量、调索、主缆紧缆、安装索夹及吊索、主缆缠丝及防护涂装等工作，见图 9.2.2。

猫道由承重索、猫道面层、扶手索、猫道门架、横向天桥、锚固体系等组成。

猫道承重索、扶手索等的架设主要利用已架设好的导索和临时轨道支承索往复在空中对称架设。猫道面层分段在工厂预制成卷状，吊运至塔顶沿猫道索逐段拽拉下滑，逐段安装，直至跨中合龙。横向天桥在塔顶安装，并随同猫道面层被拽拉下滑到位，而后安装扶手索和栏杆网。

猫道相当于一临时轻型索桥，其作用是在主缆架设期间提供一个空中工作平台。它由猫道承重索、猫道面板系统及横向天桥和抗风索等组成，一般宽 3～5 m，每主缆下设一个。为方便工人操作，猫道面板距主缆中心线的高度为 1.3～1.5 m，且沿主缆中心线对称布置。此外，有全桥主、副跨猫道为一整体者，也有主副跨分设者。

图 9.2.2　猫道

架设时先将一根先导索送到对岸的工地，然后通过牵引导索，陆续将一根根钢绳穿过河流或峡谷，逐渐架设一个施工的平台。目前，先导索的架设方法多样，主要根据各项目特点决定。

长大跨度悬索桥的主缆，不仅长度长、重量大，而且安装精度要求非常严格，所以常采用搭设施工便道（猫道）在空中进行就地编缆安装的方法。

猫道是供高空施工用的临时工作便桥，猫道平行于将来的主缆并在主缆的下方。猫道由下列部分组成：

（1）钢丝绳。这是猫道的基本受力部件，在敷放主缆钢丝束时，它承受钢丝束的重量，并承受施工荷载和风荷载。通常一条猫道由多根步行道缆绳和两根扶手缆绳组成。猫道钢缆绳固定在主塔索鞍上。

（2）步行道和侧网。步行道由横梁、步行板（木或钢）组成，侧网用于保证猫道施工人员的安全。

（3）横向框架。横向框架用于固定猫道缆绳的空间位置和使荷载均匀地分布在缆绳上。

猫道的安装是一项很复杂的工作，要依赖索塔顶部的工作平台和安装在塔顶的起重机进行。猫道的每根钢丝绳应有同样的长度，以使其拉力相等。猫道索安装完毕后，即可进行侧网、框架和横向过道的安装。这些部件可以在塔顶的工作平台上安装好后向跨中方向推出或拉到各自的位置上去。

猫道先导索架设方法主要有以下几种：

1. 水下过渡法

较早时期的导索架设采用水下过渡法，就是将导索的一端在岸塔底临时锚固，然后将装有导索索盘的船只驶往彼塔，并随时将导索放入水底，然后封闭航道，用两端塔顶的提升设备将导索提升至塔顶，置入导轮组中，并引至两端锚碇后，再将导索的一端引入卷扬机卷筒上，另一端与牵引索相连，接着开动卷扬机，通过导索将牵引索牵引过河（图9.2.3）。

图 9.2.3　水下过渡法

采用此法时，应限制通航，对于水下地形复杂、水流速度较大的情况不安全；但这种方法可以节省机械设备、施工时间相对短。

2. 水面过渡法

水面过渡法是将准备渡江（海）的导索每隔一定距离装上浮子，使导索由浮子逐段承托而不下沉江底；然后由拖船将导索的一端从始发墩浮拖至需到达的墩旁，再由到达墩顶垂挂下的拉索直接拉至墩顶（或由塔吊来完成）（图 9.2.4）。此法在潮流速度缓慢且无突出岩礁等障碍物时，是较为可靠的。采用此法时，应封通航。

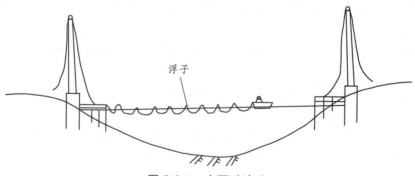

浮子

图 9.2.4　水面过渡法

3. 空中过渡法

空中过渡法是在桥台锚碇墩附近设置可连续发送导索的放索装置，从此装置引拉出的导索经过塔顶后其前端固定在拖船（浮吊吊杆）或者空中牵引设备上，随着牵引设备越过水面或峡谷。导索至另一岸索塔处时，往往从另一端锚碇附近将牵引索引出，并吊上索塔后沿另侧放下，再与拽拉的导索头相连接，即可开动卷扬机，收紧导索，从而带动牵引索过河（图9.2.5）。

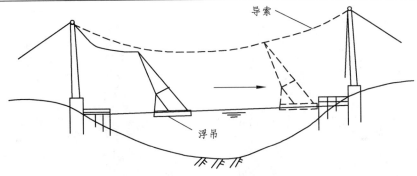

图 9.2.5　空中过渡法

　　导索采用空中过渡法时，也可用飞艇牵索渡架、火箭渡架、无人机牵索渡架、直升机牵索渡架等架设方法（图 9.2.6）。

火箭渡架

无人机牵索渡架

直升飞机牵索渡架

图 9.2.6　空中牵索渡架

　　布置在两岸间的牵引索系统是由架设完毕的导索组成的往复牵索系统来安装的，见图 9.2.7。拽拉到位的牵引索，与驱动卷扬机相联结组成往复式或循环式牵引系统，以此系统往复地引拉架设猫道承重索、主缆索股的钢丝等。

图 9.2.7　牵引系统

五、主缆施工

悬索桥的每根主缆都是由若干根平行钢丝束组成的，平行钢丝束可在工厂制作，制成的钢丝束（包括锚头）绕在钢卷筒上直接运到工地备用。

为了保持预制平行钢丝束的截面形状，沿长度方向每隔 1.5 m 要用特殊的纤维强力胶带将钢丝束包扎定型。在六角形截面的右上角应有一根喷涂红色油漆的观察钢丝，其作用是在制作和架设钢丝束时，用以观察、辨别钢丝束是否扭转。在截面左上角设有一根标准长度钢丝，此钢丝是钢丝束下料长度和标涂记号（如塔顶鞍座中心、跨中中点等部位）的依据。它是预先将钢丝展开伸直并通过精密测量刻记后制成的。根据国外的有关规定，标准长度钢丝的长度误差应小于 1/36 000。

主缆的安装步骤如下。

（1）在存索场将钢丝束卷筒放在放线的支架转盘上。

（2）将钢丝束端锚头放在专用小车上（小车在猫道上），用对岸锚碇后的卷扬机牵引小车前进，直到钢丝束两端锚头正好与两岸锚碇的锚固螺栓连上。

（3）用塔顶的提升装置将钢束提离猫道，按规定对钢丝束将要放进塔顶鞍座和散索鞍座的部分涂刷油漆，然后将其放入鞍座。

（4）在两岸的锚碇处张拉钢丝束至理论拉力，此时，钢丝束在生产厂内做好的测量标志应在塔顶鞍座的理论位置上。

（5）缆索调整。要保证主缆中各根钢丝束均匀受力，应使各根钢丝长度相等，最好的方法是校核自由悬垂下的钢丝束，使其下垂度相同。首先使位于主缆底层中央的那根束符合要求，然后再对其余束进行相应的调整，为此要计算单根钢丝束两端锚头前支承面间无应力状态下的长度，此长度计算准确与否直接关系到悬索桥主缆几何线形的精确程度。精确测定第一根钢丝束的中点垂度，并以它作为其他钢丝束的基准，各束的测量调整工作尽可能在气温相同的条件下进行，并尽可能使束的温度接近气温（晚间）。如果束的长度和垂度与设计值有误差时应进行调整，长度差值可用锚固螺栓杆上的螺帽来调整，边跨与上跨的垂度可在塔顶鞍座上通过适量移动索的位置来调整。其余束的量测与调整，应在与第一根束相协调一致的条件下进行。

六、索夹和吊杆的安装和调整

1. 索夹和吊杆的安装

索夹安装前应使用水平仪检查主缆索跨中的垂度标志是否与设计相符，否则应调整。索夹位置应根据吊索的间距，用经标定过的钢卷尺进行测量。安装索夹之前，要对索夹处的主缆进行油漆或包扎锌带处理。索夹可用塔上吊机提升到主塔上，然后放在安装小车中，由安装小车通过主缆送至安装位置。

索夹和索夹螺栓应按其在主索上的位置予以编号，安装前油漆时，不可将号码盖住，以避免安装错位，使索夹与主索斜度不符而夹不紧，钢销穿不上。

索夹如采用高强度螺栓栓合时，螺栓的拧合扭矩应先经试验确定，以使索夹下的吊杆承受全部荷载，索夹不致在主索上向下滑移，见图 9.2.8。随着加劲梁安装工作的进展，主缆受力增大，索夹螺栓还需再次拧紧，施工操作时，应按试验的扭矩控制。

图 9.2.8　索　夹

索夹及吊杆的安装可在主索上面设置工作悬索，悬挂工作挂篮进行。

2. 吊杆长度和内力调整

在桥面工程全部完成，正式铆合或柱合前，应对吊杆长度和吊杆内力进行调整，使加劲梁的建筑拱度符合设计要求，并使各吊杆受力均匀。

调整时，可先测出吊杆处主索的链形坐标，计算出各点的理论调整值，每次调整时，只调整理论值的一半。这样反复多次测量、调整，就会使主索链形和吊杆受力符合设计要求。

为了调整吊杆内力，应在施工过程中或安装完毕后测定每条主索的受力大小。主索应力宜采用振动式应力仪、电子称量仪或其他简易钢索测力器测定。

七、主梁的施工

在悬索桥的施工中，加劲梁可以整节安装或分片安装，安装顺序可以从跨中向两岸进行，也可以从两岸向跨中合龙，见图 9.2.9。加劲梁的吊装可以另行设置悬索吊装设备，也可以利用主索作为运送梁节的索道。此时，应设置适应主索的特制滑车。

图 9.2.9　加劲梁施工

利用悬索桥主索作为运送梁节的索道安装加劲梁时，宜从跨中向两岸进行，索夹与吊杆应配合加劲梁同时安装，不可先安装索夹、吊杆。

加劲梁施工工艺流程见图 9.2.10。

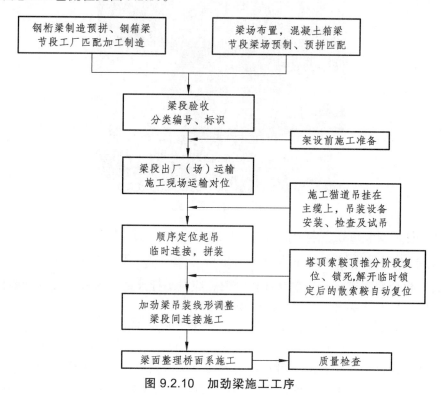

图 9.2.10　加劲梁施工工序

安装加劲梁时应注意的事项：

（1）利用主索吊装加劲梁时，宜在索塔前的组装平台上进行梁节组拼，组拼后再利用主索吊运到安装部位与索夹、吊杆同时安装。若在塔顶另设计工作缆索，则可在地面组拼梁节，运到索塔下起吊。

（2）在安装次一节梁段时，由于主索链形不是抛物线形而呈多边形，因而两节间的连接钢销（高强螺栓）不易插入，为此必须先使吊杆的调整螺栓丝扣下放或提高，以利两节间的连接钢销（高强螺栓）插入。

（3）在全部加劲梁安装完毕但尚未进行桥面安装之前，应进行第一次吊杆调整工作，使吊杆长度符合或接近设计要求。

（4）当索塔下端为固结时，随着加劲梁的安装，主索的荷载将随之增加，索鞍也将逐步向河心偏移，施工过程中应对索鞍的实际偏移量进行观测，防止超过设计允许偏移量，影响塔架的安全。当索塔下端为固接时，应按设计规定观测索塔的偏斜量，防止超过设计允许的偏斜量。

（5）桥面工程全部安装完毕，各吊杆应力调整均匀且建筑拱度调整结束后，方可进行加劲梁的铆合或高强度螺栓栓合。

（6）如采用高强度螺栓栓合并在高空进行摩擦面的喷砂处理时，必须合理地控制施工进度，防止与其他工序互相干扰。

八、防腐要求

缆索防腐工程内容包括主缆缠丝、密封、油漆及其附件（索夹、吊索、鞍座及各连接件）的密封、油漆等防腐涂装。

主缆防腐的规定：

（1）主缆缠丝应在二期恒载之后进行，或经设计同意在加大钢丝拉力后于一期恒载后进行。主缆缠丝应确保钢丝缠绕密贴，缠丝张力符合设计要求。

（2）防腐前必须清除主缆表面灰尘、油污和水分等污物，临时覆盖，待对该处进行涂装及缠丝时再揭开。

（3）主缆涂装应按涂装设计进行。

（4）主缆缠丝材料有圆形钢丝和 S 形钢丝两种，现仅述圆形钢丝的施工。圆形钢丝以选用软质镀锌钢丝为宜；缠丝工作应由电动缠丝机完成，必要时可辅助人工手动缠丝。

（5）缠丝期间应在工艺上保证避免缆内积水或雨水直入缆内。

（6）缠丝张力大小应充分考虑主缆温度变化的影响。

思考题

1. 悬索桥锚固体系有哪些?
2. 如何选择锚碇的锚固体系?
3. 锚碇大体积混凝土施工应注意哪些问题?
4. 施工猫道的概念及设置的基本要求有哪些?
5. 索股线形调整应注意哪些事项?

第十章　桥梁施工控制技术

第一节　支架现浇法施工控制技术

支架法施工是在桥位处搭设支架，在支架上浇筑预应力混凝土梁，达到设计强度后拆除模板和支架的一种施工方法。支架具有安装方便、受力均匀的优点。支架作为主要的施工设施，必须要有足够的强度、刚度和稳定性。

支架的地基承载力必须满足要求，基础可以采用明挖扩大基础、钢管桩基础或钻孔桩基础，另外，支架基础要有完好的排水系统。支架一经搭设，其地基周围不准随意开挖。基础未经验收不得搭设支架，分阶段搭设的支架，实行分阶段验收，验收记录应存档。

用满堂支架现浇梁施工前，应先对施工现场进行场地平整，对搭设支架的场地进行加固处理，若地基地质状况较差，如为淤泥，则用挖掘机挖出一定深度的淤泥，换填砂砾、石料；如果原地基地质状况较好，则首先将原有地基整平压实后，在其上分层填筑一定厚度的土或砂砾，并进行碾压密实，确保压实度，并设置横向单坡，便于及时排除雨水，如纵向坡度过大，则采取设置台阶方式，以便于底托支垫平整。然后在处理后的地基上施作一层水泥稳定层或素混凝土作为支架基础，并按照满堂支架脚手钢管立杆所对应的位置铺设方木。

一、支架搭设原则

支架底端和顶端分别设置底托和顶托以方便调整支架底、顶高程，保证支架安装质量和满足施工需求。支架结构的搭建要稳固，杆件连接牢靠。

（1）支架搭设标准：横平竖直，连接牢固，底脚稳固，层层固定，支撑挺直，通畅平坦，安全设施齐全、牢固。满堂支架可采用钢管搭设，钢管支架搭设需要设置纵、横向水平杆加劲。为确保支架的整体强度、刚度和稳定性，对于每根竖向钢管用纵横钢管水平相连接，一定距离设置顺桥向通长剪刀撑，横桥向每隔一定距离设一道剪刀撑，水平加劲杆与剪刀撑均需用扣件与立柱钢管联成整体。剪刀撑与碗扣支架立杆、水平杆相交处，杆件的相互连接必须紧密。钢管的整体稳定性由基础的不均匀沉降、支架结构的稳定性控制。

（2）支架搭设按照立杆、横杆、斜杆的顺序逐层搭设。支架不得混搭，主要受力杆件，如立杆、大横杆、小横杆在同一立面必须使用同一材质的材料；支架的杆件、扣件严禁随意拆除。

（3）严禁在支架上接缆风绳和设置起重吊杆，不准在支架上搁置运料滑槽及搭设受料平台，不准采用斜拉斜吊的方式从支架上进料。

（4）支架预压重量大于浇筑混凝土的重量，根据预压时支架产生的弹性和非弹性变形，设置预拱度。

二、支架预压

支架预压的目的是检验支架的安全性及地基的强度和稳定性，消除整个支架的塑性变形，消除地基的沉降变形，测量出支架的弹性变形。支架预拱度值的大小主要考虑：支架承重后引起的弹性变形值、梁设计给定的预应力和自重引起的变形值、梁设计要求的拱度值。

在支架搭设完成后要对其进行预压，预压重量应模拟现场总体荷载，即混凝土自重、施工人员及机具重量、模板及支架重量等的总和。在铺设完梁底模后，用堆放重物或吊挂水箱对支架、模板分节段进行预压，预压荷载为梁体自重的120%。施加张拉力预压是在相应支架地面打地锚，然后利用预应力束对其施加同等重量的预拉力。施加张拉力预压施工简单，适合起吊重物困难和重物材料不足的情况，但也有缺点，就是施加力较集中，不能有效地反映梁体重力分布。

预压加载：支架搭设好后，铺设底模，进行预加载试压，以检查支架的承载能力，减小和消除支架的非弹性变形和地基不均匀沉降，从而确保混凝土梁的浇筑质量。加载时按设计要求分级进行，加载顺序为从支座向跨中依次进行。满载后分别量测各级荷载下支架的变形值，然后再逐级卸载。当支架的沉降量偏差较大时，要及时对支架进行调整。

预压观测：为了解支架沉降情况，在预压之前应测量控制点高程，控制点按顺桥向布置。在预压前需要对底模平面控制点的高程观测一次，在加载50%和120%后均要复测各控制点高程，在预压的过程中平均每两个小时观测一次，观测至沉降稳定为止。加载100%预压荷载并持荷24 h后要再次复测各控制点高程，如果加载120%后所测数据与持荷24 h后所测数据相比变化很小的时候，说明支架已经基本沉降到位，可卸载；否则还须持荷进行预压，直到支架沉降到位方可卸载。

卸载完成后，要再次复测各控制点高程，以便得出支架的弹性变形量（等于卸载后高程减去持荷后所测高程），用总沉降量（即持荷后稳定沉降量）减去弹性变形量为支架的非弹性变形（即塑性变形）量。预压完成后要根据预压成果来调整现浇梁段底模高程。预压完成后移除荷载、拆除模板，根据预压结果得出设置预拱度有关的数值，据此对理论计算数值进行修正，以确定更适合的预拱度，重新放样，调整立杆高度。

三、支架卸落

在梁体张拉完成后，压浆强度达到设计强度的90%并封锚完成后，可以拆除支架和底模。梁底模和支架的卸载顺序，严格按照从梁体挠度最大处支架节点开始，逐步向两端卸落相邻节点，当达到一定卸落量时，支架方可脱落梁体。

拆除支架时从跨中开始对称向两头均匀拆卸，以便使桥体重量对称、均匀地由两端支座平均承担，同时预防梁体因受力不均匀产生裂纹。拆除底模时防止损坏梁体外观质量。拆除时禁止无关人员进入危险区域。拆除要统一指挥，上下应动作协调。

拆除满堂支架时，应按顺序由上而下，一步一清，不准上下同时作业。拆除脚手架大横杆、剪刀撑时，应先拆中间扣，由中间操作人员往下顺杆子。拆下的材料，应用绳子掉下，禁止往下投扔。

拆除梁式支架时，先松动沙筒，然后用安放在桥面支点处的卷扬机缓缓提起该处支架的工字钢横梁，使整个纵梁提离型钢立柱，接着拆除钢管或型钢立柱，最后一起放下纵梁。拆支架时应缓慢，对称地卸落沙筒使梁体结构均匀受力，注意保留该段与尚未浇筑的下一段相邻跨的支架不拆，使梁体在施工阶段的受力更趋合理，有效防止混凝土的开裂。

混凝土拱桥的支架现浇施工与混凝土梁桥的支架现浇施工类似，只是混凝土拱桥采用的是拱架承受拱圈和拱上结构的重量，并利用拱架的拱度来保证拱圈的形状符合设计要求，另外，混凝土拱桥主拱圈的浇筑方法也有所不同。

第二节　移动模架法施工控制技术

移动模架是一种自带模板可在桥位间自行移动，逐孔完成梁现浇施工的大型质量设备。移动模架系统实际上是一个可以移动的混凝土制梁工厂，把桥梁上部结构预制变为在桥墩原位现浇，减少了混凝土预制需要的大片场地及预制梁的架设工作。移动模架应具有足够的强度、刚度和稳定性，基础必须坚实稳固。

在施工前，应根据验收标准测量墩的中心线以及支座垫石的施工高程，并计算出施工误差，经监理工程师审查并签证后方可进行梁体施工作业。用于整孔制架的移动模架每次拼装前，必须对各零部件的完好情况进行检查。拼装完毕，均应进行全面检查和试验，符合设计要求后方可投入使用。移动模架组装完毕后，在第一孔箱梁施工前要对移动模架进行预压试验。

一、移动模架预压

移动模架在安装完成第一次使用前，需通过等载预压消除结构物的非弹性变形，确定弹性变形值并根据该值进行预拱度设置，同时检验模架的安全性能，为施工中有效控制箱梁的线形、预拱度提供准确的依据。首次预压荷载应为最大施工荷载的 1.2 倍，再次安装预压荷载为最大施工荷载的 1.1 倍。

预压前，测量各观测点高程，加载顺序同混凝土浇筑顺序，以后每天观测一次，直到模架变形稳定为止。然后，将预压砂袋卸除，将模板清理干净后测量各观测点高程。根据每次观测记录绘制沉降曲线，并根据沉降值进行计算，确定合理的施工预拱度。根据梁的挠度和支撑变形计算出预拱度之和，其他各点的预拱度应以中间点为最大值，以梁的两端点为零点，按二次抛物线进行分配设置。

预压后先调整底模，再调整侧模，最后调整端模。预压试验可以发现结构加工、安装所存在的问题和隐患，提前调整和整修，防患于未然。

移动模架预拱度的调整是移动模架法施工的重点，挠度值的计算要尽量结合实际情况。移动模架的挠度值主要由 4 部分组成：混凝土自重产生的挠度值；由后悬臂端变形产生的挠度值；预应力钢束张拉产生的反拱值，支点间按抛物线计算；支撑部位沉降产生的挠度值。

二、移动模架法施工质量保证措施

（1）移动模架必须进行预压试验，并进行电路、液压系统的调试和试运行，待各项试验、检测结果达到要求后，再进行整孔梁跨的浇筑施工。

（2）移动模架就位后，应严格检查桁架与桥跨中心的关系、模板中线以及高程，确保各项指标满足有关要求。根据设计要求进行预拱度设置，并跟踪、观测修正预拱度，使梁体保持良好的线形。

（3）梁体接缝处施工前，不得有油脂、尘土等杂物。注意保护预应力孔道，使其清洁、畅通。严格按施工工艺施加预应力，并逐步完成荷载转换，完成整跨梁体施工。

（4）为保证检验和试验质量要求，应在工地配备足够的人员专门完成试验工作。对进场的钢筋、水泥、防水材料、骨料等按试验规程要求做好材料复试，未经复试或复试不合格的材料不得投入使用。钢筋焊接试件、混凝土抗压试件、弹性模量试件的制作数量和尺寸要符合规范要求。

（5）混凝土浇筑过程中要定期测量其坍落度、出料温度、入模温度及室外温度，作为制定混凝土养护措施的依据。

（6）牛腿在墩身两侧安装时需同时起吊对应部件，并对拉固定。

（7）所有机加工件需要防止雨水、灰尘等，特别是螺栓、螺母及垫片；所有液压件需要防止雨水、灰尘等，液压软管应存放在室内，长时间的高温及潮湿环境会损毁软管。

第三节　悬臂施工法施工控制技术

悬臂施工法是大跨径连续梁桥常采用的施工方法，可分为悬臂浇筑和悬臂拼装两种方案。悬臂施工是当墩顶阶段施工完成后，通过挂篮（或吊机）逐段对称悬臂浇筑（或拼装）后续梁段，直至全桥合龙，其关键工序涉及墩顶0号块、悬臂浇筑节段、合龙段等的施工。

悬臂施工时应根据设备情况及工期，选择合适的节段长度，若节段过长，混凝土自重增加，将使预应力配筋、挂篮重量增加，同时还增加平衡及挂篮后锚设施等，导致工程造价增加；若节段过短，则会影响施工进度。

一、墩顶 0 号块施工控制要点

1. 墩顶托架要点

墩顶及安装挂篮前梁段结构复杂，主要体现在预埋件、普通钢筋、各向预应力钢筋及其孔道、锚具密集交错，梁顶有纵横向坡度，端面需考虑与待浇筑梁段相接等因素。墩顶及安装挂篮前梁段施工难度大，同时作为后续梁段施工的起点，务必重视其施工质量。根据墩顶及安装挂篮前梁段结构形式和截面高度情况，一般可将其分为三次浇筑，则可先浇筑底板、再浇筑腹板、最后浇筑顶板。

预应力混凝土连续梁采用悬臂浇筑法施工时，墩顶及挂篮安装前梁段即 0 号段一般采用在墩旁支架或墩顶托架上架设模板进行浇筑，施工时，应注意将墩梁临时固结以承受悬臂浇筑施工时产生的不平衡力矩。

墩旁支架或墩顶托架可根据承台形式、墩身高度和地形情况，设置在承台、墩身或地面上。在特定情况下，还可设置悬挑结构，即直接将支架设置在墩顶，通过悬挑结构来承担上部墩顶及安装挂篮前梁段重量。

托架或支架操作平台的平面尺寸视拼装挂篮的需要和拟浇筑梁段的长度而定，横桥向的宽度一般应比箱梁底板宽出 1.5 ~ 2.0 m，以便设立箱梁腹板的外侧模板。托架或支架顶面应与梁段底面纵向线形变化一致。支架一般在现场拼装完成，托架可以在现场整体拼装，亦可部分在临近场地拼装后再吊运就位整体组装。托架或支架总长度可以根据拼装挂篮的需要而定。

由于墩顶及挂篮安装前梁段在托架或支架上浇筑，托架或支架的弹性、杆件连接处的缝隙、地基沉降等都可能使托架或支架下沉，若不消除下沉变形可能引起混凝土梁段出现裂缝。因此采用万能杆件、贝雷架、板梁、型钢等做托架时，在混凝土浇筑以前，可对支架或托架进行荷载预压以减少其永久变形，测量其弹性变形并检验托架的安全性。

2. 墩梁临时固结要点

临时支座是在施工阶段使桥墩、梁体临时固结的结构，以便承受施工时传来的悬臂浇筑梁段的荷载。临时支座应在连续梁合龙后便于拆除和体系转换。临时支座一般采用较高强度的混凝土，常采用 C40 及以上强度混凝土，并用塑料包裹的锚固钢筋穿过混凝土预埋于梁段底部和桥墩中。

临时支承可采用 10 ~ 20 cm 厚夹有电阻丝的硫黄水泥砂浆层、砂筒或混凝土块等卸落设备，以使体系转换时较方便地解除临时支承。

3. 0 号块大体积混凝土施工降温

墩顶及安装挂篮前梁段混凝土结构底板、腹板厚度大，最大厚度可达 2 m。为了降低混凝土凝固时的温度影响，墩顶及安装挂篮前梁段混凝土浇筑时需要设置降温水管。降温水管一般采用镀锌钢管或 PVC 管，进出口均设置在桥面高程之上。在梁段内埋设温度测试元件，实测混凝土内部的水化热情况，以确定冷却水流动速度。

二、悬臂浇筑梁段施工控制要点

1. 挂篮选择及安装

选择合理的挂篮是保证施工质量、加快施工进度的重要因素。在选型时应尽量选择质量轻、结构简单、受力明确、运行方便、坚固稳定、变形小、装拆方便的挂篮。

首先，应确定悬臂浇筑梁段的分段长度。梁段分段越长，节段数量越少，挂篮周转次数越少，施工速度越快，但结构庞大，相应的挂篮质量较重；梁段分段越短，节段数量越多，挂篮周转次数越多，施工速度越慢，但结构较轻，相应的挂篮质量轻。因此，悬臂浇筑梁段长度应根据施工条件，权衡利弊综合考虑确定。我国近年来修建连续梁、连续刚构的分段长度一般在 2 ~ 5 m。

其次，应考虑悬臂浇筑梁段施工期间可能发生的荷载情况，进行最不利的荷载组合。可能发生的荷载大体有以下几种：挂篮自重，模板支架自重，振动器自重和振动力、千斤顶和油泵及其他有关设备自重，施工人群荷载，最大节段混凝土自重，等。

最后还要分析梁段宽度及断面形式。当桥梁为单箱截面时，全断面用一个挂篮施工；当桥梁为双箱单室横截面时，一般采用两个挂篮分别施工，最后在桥面板处用现浇混凝土连接。

为了加快施工速度，也可以采用大型宽体桁架式挂篮依次浇筑完成整个桥梁断面。

墩顶及 0 号块梁段施工完成后，即可拼装挂篮及模板系统。在墩顶及 0 号块浇筑完成并获得要求的强度后，方可拼装挂篮。挂篮拼装时应对称进行。挂篮操作平台下应设置安全网，防止物件坠落，以确保施工安全。挂篮应全封闭，四周设置围护，上下应有专用扶梯，方便施工人员上下挂篮。挂篮拼装完成后，应该全面检查安装质量，并做载重试验，以测定其各部位的变形量，并设法消除其永久变形。

挂篮行走时，须在挂篮尾部压平衡重，以防倾覆。浇筑混凝土梁段时，必须在挂篮尾部将挂篮与梁体进行锚固。

2. 挂篮变形

为了检验挂篮的性能和安全，并消除挂篮的非弹性变形，测出其弹性变形规律，挂篮使用前应进行预压。预压通常采用试验台加压法或水箱加压法。

每个悬浇梁段的混凝土一般可分二次或三次浇筑完成，为了使后浇筑的混凝土不引起先浇筑的混凝土的开裂，需要消除后浇筑混凝土引起挂篮的变形。一般可以采取以下几种措施：

① 混凝土一次浇筑法。箱梁混凝土采用一次浇筑，并在底板混凝土凝固前全部浇筑完毕，也就是要求挂篮的变形全部发生在混凝土塑性状态期间，避免裂纹的产生。这种方法的难点是需要在浇筑混凝土前预留准确的下沉量。

② 水箱法。水箱设于前后吊点处，同水箱加压法。只是在浇筑混凝土前先在水箱中注入相当于混凝土重量的水，在混凝土浇筑过程中，逐步放水使挂篮的负荷和挠度基本不变。

③ 抬高挂篮后支点法。浇筑混凝土前先将模板前端设计高程抬高 10 ~ 30 mm，预留第一次浇筑混凝土的下沉量，同时用螺旋式千斤顶顶起挂篮后支点，使之高于滑道或钢轨顶面。在浇筑第一次混凝土时千斤顶不动，浇筑混凝土质量使挂篮的下沉量与模板的抬高量相抵消。在浇筑第二次混凝土时，将千斤顶分次下降，并随即收紧后锚螺栓，使挂篮后支点逐步贴近滑道面或轨道面。随着后支点的下降，以前支点为轴的挂篮前端上升一数值，此数值应正好与第二次混凝土质量使挂篮所产生的挠度相抵消，保证箱梁模板不发生下沉变形。此法设备少，比水箱法简单，但需要实测确定顶起量。

3. 悬臂浇筑线形控制

梁段悬臂浇筑过程中，影响梁体线形变化的因素有：梁段自重、挂篮重量和变形、施工荷载、预应力施加和松弛、混凝土的收缩徐变以及温度的变化等。悬臂浇筑施工中每一阶段都必须控制好线形挠度值，以正确确定立模高程和中线位置。

在悬臂浇筑梁段施工过程中，由于各施工阶段实际发生的荷载值不同，同时每一阶段的气温变化和混凝土的收缩徐变影响也不一样，梁段悬臂浇筑施工时产生的挠度值与理论值有明显差异。由于预应力混凝土连续梁采用悬臂施工时每个施工阶段线形是变化的，因此施工中必须对每一阶段进行中线和高程实际测量控制，并且必须多点多次观测以绘制出挠度变化曲线，分析变化规律，并与理论挠度值相对比，若与理论数据不同时，应及时查找原因，给出调整措施，确定每节梁段的立模高程。

首先用高精度测量方法，在桥墩附近建立小三角控制网，并把连续梁中心线平面位置和高程引至墩顶梁段上，以便观测。

在观测阶段，需要对施工中的几个时间点进行挠度测量：① 挂篮走行前；② 挂篮走行后；③ 混凝土浇筑前；④ 混凝土浇筑后；⑤ 预应力钢束张拉前；⑥ 预应力钢束张拉后。根据前几个梁段的实测值，通过分析，推算下一梁段预留下沉量。观测点（图 10.3.1）在每节梁段中心线位置和左右腹板顶面，左右翼缘板顶面以及左右腹板底板面，每次观测的实际数值及时填入预先设计好的表格内。

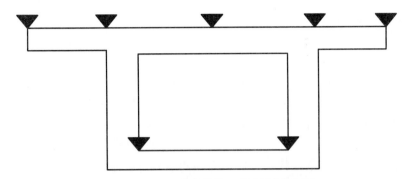

图 10.3.1　悬臂浇筑施工控制测点布置

实际测量的挠度值与理论计算挠度值进行对比分析，若相差较大时，应分析产生的原因，采取必要的处理措施。属于温度变化引起的，应根据温度曲线规律确定立模标高；属于挂篮变形引起的，应及时调整前后吊带顶端千斤顶；属于不均匀荷载引起的，应调整施工荷载趋于均衡等。

三、合龙段控制

预应力混凝土连续梁桥的合龙分为中跨合龙和边跨合龙。中跨合龙为两个悬臂梁段的合龙，边跨合龙为一个悬臂梁段和一个支架现浇梁段的合龙。

合龙段施工是悬臂浇筑施工的关键之一，为减轻温差、混凝土收缩徐变、结构恒载及体系转换等带来的不利影响，需要采取一定的措施，以保证合龙梁段质量。

1. 劲性骨架

合龙时需要预埋劲性骨架。劲性骨架一般采用型钢制作。将劲性骨架按照设计要求预先埋置于最后一个悬臂节段的前端，并在合龙温度下锁定焊接。这一步除了要对悬臂施工时最后一个梁段的施工挠度准确计算外，还需将预埋劲性骨架精确定位，确保合龙时劲性骨架能够准确焊接。劲性骨架一般用来承受较大的压力和垂直于梁段的剪力，承受拉力的性能不好，此时可采用劲性骨架和临时预应力束共同锁定，这样两者可以在合龙时共同承受荷载。一般是在劲性骨架焊接完后张拉临时预应力钢筋，使劲性骨架预先承受压力而临时束预先承受拉力。在合龙梁段混凝土养护期间，当外界因素在合龙梁段引起压力时，由劲性骨架承受；当外界因素在合龙梁段引起拉力时，由临时束承受。

2. 合龙温度

合龙适宜在低温时进行，如果在夏天，应在晚上进行合龙工序，并用草袋等覆盖，加强接头混凝土养护。

3. 配　　重

为了确保合龙梁段施工时混凝土始终处于稳定状态,在浇筑之前两悬臂端应附加与混凝土质量相等的配重,配重重量要根据设计计算确定,配重要以桥轴线对称加载,按浇筑重量逐渐卸载。

四、注意事项

1. 悬臂浇筑法施工注意事项

① 悬臂浇筑必须对称进行,并确保轴线和挠度在误差允许范围内。成桥后线形误差为±50 mm,合龙相对高差为±30 mm,轴线按照《客货共线铁路桥涵工程施工技术规程》(Q/CR962—2017)及相关规范规定执行。

② 梁段上不得出现受力裂缝。若出现裂缝时,应查明原因,若缝宽超过 0.15 mm,必须经过处理后方可继续施工。梁段接头处施工质量符合设计要求,线形要平顺,顶面要平整,梁段与梁段之间无明显折变。相邻块件的接缝平整密实,色泽一致,棱角分明,无明显错台。混凝土表面平整密实,蜂窝麻面的面积不超过所在区域面积的 0.5%,深度不超过 10 mm。箱梁内部的建筑垃圾必须清理干净。

③浇筑混凝土时,应从梁段前端开始往后端对称平衡浇筑。浇筑时应加强振捣,并注意对预应力钢筋管道的保护。

2. 悬臂拼装法施工注意事项

① 桥梁纵轴线的施工控制是悬臂拼装法的主要控制内容之一。在主桥上部结构施工前,应在桥梁两端搭设测量三脚架,其高度应保证在施工时测量仪器能直视桥梁结构表面各测点,以便随时测量各有关测点的位置是否有偏差。

② 悬臂拼装梁段各点的高程应根据预制梁段假定的相对高程值,通过实测逐点计算出各相应点的绝对高程,以便悬拼时控制。

③ 墩顶梁段与 1 号梁段的测量工作要精益求精,以便后期悬臂拼装段施工易于控制。

④ 梁段拼装过程中如果发生线形误差,应及时用湿接缝纠正,以免误差累计造成明显线形偏差。

第四节　顶推法施工控制技术

顶推施工法的原理是在桥台背后设置预制场现浇梁段,待梁段混凝土达到要求强度后,对其施加预应力,向前顶推,空出底座继续浇制,随后施加预应力与前一节梁段联结,继续顶推,如此循环,直至将整个桥梁浇制完毕,顶推到设计位置。顶推法施工的核心是顶推系统的设置。

一、顶推施工观测项目

在顶推施工过程中应注意确保:梁体稳定,防止出现倾覆;梁体线形满足设计要求;主梁及墩台受力不超过容许范围；落梁后支座受力均匀，符合设计要求等。因此，在施工过程需要通过观测各种因素来确保实现桥梁的理想线形。

1. 单点顶推施工观测项目

① 墩台和临时墩承受竖向荷载和水平推力所产生的竖向、水平位移，需要时，观测其应力变化。

② 顶推过程中主梁和导梁的控制截面的挠度，需要时，观测其应力变化。

③ 滑动装置的静摩擦系数和动摩擦系数。

④ 观测应随时记录、整理，如超过设计规定限值，应分析原因，采取措施纠正。

2. 多点顶推施工观测项目

① 顶推过程中梁体和钢导梁轴线的偏位和挠度。

② 制梁台座、临时墩、墩台受垂直荷载和水平推力所产生的变位、沉降量。

③ 桥梁顶推过程中最不利截面的变形及应力。

④ 顶推过程中顶推力的大小。

⑤ 梁体与导梁的连接部位是否异常。

⑥ 落梁时的永久支座反力。

二、顶推施工控制

1. 桥梁中线控制

在每段梁的顶板上作 3 个以上中线标记点，顶推时，可以在观测塔上架设经纬仪对梁体中线进行观测，当出现较大偏斜时，需要进行纠偏。每次顶推施工结束时，画出桥梁的中线状态图，将桥梁的实际中线与设计中线相比较，分析中线偏差情况，确定下一步施工时中线控制方案，使桥梁的实际中线与设计中线偏差在允许范围内。当梁段即将就位时，应开始不间断观测和精确纠偏，使梁体首尾中线偏差控制在允许范围内。最后就位时，梁体首尾中线偏差控制在 2 mm 内。

2. 桥梁截面位置控制

梁截面几何尺寸必须精确，其误差不得大于 ±5 mm，相邻梁段错位不大于 2 mm，相邻梁段中线夹角不得大于 1′。梁底高程误差不得大于 ±2 mm，同梁段梁底不平整度不得大于 2 mm。

桥梁节段顶推就位前，在桥梁的顶面及模板上做明显标记，并设专人观察，控制桥梁纵向准确就位。每预制 3 个梁段，测量一次梁长和跨度，必要时进行调整，以保证梁截面位置正确和梁底支座预埋件位置正确。

3. 预应力张拉控制

顶推施工常用的工艺是分段预制、逐段顶推、逐段接长、连续施工。施工时，预应力钢筋也是逐段接长、张拉。同时由于顶推过程中各个截面应力不断变化，与最后成桥阶段的应力状态不同，因此顶推施工中需要张拉一部分临时预应力钢筋，并在施工完成后拆除，最后完成连续预应力钢筋的张拉。

预应力钢筋施工总原则：先临时预应力钢筋后永久预应力钢筋；先长预应力钢筋后短预

应力钢筋；先直线预应力钢筋后曲线预应力钢筋；上下交替，左右对称。

预应力钢筋张拉实行张拉力和伸长量双控制，实际伸长值同理论伸长值比较，误差不得超过 + 10%和 − 5%。

三、注意事项

在梁段制作和顶推施工过程中，为了防止预制梁段开裂，可以采取如下措施：

提高滑道的制作精度，严格控制滑道高程，每次顶推施工前，均应检查各墩顶滑道高程。在临时支墩滑道下面设置千斤顶，以便随时调整滑道高程。

在桥梁前端设置重量轻、刚度大的板式钢导梁，用无黏结预应力钢筋加强钢导梁与预制梁的连接，改善桥梁前部的受力状态，在部分梁段（拉应力控制截面）加设无黏结预应力钢筋。

提高桥梁预制精度，确保混凝土的各项指标，如强度、弹性模量，和施工质量满足设计要求。

提高模板制作精度，提高梁底平整度。预制梁段脱离制梁台座后，应设专人负责梁底板的修整、打平。

起梁、落梁时，要注意桥梁变形的"滞后"现象，绝不可以操之过急。

思考题

1. 支架搭设的要求是什么？支架预压的目的是什么？
2. 移动模架预压如何进行？
3. 0 号块施工注意事项有哪些？
4. 悬臂浇筑梁段如何控制线形？
5. 顶推法施工如何控制线形？

桥梁拼图 APP

（AR 识别图）

一、桥梁整体认知

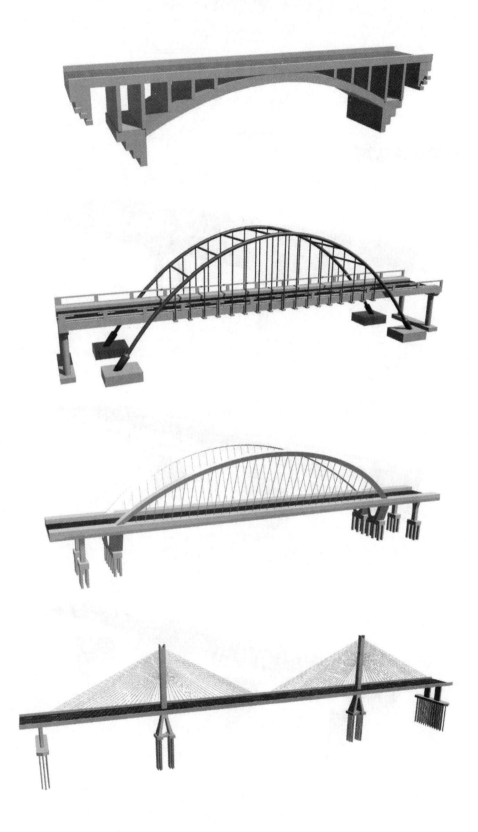

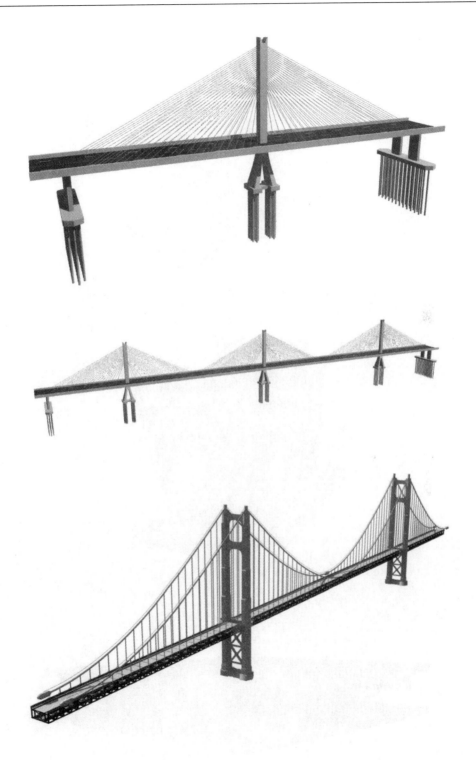

二、桥梁部件认知

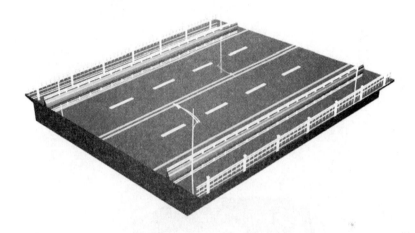

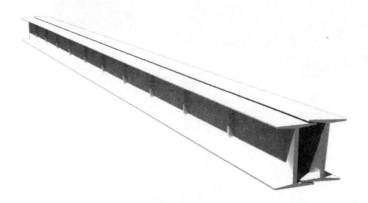

参考文献

[1] 中交公路规划设计院有限公司. 公路桥涵设计通用规范：JTG D60—2015. 北京：人民交通出版社股份有限公司，2015.

[2] 中交一公局集团有限公司. 公路桥涵施工技术规范：JTG/T 3650—2020. 北京：人民交通出版社股份有限公司，2020.

[3] 高兴元. 桥梁工程.天津：天津大学出版社，2010.

[4] 国家铁路局. 铁路桥涵混凝土结构设计规范：TB 10092—2017.北京：中国铁道出版社，2017.

[5] 中国铁路总公司. 铁路架桥机架梁技术规程：Q/CR 9213—2017.北京：中国铁道出版社，2017.

[6] 沈蒲生. 混凝土结构设计原理.北京：高等教育出版社，2012.

[7] 张树仁，郑绍珪，黄侨，等. 钢筋混凝土及预应力混凝土桥梁结构设计原理. 北京：人民交通出版社，2004.

[8] 李国平. 预应力混凝土结构设计原理. 北京：人民交通出版社，2009.

[9] 强士中. 桥梁工程. 北京：高等教育出版社，2011.

[10] 刘世忠. 桥梁施工. 北京：中国铁道出版社，2010.

[11] 李亚东. 桥梁工程概论. 成都：西南交通大学出版社，2014.

[12] 赵人达. 大跨度铁路桥梁. 北京：中国铁道出版社，2012.

[13] 李自林. 桥梁工程. 武汉：华中科技大学出版社，2015.

[14] 季文玉. 铁路桥梁施工. 北京：中国铁道出版社，2012.

[15] 黄绳武. 桥梁施工及组织管理. 北京：人民交通出版社，2004.

[16] 中铁三局集团有限公司，中铁大桥局集团有限公司. 客货共线铁路桥涵工程施工技术规程：Q/CR 9652—2017. 北京：中国铁道出版社，2017.

[17] 交通部. 公路工程结构可靠度设计统一标准：GB/T 50283—1999. 北京：人民交通出版社，1999.

[18] 上海市政工程设计研究总院. 城市桥梁设计规范：CJJ 11—2011. 北京：中国建筑工业出版，2011.

[19] 中交第二公路工程局有限公司. 大跨度悬索桥施工实例集（第一册）. 北京：人民

交通出版社，2014.

[20] 范立础. 桥梁工程. 北京：人民交通出版社，2003.

[21] 唐继舜. 铁路桥梁. 北京：中国铁道出版社，2011.

[22] 季文玉. 铁路桥梁施工. 北京：中国铁道出版社，2012.

[23] 国家铁路局. 铁路桥涵设计规范：TB 10002—2017. 北京：中国铁道出版社，2017.

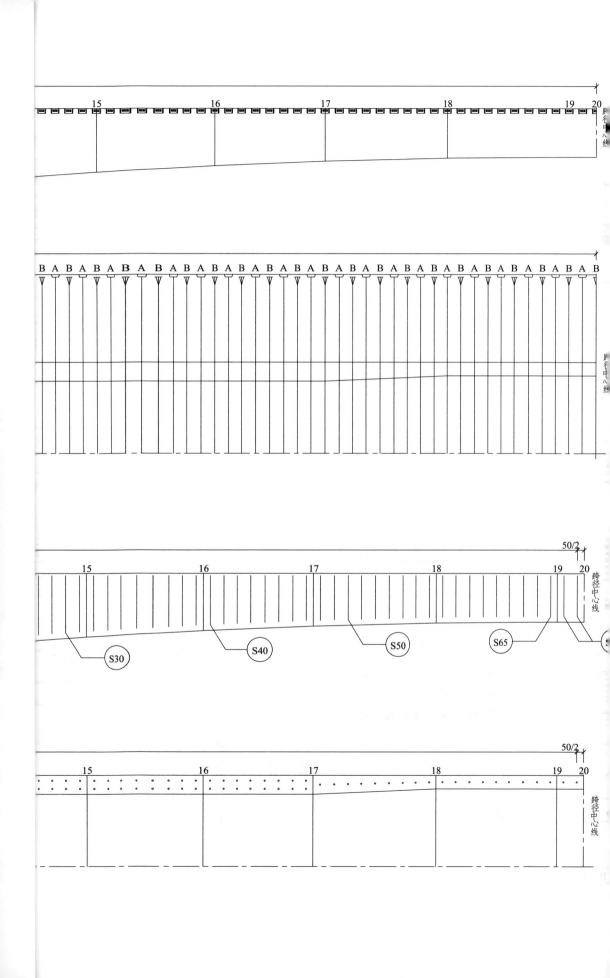

钢束大样图
1:100

H1

8

2%

18

18

跨中断面、根部断面 1：100

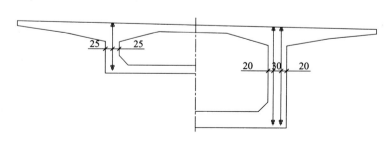

25   25

20 30 20

注：本图尺寸均以cm计。

图5.1.23 箱梁竖向力筋截面布置图